国家文化产业资金支持媒体融合重大项目

21世纪高等职业教育精品教材·财富管理专业

证券投资基金

Zhengquan Touzi Jijin

（第六版）

刘大赵 编著

东北财经大学出版社

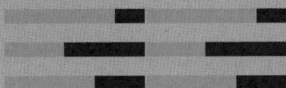

Dongbei University of Finance & Economics Press

大连

图书在版编目（CIP）数据

证券投资基金 / 刘大赵编著 . —6版 . —大连：东北财经大学出版社，2025.2 . —（21世纪高等职业教育精品教材·财富管理专业）. —ISBN 978-7-5654-5512-4

Ⅰ. F830.91

中国国家版本馆CIP数据核字第20253XE743号

东北财经大学出版社出版

（大连市黑石礁尖山街217号　邮政编码　116025）

网　　址：http://www.dufep.cn

读者信箱：dufep@dufe.edu.cn

大连天骄彩色印刷有限公司印刷　　东北财经大学出版社发行

幅面尺寸：185mm×260mm　　　字数：322千字　　　印张：14.75

2025年2月第6版　　　　　　　　　　　　　　2025年2月第1次印刷

责任编辑：李丽娟　　　　　　　　　　　　责任校对：孟　鑫

封面设计：张智波　　　　　　　　　　　　版式设计：原　皓

定价：42.00元

《证券投资基金》教材自出版以来，得到了广大教师、学生和相关读者的支持和好评，对此我们表示衷心的感谢！

2022年以来，我国证券投资基金市场和行业出现了一些新变化，行业监管部门发布了一些新的行政法规和自律性规则，市场监管不断加强，行业企业相关岗位工作内容及其工作要求也出现了相应的新变化。与此同时，我国高等职业教育在课程教学改革、新形态教材建设、"岗课赛证"融通、课程思政建设等方面对教材提出了新的要求。鉴于上述情况，我们对本教材进行了修订。

在保持第五版教材基本框架结构和特色的前提下，本次修订内容主要有以下几个方面：一是根据近年来发布的行政法规和自律性规则，对涉及的相关内容进行了修改、补充和完善，删除了已经过时或与现实不符的内容；二是增加了中央金融工作会议内容，将课程思政元素融入正文中的"案例分析"栏目内容中；三是鉴于目前基金从业资格证书的考试题型均为单项选择题，将"考证直通车"栏目内容调整为单项选择题；四是更新了大部分数据资料、行政法规和自律性规则。

经过本次修订，本教材具有以下几个方面的特色：

1. 融入了课程思政内容。本教材将与专业知识相关的服务客户、爱岗敬业、诚实守信、责任担当、遵纪守法等课程思政元素、中央金融工作会议精神及党的二十大精神融入教材内容中，弘扬社会主义核心价值观。

2. 教材内容与时俱进。本教材根据基金市场和行业的最新发展情况优化了相关内容。

3. 体现"岗课赛证"融通。本教材对接理财经理、财富顾问、证券经纪人等相关岗位的工作内容，将与基金相关的职业技能竞赛内容融入教材，并与最新的基金从业资格考试要求接轨，对于学习者参加基金从业资格考试有很大帮助，可以作为证券投资基金从业资格考试参考教材。

4. 教材形态立体化。本教材每章的二维码栏目含有微课或动画等内容，将纸质教材与数字资源融为一体，增强教学效果。

本教材由宁波城市职业技术学院的刘大赵老师编著。在修订过程中，我们汲取了近年来广大教师、学生和相关读者在使用过程中提出的宝贵意见。

限于编著者的学识水平，书中难免存在不足之处，恳请读者批评指正。

编著者
2024年12月

第1章

投资基金概述

学习目标

知识目标：了解基金的产生和发展；理解基金市场的参与者；掌握基金的概念、特点与作用，基金与其他金融工具的区别。

技能目标：能够向客户正确介绍基金；能够帮助客户在投资理财活动中合理选择基金产品。

素养目标：了解我国基金业健康发展需要政治稳定、国泰民安、经济繁荣的社会主义制度环境；关心基金市场，培养爱岗敬业、忠于职守的职业精神。

引例

为什么我们需要通过投资基金进行投资理财？

投资理财已经成为人们现代生活的一部分。从经济的角度看，我们普通人一生的收入水平呈现出"两头低中间高"的状态，而每一个人理想中的收入/生活水平却不是"两头低中间高"（如图1-1所示）。

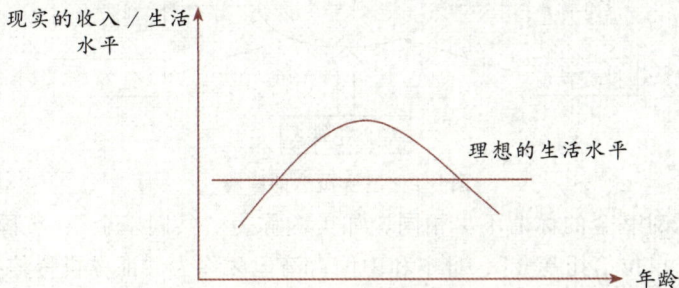

图1-1 现实和理想的收入/生活水平

过去，大多数人采用储蓄的方式将钱积蓄起来，以保证自己生活水平的稳定。考虑到通货膨胀因素，如果我们把所有的钱都用来储蓄，并不是一种很好的方式。如果存款利率低于通货膨胀率，那么通货膨胀会使人们的现金资产贬值。

随着金融业的发展，普通人能够使用的投资理财工具也多了起来。证券投资基金就是这样一种成熟的、面向普通投资者的投资理财工具。通过正确的投资，人们不仅能够实现财富的保值增值，还能分享经济高速发展的成果。

在基金市场比较成熟的美国，普通投资者正是通过投资基金来实现自己生活中的多重目标，具体包括补充养老金、教育储备、当下生活费用支出的补充、购置房屋或其他固定资产等。

在我国，随着居民收入的不断增加和基金市场的快速发展，居民对基金的投资也不断增加，目前基金已成为居民拥有的最主要的金融资产之一。

资料来源：根据相关资料整理。

这一案例表明：每个人都需要投资理财，以实现自己生活中的多重目标。而作为普通投资者，基金是投资理财的主要方式之一。

1.1　基金的概念、特点与作用

1.1.1　基金的概念

基金是一种利益共享、风险共担的集合证券投资方式，即通过发售基金份额募集资金，由基金托管人托管、由基金管理人管理和运用资金，从事股票、债券等金融工具的投资，并将投资收益按基金投资者的投资比例进行分配的一种间接投资方式。其本质内涵是按照信托契约或股份公司的要求，通过发行受益凭证或公司股份的方式，将社会上的闲散资金集中起来，委托给专门的投资机构按基金目标及组合投资原理进行分散投资，获得的收益由投资者按投资比例分享并承担相应风险的一种集合投资制度。基金概念的解释如图1-2所示。

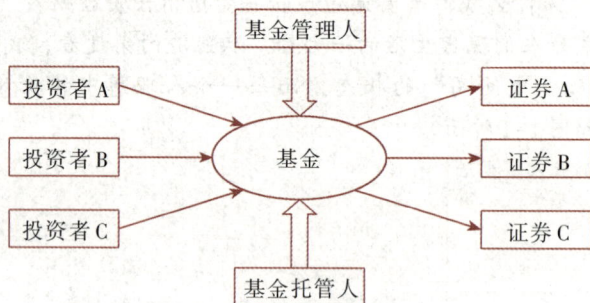

图1-2　基金概念的解释

各国或地区对基金的称谓不尽相同，如美国称为"共同基金"，英国和中国香港特别行政区称为"单位信托基金"，日本和中国台湾地区称为"证券投资信托基金"，中国内地称为"证券投资基金"。本书为表述方便，将其称之为基金。

【考证直通车1-1】
　单项选择题
　各国或地区对证券投资基金的称谓不尽相同，美国称为（　　）。
　A.共同基金　　　　　　　　　　　　B.单位信托基金
　C.证券投资信托基金　　　　　　　　D.集合投资产品

1.1.2 基金的特点

从上述基金的概念及本质内涵可以看出，基金具有以下特点：

（1）基金是一种集合投资制度。基金通过向投资者发行受益凭证或公司股份的方式，将投资者手中分散的、小额的资金集合成具有一定规模的大额资金，再通过基金组织进行证券投资。在证券市场中，资金规模越大，相对来说越具有投资优势，例如抗风险能力强，可进行真正意义上的组合投资，避免频繁买进卖出，从而节约交易费用等。

（2）实行专业管理、专家操作。基金的投资决策及运营都是由基金经理及基金管理公司负责的，他们作为投资专家或者专业投资机构，具有丰富的证券投资经验，各种数据、资料等信息比较丰富，投资操作十分专业。由基金经理及基金管理公司负责基金的投资决策及运营，可在一定的风险水平下取得较高的投资收益。投资者把资金交给基金经理及基金管理公司进行投资运作，相当于广大投资者共同享有专业管理、专家操作的优势。

（3）以组合投资、分散风险为基本原则，即"不要把所有的鸡蛋放在一个篮子里"，将基金的资金按一定比例投资于不同行业及不同种类的证券上，在一定时期内因某些证券价格下跌而造成的损失可由另一些证券价格上涨带来的收益弥补，从而在整体上把风险降到最低限度。个人投资者由于受资金量的限制，很难投资于足够多的不同行业及不同种类的证券上，因而难以真正做到通过组合投资来分散风险。基金由于资金规模庞大，可以通过组合投资，同时投资于不同行业及不同种类的证券上，从而能够有效地分散风险。

（4）实行资产经营与保管相分离的管理制度。基金基本当事人除了基金投资者、基金管理人之外，还有基金托管人，负责保管基金资产。在基金的运作中，基金管理人和基金托管人有着明确的分工，基金管理人负责基金资产的投资运作，基金托管人负责保管基金资产，并对基金管理人进行监督，两者共同对基金投资者负责。这一制度安排能够有效地保证基金资产的安全性。

（5）实行利益共享、风险共担的分配原则。在基金的运作中，基金取得的收益在扣除各种费用后，按投资比例在基金投资者之间进行分配。当然，基金投资风险也按投资比例由基金投资者承担。基金管理人、基金托管人等基金管理机构作为基金的受托人，获得固定比例的佣金，不参与基金投资收益的分配。

（6）以纯粹的投资为目的。按照基金契约或各国法规的有关规定，基金买卖有价证券的目的是获得利息、股息、红利及买卖差价收益，而不是通过买入股票控制某一公司。

（7）实行严格监管、信息透明的监管政策。为切实保护投资者的利益，增强投资者对基金投资的信心，各个国家和地区的基金监管部门都对基金行业实行严格的监管，对各种有损投资者利益的行为进行严厉的打击，并强制基金进行及时、准确、充分的信息披露。在这种情况下，严格监管与信息透明也就成为基金的另一个显著特点。

动画 1-1

选择专家
理财

【考证直通车1-2】

单项选择题

基金将众多投资者的资金集中起来，并委托基金管理人进行共同投资，表现出（　　）特点。

A.集合投资　　　　B.组合投资　　　　C.风险承担　　　　D.分散风险

☑ 小思考1-1

基金投资者大多数为普通个人，近年来在中国购买投资基金的个人越来越多，投资基金为什么被越来越多的个人投资者所青睐呢？

答：第一，国内外的基金收益历史表明，很多基金是中长期理财的有效工具。第二，基金的种类有很多，不同的基金有不同的风险收益特征。投资者在对自己的风险承受能力和理财目标进行分析后，可以选择与自身风险承受能力相匹配的基金产品。第三，基金公司拥有专业的投资团队，其投资管理水平远高于普通个人。第四，中国的经济持续高速增长，近年来一直保持了6.5%以上的增长速度，而且这一增长趋势有望长期延续，成为经济增长新常态。投资基金门槛较低，一般来说，开放式基金最低认购额为1 000元，定期定额投资一般为300元/月，最低的还有100元/月，投资基金是一种能有效分享中国经济增长成果的理财方式。第五，为切实保护投资者的利益，增强投资者对基金投资的信心，中国证监会对基金业实行严格的监管，对各种有损投资者利益的行为进行严厉的打击，并强制基金进行较为充分的信息披露。基金是最透明、最阳光的投资方式之一。第六，个人财富的增加需要进行适当的投资理财。对于大多数不具有专业理财知识且无暇理财的投资者来说，基金是一种很好的选择。

资料来源：根据相关资料整理。

1.1.3　基金与其他金融工具的比较

1）基金与股票、债券等有价证券的比较

基金作为一种投资工具，可以在市场上流通转让。从投资者的角度来看，投资基金与投资证券市场上的股票、债券等其他证券相比，既有相同之处，又有很大的区别。

基金与股票、债券等金融工具的相同之处是它们都是有价证券，具有期限性、流动性、收益性和风险性等有价证券的特征。基金与股票、债券具有明显的区别，主要表现在以下几个方面：

（1）反映的经济关系不同。股票是由股份公司发行的，持有人是公司的股东，反映的是所有权关系。债券是由债务人发行的，持有人是债权人，反映的是债权债务关系。基金是由基金发起人发行的，如果基金是发起人按契约形式发起的，则基金持有人与发起人之间是一种契约关系，是基金的受益人，基金反映的是信托关系；如果基金是发起人按公司形式发起的，则基金持有人是发行基金股票的公司的股东，但不参与基金的投

资决策。

（2）所筹资金的投向不同。股票和债券都是直接投资工具，所筹集的资金主要投向实业。基金是一种间接投资工具，所筹集的资金主要投向有价证券等金融工具。

（3）收益与风险大小不同。股票的收益取决于发行公司的经营状况，收益不固定，且价格受市场供求的影响，波动性较大。通常情况下，股票是一种高风险、高收益的投资品种。债券一般预先规定了利率，到期后还本付息，其名义收益是固定的，是一种低风险、低收益的投资品种。基金投资于股票、债券等各种有价证券，能有效地分散风险，其收益状况不仅与证券市场行情密切相关，还取决于基金管理人对基金资产的经营状况，是一种风险相对适中、收益相对稳健的投资品种。通常情况下，基金的收益有可能高于债券，风险有可能低于股票。

基金与股票、债券的区别可用表1-1概括。

表1-1　　　　　　　　　　　　　基金与股票、债券的区别

区别内容　　产品	股票	债券	基金
反映的经济关系不同	所有权关系，一种所有权凭证，投资者购买后就成为该公司的股东	债权债务关系，一种债权凭证，投资者购买后就成为该公司的债权人	信托关系，一种受益凭证，投资者购买基金份额后就成为基金受益人
所筹资金的投向不同	直接投资工具，所筹资金主要投向实业领域	直接投资工具，所筹资金主要投向实业领域	间接投资工具，所筹资金主要投向有价证券等金融工具
投资收益与风险大小不同	高风险，高收益	低风险，低收益	风险相对适中，收益相对稳健

【考证直通车 1-3】

单项选择题

关于基金与股票或债券的差异，以下表述正确的是（　　）。

A.投资者购买债券后就成为公司的股东，投资者购买基金份额后就成为基金的受益人

B.股票反映的是一种所有权关系，基金反映的则是一种信托关系

C.基金、股票、债券都是反映一种信托关系

D.股票反映的是债权债务关系，是一种债权凭证

✓ 小思考 1-2

基金管理公司的投资管理团队通过选股（券）、择时等积极管理策略，在牛市中可以使基金投资者获得超额收益，而在熊市中可以使基金具有抗跌的特点。那么基金与证券市场是什么关系？

答：通常情况下，从基金投资角度来说，证券市场主要是指股票市场和债券市

场。一般而言，当股市呈现上涨态势时，涉及股票投资的基金（如股票型基金、偏股型基金）的净值就上涨，反之，则下跌；同理，债市呈现上涨态势时，债券基金的净值一般来说也会上涨。所以，基金净值的波动与证券市场的波动一般呈现同方向的特点。

2）基金与银行储蓄存款的比较

基金与银行储蓄存款也有明显的区别，主要表现在以下几个方面：

（1）性质不同。银行储蓄存款是一种信用凭证，反映着存款人与银行之间的债权债务关系，银行对存款人负有保本付息责任。基金是一种受益凭证，其财产独立于基金管理人和托管人，基金管理人和托管人只是受投资者的委托管理和托管基金资产，并不承担投资损失风险。

（2）收益与风险特性不同。银行储蓄存款的利率相对稳定，投资者损失本金的可能性较小，相对比较安全。基金收益是不固定的，收益大小取决于基金的投资运作状况，具有一定的波动性，风险相对较大。

（3）信息披露程度不同。银行吸收储蓄存款后，不需要向存款人披露存款资金的使用信息。基金管理人和托管人必须定期向投资者披露基金的投资运作状况。

基金与银行储蓄存款的区别可用表1-2概括。

表1-2   基金与银行储蓄存款的区别

产品 区别内容	银行储蓄存款	基金
性质不同	表现为银行的负债，是一种信用凭证，银行对存款者负有法定的保本付息的责任	一种受益凭证，基金资产独立于基金管理人，基金管理人只是代替投资者管理资金，并不承担投资损失风险
风险与收益特性不同	银行存款利率相对固定，投资者损失本金的可能性小，投资比较安全	基金收益具有一定的波动性，投资风险相对较大
信息披露要求不同	银行吸收存款后，不需要向存款人披露资金的运用情况	基金管理人必须定期向投资者公布基金的投资运作情况

【考证直通车1-4】

单项选择题

下列关于基金与银行储蓄存款差异的表述，错误的是（　　）。

A.基金收益具有一定的波动性，银行储蓄利率相对固定

B.基金是一种受益凭证，银行储蓄是一种信用凭证

C.银行储蓄的目标客户是保守型客户，基金目标客户是激进型客户

D.基金管理人必须定期披露基金投资运作情况，银行则不需要

1.1.4　基金的作用

基金作为机构投资者，一方面通过发行基金受益凭证吸收广大投资者的资金而募集资金，另一方面又将募集的资金投资于各种证券。这一制度安排使其在证券市场及经济的发展中具有重要作用。

（1）为中小投资者拓宽了投资渠道。对中小投资者来说，将资金用于储蓄或购买债券一般比较稳妥，风险较小，但收益率也较低。投资于股票有可能获得比较高的收益，但风险也较大。对于中小投资者来说，由于风险承受能力较弱，不适宜直接参与股市。此外，中小投资者缺乏投资经验和相关信息，资金数量又有限，难以做到组合投资、分散风险，很难在股市中获得较好的投资收益。基金作为一种面向中小投资者的间接投资工具，把众多中小投资者的小额资金汇集起来进行组合投资，并由专业机构负责投资运作，从而为中小投资者拓宽了有效参与证券市场的投资渠道。

（2）优化金融结构，促进产业发展和经济增长。改革开放以来，我国金融市场得到快速发展，但金融市场的结构性矛盾依然十分突出，主要表现在经济运行中大量资金集中在银行系统，企业融资过分依赖银行发放贷款这一间接融资方式，通过证券市场的直接融资比重相对较低。这种状况不仅不利于满足企业特别是中小企业的融资需求，也不利于减轻商业银行的经营压力和转换银行经营机制，此外还使整个金融体系的风险不断增加。基金通过把中小投资者的闲散资金集中起来投资于证券市场，扩大了直接融资的比例，为企业特别是中小企业通过证券市场进行直接融资创造了良好的市场环境，最终将有效分流一部分储蓄资金，使之转化为企业特别是中小企业的生产资金，为产业发展和经济增长提供资金来源。

（3）有利于证券市场的稳定和健康发展。首先，基金作为机构投资者，实行专业化管理，可以有效减小投资的盲目性，有助于证券市场的稳定。基金投资建立在对国内外经济形势、证券市场走势、行业和企业发展前景及经营业绩的全面而科学的分析基础之上，投资行为比较理性，有助于推动价值投资理念的形成，减少个人投资的盲目跟风行为，抑制少数大户对市场的操纵行为，从而减少因过度投机而导致的市场震荡。其次，基金为广大中小投资者提供了一种新的投资工具，可以吸引更多的资金进入证券市场，从而推动证券市场的发展。基金通过发行受益凭证，将分散在投资者手中的小额资金汇集成一定规模的大额资金，既可实现组合投资、分散风险，又可取得投资上的规模效应，还可利用专家管理的优势，为投资者提供较高的投资回报，因而吸引了众多的投资者。此外，基金作为机构投资者，有助于充分发挥机构投资者对上市公司的监督作用，推动上市公司治理结构的完善。

（4）有利于证券市场的国际化。发展中国家在经济发展过程中面临着资金不足的问题，但客观条件又不容许完全开放本国资本市场。与此同时，发达国家又具有大量的剩余资金，这些资金迫切需要寻找投资对象。投资基金可以有效解决上述问题，发展中国家通过开放基金市场引进外资投资于本国资本市场，发达国家通过基金间接进入发展中国家的资本市场。

1.2　基金市场的参与者

　　基金市场存在许多不同的参与者。根据其作用的不同，这些参与者可分为基金当事人、基金市场服务机构、基金监管与自律机构三大类。

1.2.1　基金当事人

　　基金当事人包括基金份额持有人、基金管理人和基金托管人。基金份额持有人是基金的投资者，同时也是基金资产的所有者和基金投资收益的受益人。基金份额持有人应当遵守基金契约，缴纳基金认购款项及规定的费用，承担基金亏损或终止的有限责任，不从事任何有损基金及其他基金持有人利益的活动，并具有分享基金资产收益、参与分配清算后的剩余基金资产、依法转让或者申请赎回其持有的基金份额、按照规定要求召开基金份额持有人大会、对基金份额持有人大会审议事项行使表决权、查阅或者复制公开披露的基金信息资料等权利。

　　基金管理人是基金产品的募集者和基金的管理者，其主要职责是负责基金资产的投资运作，按照基金合同的约定，在控制风险的基础上为基金份额持有人谋取最大的投资收益。按照《证券投资基金法》的规定，基金管理人由依法设立的公司或者合伙企业担任，公开募集基金的基金管理人只能由依法设立的基金管理公司或者经国务院证券监督管理机构按照规定核准的其他机构担任。

　　基金托管人是基金资产的托管人，其主要职责是负责基金资产保管、基金资产清算、基金会计复核以及对基金投资运作的监督等。按照《证券投资基金法》的规定，基金托管人由依法设立的商业银行或者其他机构担任。商业银行担任基金托管人的，需由国务院证券监督管理机构会同国务院银行业监督管理机构核准；其他金融机构担任基金托管人的，需由国务院证券监督管理机构核准。

1.2.2　基金市场服务机构

　　基金管理人、基金托管人既是基金的当事人，又是基金的主要服务机构。除基金管理人和基金托管人之外，基金市场上还有许多为基金提供各类服务的其他服务机构，如基金销售机构、基金注册登记机构、律师事务所、会计师事务所、基金投资咨询公司、基金评级机构等。

　　基金销售机构是从事基金产品销售的各类机构。基金管理人可以通过网上交易系统或直销中心直接销售由其募集的基金产品，也可以通过由其委托的、经国务院证券监督管理机构认定的基金代销机构销售由其募集的基金产品。目前，在我国可以向中国证监会申请基金代销业务资格、从事基金代销业务的基金销售机构有商业银行、证券公司、期货公司、保险机构、证券投资咨询机构、独立基金销售机构以及中国证监会认定的其他机构。

　　基金注册登记机构是负责基金登记、存管、清算和交收业务的机构，其职责或业务范围是投资者基金账户管理、基金份额注册登记、清算、基金交易确认、发放红利、建立并保管基金份额持有人名册等。基金注册登记由基金管理人负责办理，基金管理人可以自己办理基金注册登记，也可以委托基金服务机构代为办理基金注册登记。目前我国的基金注册登记机构主要是基金管理公司自身和中国证券登记结算有限责任公司等基金服务机构。

律师事务所、会计师事务所分别是为基金运作提供法律、会计服务的中介服务机构。基金投资咨询公司是向基金投资者提供基金投资咨询建议的中介机构。基金评级机构是向基金投资者及其他参与主体提供基金评级服务的中介机构。

1.2.3　基金监管与自律机构

为确保基金正常运作，保护基金投资者的利益，需要基金监管机构对基金活动进行严格的监管。基金监管机构通过依法行使审批或审查权、办理基金备案，对基金管理人、基金托管人及其他基金市场参与者进行监督管理，对违法行为进行严格查处。目前我国的基金监管机构是中国证监会及其派出机构。

证券交易所是经国务院证券管理机构批准设立、不以营利为目的、为证券集中交易提供场所和设施、履行国家有关法规和政策规定、实行自律性管理的法人。目前我国的封闭式基金、开放式基金和交易所交易基金通过证券交易所募集和交易，必须遵循证券交易所的有关规则。同时，经中国证监会授权，证券交易所对在交易所内基金的投资交易行为承担着一线监督管理职责。

基金行业自律机构是由基金管理人、基金托管人、基金销售机构等服务机构组成的同业协会，其主要职责和宗旨是促进基金同业交流、提高基金从业人员素质、加强基金行业自律管理、促进基金行业健康发展等。目前，我国的基金行业自律机构是中国证券投资基金业协会。

【考证直通车 1-5】
单项选择题
目前我国的基金监管机构是（　　）。
A.国务院　　　　　　　　　　　B.中国证监会及其派出机构
C.中国证券投资基金业协会　　　D.证券交易所

1.3　基金的产生与发展

1.3.1　基金的产生

基金的产生已经有 200 多年的历史，它起源于英国，发展于美国，进而在世界各地流行和发展起来。基金的最初表现形式是国家基金，历史上记载的最早的基金可以追溯到 1822 年荷兰威廉一世国王在比利时布鲁塞尔创立的、专门投资于外国政府债券的信托基金，目前公认为世界上第一个比较正式的基金是 1868 年英国成立的"海外及殖民地政府信托基金"。

微课 1-2

基金的产生与发展

经过 17 世纪的资产阶级民主革命和 18 世纪的产业革命，英国的生产力得到了极大的提高，国民收入大幅度增加，社会财富和个人财富迅速增长，急于寻找出路。由于国内投资收益率的下降，大量剩余资金为追求高额收益而流向国外。但大多数投资者因资金量小、对国际市场不够熟悉、缺乏国际投资经验，难以实现有效的海外投资，并承担着较高的投资风险。因此，他们萌发了组建投资公司、集合众多投资者的资金、聘请具有专业知识和经验的投资人士代理投资业务的想法，投资基金由此萌芽。1868 年，英国政府成立"海外及殖民地政府信托基金"，在《泰晤士报》刊登招募说明书，公开向社会发售认股凭证，将募集资金分散投资于美国、俄国、埃及等地，借以分散投资风险，并将投资收益按投资比例在投资者之间进行分配，投资者获得了较高的收益率。这种能带来高收益的投资方式受到了广大投资者的欢迎，并迅速得到发展。到 1890 年，英国营运的投资信托基金已达 101 家。

【考证直通车 1-6】
单项选择题
证券投资基金起源于 19 世纪的（　　）。
A.英国　　　　　B.美国　　　　　C.法国　　　　　D.荷兰

1.3.2　基金的发展

进入 20 世纪后，世界基金业发展的舞台转移到美国。第一次世界大战后，美国从英国引进了证券投资信托基金制度。1921 年，美国成立了第一家投资基金组织"美国国际证券信托基金"，此后出现了各种类型的投资基金。1924 年，在美国波士顿成立的"马萨诸塞投资信托基金"是世界上第一只公司型开放式基金。此后，美国投资基金迅速发展，并远远超过英国。到 1928 年 3 月，美国已有 480 多只基金，基金的资产总额达到 70 多亿美元。在 1929—1933 年世界经济危机期间，投资基金和股市一样受到严重打击，处于低迷阶段。1933 年之后，美国先后颁布了《联邦证券法案》《联邦证券交易法案》《联邦投资公司法案》等法律，为基金运作及保护投资者利益提供了完善的法律保护，从此美国投资基金进入健康发展的新阶段。2011 年，美国的共同基金资产净值达到 12 万亿美元。目前，美国约有一半的家庭投资于基金，基金资产占美国家庭资产的比例约为 40%，基金已成为一种大众化的投资工具。

1.3.3　世界基金业发展现状及特点

（1）从国别来看，在世界基金业发展中美国占据主导地位，其他国家发展迅速。目前，美国的基金资产总值占世界基金业资产总值的一半以上，美国基金业发展对世界基金业发展具有重要影响。除美国及欧洲各国、日本等金融市场发达的国家以外，澳大利亚及拉美、亚洲新兴国家和地区的基金业也发展迅速。目前基金业在资本市场中已占有重要地位，其影响不断提高。

（2）基金规模不断扩大。根据美国投资公司协会（ICI）的数据，截至 2024 年第三季度末，全球受监管的开放式基金规模（不包括基金中的基金 FOF）达到 74.95 万亿美元。其中，股票型基金总资产为 36.04 万亿美元，债券型基金总资产为 14.14 万亿美元，平衡/混合型基金总资产为 7.75 万亿美元，货币市场基金总资产为 11.22 万亿美元。

（3）开放式基金在基金中的比重不断上升，已成为基金的主流产品。20 世纪 80 年代以来，开放式基金的数量不断增加，规模不断扩大，在基金中的比重不断上升，目前已成为基金的主流产品。20 世纪 80 年代以后，美国封闭式基金资产总额仅及开放式基金资产总额的 10%。目前，美国证券市场上的基金基本上是开放式基金，日本、中国香港、中国台湾等国家和地区的情况基本上也是如此。

（4）基金市场竞争日益激烈，行业集中趋势明显。随着基金业的快速发展，基金市场竞争日益激烈。在激烈的市场竞争中，许多基金管理公司走上了兼并、收购的道路，使基金行业日益集中。目前基金市场行业集中趋势明显，少数大的基金管理公司所管理的基金资产规模庞大，所占的市场份额很大。

（5）基金的资金来源结构发生了重大变化，机构投资者成为基金资金的重要来源。在基金的发展过程中，个人投资者一直是基金的主要投资者，成为基金资金的主要来源。但目前已有越来越多的机构投资者加入到基金投资者行列，成为基金资金的重要来源。例如，在美国，银行信托部、信托公司、保险公司、养老基金以及各种财团或者基金会等拥有巨额资本的机构投资者大量投资于基金，成为基金资金的重要来源。

1.3.4　我国基金业发展概况

我国基金业的发展可分为以下五个阶段：

第一阶段是 20 世纪 80 年代末至 1997 年的萌芽和早期发展阶段。在我国，最初开始关注基金的是我国驻外金融机构。1987 年，中国新技术创业投资公司与汇丰集团、渣打集团在香港共同发起设立了中国置业基金，首期筹资 3 900 万元人民币，所筹资金投资于珠江三角洲的乡镇企业，并在香港联合交易所上市。之后，我国驻外金融机构与外国金融机构在境外相继推出一批中国概念基金。伴随着境外中国概念基金及我国证券市场的发展，基金在我国境内开始出现。1992 年 11 月，经中国人民银行总行批准，淄博乡镇企业投资基金（简称“淄博基金”）正式设立，募集资金 1 亿元人民币，所筹资金投资于淄博乡镇企业，并于 1993 年 8 月在上海证券交易所最早挂牌上市。淄博基金为公司型封闭式基金，是我国国内第一个比较规范的投资基金。该基金的设立揭开了我国基金业发展的序幕，并在 1993 年上半年引发了基金发展热潮。但由于各方面原因，基金在发展过程中存在一系列不规范性问题，多数基金资产状况趋于恶化，经营日益困难，导致我国基金业从 1993 年下半年开始进入停滞状态。截至 1997 年年底，我国基金数量共有 75 只，筹集资金数量约为 58 亿元人民币。相对于 1997 年《证券投资基金管理暂行办法》（以下简称《暂行办法》）实施以后发展起来的证券投资基金，习惯上将 1997 年以前设立的基金称为“老基金”。

第二阶段是从 1998 年至 2002 年的试点发展阶段。经国务院批准，国务院证券委员会于 1997 年 11 月 14 日颁布了《暂行办法》。《暂行办法》是我国首次颁布的规范基金运作的行政法规，为我国基金业的规范发展奠定了法律基础。与此同时，为促进基金业发展，监管部门出台了一系列相应的政策扶持措施。1998 年 3 月 27 日，经中国证监会批准，当时新成立的南方基金管理公司和国泰基金管理公司分别发起设立了规模均为20亿元的两只封闭式基金——"基金开元"和"基金金泰"，由此拉开了中国证券投资基金试点的序幕。1998年我国共设立了5家基金管理公司，管理的封闭式基金数量为5只，每只基金的规模均为20亿份，基金募集规模合计100亿份，年末基金净资产合计107.4亿元。1999年新设立了5家基金管理公司，使基金管理公司的数量增加到10家，这10家基金管理公司是我国第一批基金管理公司，被称为"老十家"。在新基金快速发展的同时，中国证监会开始着手对"老基金"进行清理规范，将"老基金"资产置换后合并扩募改制成为符合《暂行办法》的新证券投资基金，2000年共有36只"老基金"改制成11只证券投资基金，2000年年底基金数量达到了33只。在封闭式基金成功试点的基础上，2000年10月8日中国证监会发布了《开放式证券投资基金试点办法》，由此揭开了我国开放式基金发展的序幕。2001年9月我国第一只开放式基金——华安创新基金诞生，到2001年年底已有华安创新、南方稳健和华夏成长3只开放式基金，2002年年底开放式基金发展到17只，规模达566亿份。到2003年年底，我国开放式基金在数量上已超过封闭式基金并成为证券投资基金的主要形式，二者资产净值不相上下，自此之后开放式基金的数量和资产规模远超过封闭式基金。

第三阶段是从2003年至2007年的行业快速发展阶段。2003年10月28日第十届全国人民代表大会常务委员会第五次会议审议通过《证券投资基金法》并自2004年6月1日起施行。《证券投资基金法》的颁布实施为我国基金业的发展奠定了坚实的法律基础，在此基础上我国基金业走上了快速发展轨道。特别是在2006—2007年，受益于股市繁荣，我国证券投资基金业得到快速发展，主要表现在以下几个方面：一是基金业绩表现异常出色，创历史新高；二是基金业资产规模快速增长，基金投资者队伍迅速扩大，到2007年年末大约有1/4的中国家庭购买了基金；三是基金产品和业务创新层出不穷，先后出现了生命周期基金、QDII基金、结构分级基金等多种创新基金；四是基金管理公司分化加剧，业务呈现多元化发展趋势，到2007年年末有9家基金管理公司规模超过千亿元，前十大基金管理公司占总市场份额的49.78%；五是构建法规体系，强化基金监督，规范行业发展，先后出台了《基金管理公司管理办法》《基金运作管理办法》《基金销售管理办法》《基金信息披露管理办法》等行政规章及配套监管文件。

第四阶段是从2008年至2014年的行业平稳发展及创新探索阶段。2008年以后，受全球金融危机、我国经济增速放缓和股市大幅调整等因素的影响，基金行业进入了平稳发展时期。面对不利的外部环境，基金行业从以下几个方面进行了积极的改革和探索：一是完善规则、加强监管，基金监管机构不断推进市场化改革，全国人大常委会于2012年12月28日审议通过了修订后的《证券投资基金法》，并于2013年6月1日正式实施；二是基金管理公司业务和产品创新，不断向多元化发展；三是互联网金融与基金业有效结合，例如，2013年6月蚂蚁金服推出与天弘基金管理公司管理的天弘增利宝货币基金对接的余额宝产品，到2014年年末余额宝规模已达到5 789亿元，成为当时我国规模最大的货币基金；四是股权与公司治理创新得到突破，例如，天弘、中欧等基金管理公司在2013年、2014年先后实现管理层及员工持股；五是专业化分工推动行业服务体系创新，按照修订后的《证券投资基金法》的规定，基金管理人可以委托基金服务机构代为办理基金的份额登记、核算、估值、投资顾问等事项，基金托管人可以委托基金服务机构代为办理基金的核算、估值、复核等事项，这为基金服务机构的发展提供了空间，促进了基金服务外包市场的发展；六是私募基金机构和产品发展迅猛，修订后的《证券投资基金法》将非公开募集基金纳入范围，为私募基金的发展提供了法律依据，2014 年中国证监会颁布了《私募投资基金监督管理暂行办法》，对私募基金的登记备案、资金募集和投资运作进行了明确；七是混业化与大资产管理的局面初步显现，各类金融机构交叉持股现象更加普遍，银行、保险、信托等机构根据各自规则发行各类资产管理产品，形成相互关联和相互竞争的格局；八是国际化与跨境业务的推进，例如，沪港通基金、深港通基金、基金互认、QDLP（合格境内有限合伙人）、上海自贸试验区股权投资基金等创新性跨地区业务模式出现。

第五阶段是从 2015 年以来的防范风险和规范发展阶段。2015 年证券市场出现了剧烈波动，理财市场发生了一些风险事件。面对基金管理行业的一些不规范行为和风险，从 2015 年下半年开始，监管部门从以下几个方面降低和防范风险、规范行业发展：一是加强私募机构的规范和清理，基金业协会先后颁布了《私募投资基金信息披露管理办法》《私募投资基金管理人内部控制指引》《私募投资基金募集行为管理办法》《私募投资基金合同指引》等一系列自律规则，引导私募基金行业规范发展；二是规范基金管理公司及其子公司的资产管理业务，中国证监会颁布了《基金管理公司子公司管理规定》和《基金管理公司特定客户资产管理子公司风险控制指标管理暂行规定》；三是规范分级、避险策略等特殊类型基金产品，发展基金中基金产品，上海证券交易所、深圳证券交易所发布了《分级基金业务管理指引》，中国证监会修订了《关于避险策略基金的指导意见》，发布了《公开募集证券投资基金运作指引第2 号——基金中基金指引》；四是对基金管理公司业务实施风险压力测试，基金业协会制定和颁布了《公募基金管理公司压力测试指引（试行）》。2023 年 10 月举行的中央金融工作会议强调，金融是国民经济的血脉，是国家核心竞争力的重要组成部分，要加快建设金融强国，全面加强金融监管，完善金融体制，优化金融服务，防范化解风险，坚定不移走中国特色金融发展之路，推动我国金融高质量发展，为以中国式现代化全面推进强国建设、民族复兴伟业提供有力支撑。此次中央金融工作会议指出，党中央把马克思主义金融理论同当代中国具体实际相结合、同中华优秀传统文化相结合，强调必须坚持党中央对金融工作的集中统一领导，坚持以人民为中心的价值取向；坚定不移走中国特色金融发展之路，加快建设中国特色现代金融体系，不断满足经济社会发展和人民群众日益增长的金融需求，不断开创新时代金融工作新局面；高质量发展是全面建设社会主义现代化国家的首要任务，金融要为经济社会发展提供高质量服务；做好科技金融、绿色金融、普惠金融、养老金融、数字金融五篇大文章；要着力打造现代金融机构和市场体系，疏通资金进入实体经济的渠道；要全面加强金融监管，有效防范化解金融风险；切实提高金融监管有效性，依法将所有金融活动全部纳入监管，全面强化机构监管、行为监管、功能监管、穿透式监管、持续监管，消除监管空白和盲区，严格执法、敢于亮剑，严厉打击非法金融活动。中央金融工作会议召开后，监管部门进一步强化基金市场监管，规范基金行业发展。

▶ 【案例分析 1-1】 我国证券投资基金业的快速发展及其原因

近年来，我国证券投资基金业得到了快速发展。从行业规模来看，截至 2024 年 5 月底，在公募基金方面，我国境内公募基金管理人有 162 家，其中，基金管理公司 148 家，取得公募基金管理资格的证券公司或证券公司资产管理子公司 13 家、保险资产管理公司 1 家；公募基金产品有 11 941 只，其中，封闭式基金 1 351 只，开放式基金 10 590 只；公募基金资产净值为 31.25 万亿元，其中，封闭式基金 3.83 万亿元，开放式基金 27.42 万亿元。在私募基金方面，私募基金管理人有 20 860 家，其中，私募证券投资基金管理人 8 240 家，私募股权、创业投资基金管理人 12 384 家，私募资产配置类基金管理人 9 家，其他私募投资基金管理人 227 家；私募基金产品有 152 001 只，其中，私募证券投资基金 95 798 只，私募股权投资基金 30 901 只，创业投资基金 24 262 只；私募基金资产净值 19.89 万亿元，其中，私募证券投资基金净值 5.19 万亿元，私募股权投资基金净值 10.99 万亿元，创业投资基金净值 3.26 万亿元。在私募资管方面，证券期货经营机构私募资管产品 33 886 只，其中，集合资产管理计划 16 825 只，单一资产管理计划 17 061 只；私募资管产品规模为 12.85 万亿元（不含社保基金、企业年金），其中，集合资产管理计划 6.25 万亿元，单一资产管理计划 6.60 万亿元。

资料来源：根据中国证券投资基金业协会网站资料整理。

问题：我国证券投资基金业快速发展的主要原因是什么？

分析：证券投资基金业快速发展需要政治稳定、国泰民安、经济繁荣的良好环境。改革开放以来，我国政治稳定、社会安宁、经济持续增长，为证券投资基金业快速发展提供了良好环境。我国实行的改革开放政策和证券投资基金业发展政策有力促进了证券投资基金业快速发展。

▶▶▶ 情景模拟 1-1

场景：假设你是基金市场的参与者，你应该如何正确处理基金市场的各个参与者之间的关系？

操作：（1）分别派同学担任基金份额持有人、基金管理人、基金托管人、基金销售机构、注册登记机构、律师事务所、会计师事务所、基金投资咨询公司、基金评级机构、证券交易所、基金行业自律机构，其他同学担任专业观众，共组成 13 个小组，每小组选择 1 人担任组长，由其负责本小组各项工作；

（2）除观众组以外，各小组组长指挥本小组明确各自的职责与权利，正确处理与其他各小组之间的关系；

（3）观众组在旁边观察，并提出问题及建议；

（4）教师对情景模拟情况进行点评和总结。

知识掌握

1.1　单项选择题

（1）证券投资基金是一种利益共享、风险共担的（　　）证券投资方式。

A.集合　　　　　　　　　　　　　　B.集资

C.联合投资　　　　　　　　　　　　D.合作

（2）证券投资基金在美国被称为（　　）。

A.证券投资信托基金　　　　　　　　B.共同基金

C.信托产品　　　　　　　　　　　　D.单位信托基金

（3）与股票和债券相比，证券投资基金是一种（　　）的投资品种。

A.高风险、高收益　　　　　　　　　B.低风险、低收益

C.风险相对适中、收益相对稳健　　　D.基本没有风险

（4）基金（　　）是基金产品的募集者和基金的管理者，其最主要职责就是按照基金合同的约定，负责基金资产的投资运作，在风险控制的基础上为基金投资者争取最大的投资收益。

A.份额持有人　　　　　　　　　　　B.管理人

C.托管人　　　　　　　　　　　　　D.注册登记机构

（5）为了保障广大投资者的利益，防止基金资产被挤占、挪用等，证券投资基金一般都要由（　　）来保管基金资产。

A.基金发起人　　　　　　　　　　　B.基金管理人

C.基金持有人　　　　　　　　　　　D.基金托管人

（6）基金（　　）通过依法行使审批或审查权，依法办理基金备案，对基金管理人、基金托管人以及其他从事基金活动的中介机构进行监督管理，对违法行为进行查处，在基金的运作过程中起着重要的作用。

A.份额持有人　　　　　　　　　　　B.监管机构

C.托管人　　　　　　　　　　　　　D.注册登记机构

（7）证券投资基金起源于19世纪的（　　）。

A.英国　　　　　　　　　　　　　　B.美国

C.法国　　　　　　　　　　　　　　D.荷兰

（8）1924年3月21日，"马萨诸塞投资信托基金"在波士顿成立，这被认为是真正具有现代面貌的投资基金，也是第一只（　　）。

A.契约型投资基金　　　　　　　　　B.公司型开放式基金

C.股票基金　　　　　　　　　　　　D.封闭式基金

（9）经中国人民银行总行批准，（　　）于1993年8月在上海证券交易所挂牌交易，是我国第一只上市交易的投资基金。

A.武汉证券投资基金　　　　　　　　B.淄博乡镇企业投资基金

C.深圳南山投资基金　　　　　　　　　D.富岛基金

（10）2000年10月8日，中国证监会发布了（　　　），对我国开放式基金的试点起到了极大的推动作用。

A.《证券投资基金管理暂行办法》　　　B.《中华人民共和国公司法》

C.《开放式证券投资基金试点办法》　　D.《中华人民共和国证券法》

1.2　多项选择题

（1）世界各国和地区对证券投资基金的称谓不尽相同，目前的称谓有（　　　）。

A.共同基金　　　　　　　　　　　　　B.单位信托基金

C.证券投资信托基金　　　　　　　　　D.集合投资产品

（2）证券投资基金主要特征表现为（　　　）。

A.实行专业管理、专家操作

B.以组合投资、分散风险为基本原则

C.实行资产经营与保管相分离的管理制度

D.实行利益共享、风险共担的分配原则

E.以纯粹的投资为目的

F.基金是一种集合投资制度

（3）证券投资基金与银行储蓄存款有较大差别，主要表现在（　　　）。

A.性质不同　　　　　　　　　　　　　B.收益与风险大小不同

C.信息披露程度不同　　　　　　　　　D.投资主体不同

（4）证券投资基金对证券市场及经济发展的作用主要表现在（　　　）。

A.为中小投资者拓宽了投资渠道

B.优化金融结构，促进产业发展和经济增长

C.有利于证券市场的稳定和健康发展

D.有利于证券市场的国际化

（5）基金市场的服务机构主要包括（　　　）。

A.基金销售机构　　　　　　　　　　　B.注册登记机构

C.律师事务所和会计师事务所　　　　　D.基金评级公司

（6）基金注册登记机构是指负责基金（　　　）业务的机构。

A.登记　　　　　　　　　　　　　　　B.存管

C.清算　　　　　　　　　　　　　　　D.交收

（7）基金注册登记机构具体业务包括（　　　）等。

A.投资者基金账户管理　　　　　　　　B.基金份额注册登记

C.清算及基金交易确认　　　　　　　　D.建立并保管基金份额持有人名册

（8）在我国，承担基金份额注册登记工作的主要是（　　　）。

A.基金管理公司　　　　　　　　　　　B.基金托管公司

C.中国证券登记结算有限责任公司　　　D.基金销售机构

（9）基金行业自律机构是由（　　　）成立的同业机构。

A.基金管理人   B.基金托管人

C.基金销售机构   D.基金监管机构

（10）目前全球基金业发展的趋势与特点主要表现在（　　　）。

A.美国占据主导地位，其他国家发展迅猛

B.基金市场竞争加剧，行业集中趋势突出

C.基金的资金来源发生了重大变化

D.开放式基金成为证券投资基金的主流产品

1.3　是非判断题

（1）基金是一种间接投资工具，所筹集的资金主要投向有价证券等金融工具。（　　　）

（2）证券投资基金实行"利益共享、风险共担"，即投资者根据其持有基金份额的多少，分配基金投资的收益或承担基金投资的风险。（　　　）

（3）证券投资基金作为一种投资工具，把众多投资者的小额资金汇集起来进行组合投资，拓宽了中小投资者的投资渠道。（　　　）

（4）基金托管人负责基金的投资操作，基金资产的保管由独立于基金托管人的基金管理人负责。这种相互制约、相互监督的制衡机制对投资者的利益提供了重要的保护。（　　　）

（5）在我国，基金托管人承担基金份额的销售与注册登记工作。（　　　）

（6）商业银行必须向中国银保监会申请基金代销业务资格后，才能从事基金的代销业务。（　　　）

（7）1868年，英国所组建的"海外及殖民地政府信托基金"组织公开向社会个人发售认股凭证，是投资基金的雏形。（　　　）

（8）"淄博乡镇企业投资基金"经中国人民银行总行批准，于1993年8月在上海证券交易所挂牌交易，是我国第一只上市交易的投资基金。（　　　）

（9）1997年11月14日，国务院证券委员会颁布了《证券投资基金管理暂行办法》，这是我国首次颁布的规范证券投资基金运作的行政法规。（　　　）

（10）2001年9月，"华安创新"诞生，标志着我国基金业由封闭式向开放式跨越。（　　　）

1.4　问答题

（1）作为一种投资工具，证券投资基金有什么特点？

（2）证券投资基金与股票、债券有什么异同？

（3）证券投资基金与银行储蓄存款有什么区别？

（4）在金融市场及经济的发展中，证券投资基金有什么作用？

（5）目前世界基金业发展具有哪些特点？

知识应用

□ 案例分析

如果装鸡蛋的篮子都是破的，如何分散风险

人们常说，"不要将所有鸡蛋放在一个篮子里"。对于投资者来说，各个投资品种如股票、基金、保险以及银行理财产品一个也不少。然而，经过一轮熊市的洗礼后，却发现分散投资并没有分散风险，该赔的买什么都赔。其实，这并不是分散投资的错，而是选篮子的问题。如果装鸡蛋的篮子都是破的，那么即使将鸡蛋分开装，也难逃破碎的厄运。

资料来源：根据相关资料整理。

问题：（1）投资者在进行投资时到底要不要分散投资？

（2）如果分散投资，该如何挑选不同的篮子？

分析提示：（1）是否要将鸡蛋分别放在不同的篮子里？其实这个问题要分两种情况：一种是有专业知识的投资者；另一种是没有专业知识的投资者。对于前者，还是不分散投资为好。因为分散投资风险有可能会降低，但收益率也同时降低了，对于有专业知识和敏锐判断力的投资者而言，分散投资并不是最佳的投资策略。对于后者，分散投资可以起到一定的分散风险的作用，但是作用的大小取决于投资品种的选择。

（2）如何选择牢固的篮子装鸡蛋？不少投资者对于分散投资有些误解，认为买全所有的投资品种就可以起到分散风险的作用，其实不然。例如，一笔资金可以全部投资于某种金融产品，也可以将其分散投资于股票型基金、指数型基金以及银行理财产品等各种金融产品，后者的结果可能并不比前者要好，其原因在于后者的金融产品具有较强的关联性。因此，分散投资一定要选择关联性不强的金融产品，例如，将全部资金分别购买30%的债券型基金、30%的指数型基金、40%的保本理财产品，则可以对投资风险进行有效的分散。

□ 实践训练

如果你是个人理财顾问，请你根据某一家庭的实际情况，就该家庭如何选择银行储蓄存款、债券、股票、基金等理财工具提出建议。

要求：（1）调查某一家庭的实际情况，并进行初步分析；

（2）根据对该家庭实际情况的初步分析结果，就该家庭如何选择银行储蓄存款、债券、股票、基金等理财工具提出建议；

（3）写出该家庭的情况分析及理财工具选择建议书。

第2章
证券投资基金的类型

学习目标

知识目标：了解基金分类的意义；理解基金的主要分类方法及其结果，股票基金的作用及与股票的联系和区别，债券基金的作用及与债券的区别；掌握股票基金、债券基金的类型，股票基金、债券基金及其他类型基金的投资风险。

技能目标：能够向客户正确介绍基金的类型及其特点；能够帮助客户根据客户的资产状况及风险收益偏好合理选择基金类型。

素养目标：树立服务基金客户、奉献经济社会发展的人生观；培养敢于创新基金品种的时代精神和遵守基金行业法规的社会公德。

引例

选择适合自己的基金产品

在"股熊债牛"的情况下，相对低风险的债券基金受到了青睐。如能保持谨慎的心态，配置适当的债券基金，则可获得资产的保值，甚至获得资产的增值。专家认为，在股市动荡的阴霾散去之前，投资者可以在资产配置中适当选择债券基金，以分散风险。

分散投资风险和相对较强的保值增值能力是债券基金受到青睐的两大主要原因。因此，适当配置债券基金是实现资产安全以及保值增值较好的选择。理财专家表示，由于股市大幅震荡，投资者宜采用更具防御性的投资策略，如配置债券基金，改善在资本市场上的投资组合。

在股市前景不明朗时，债券基金是一种较好的选择。配置一些债券基金，可以降低资产的波动性风险。债券收益按自身市场的规律运行，主要与利率相关，与上市公司的盈利状况没有多大关系。债券基金的潜在收益相对于货币基金较高，它承担了一部分债券市场波动的风险，但相对于股票而言，风险还是非常低的。这样会对股票基金资产的收益有平滑作用，对整体收益的稳定性是有益的。从这个角度来看，债券基金和货币市场基金相比较，承担风险适度、获得回报适度，风险收益介于货币市场基金和股票市场基金之间。

投资者投资债券基金主要是看中其分散风险的功能。在股票市场较不明朗、上下震荡概率较大的情况下，投资者在投资时可以适当降低股票仓位甚至完全不涉足股票，转而投资较谨慎的债券基金。另外，虽然债券基金具有相对抗风险、收益稳健的特征，但也没必要因股市低迷而全仓持有债券基金。在基金的长期投资上，投资者可根据个人的风险承受能力和风险偏好，将大部分资产均衡地配置在债券基金、股票基金上，还可根据市场的变动，考虑是否将一部分资产继续追加投资。从长期投资、组合投资的角度出发，均衡的组合投资策略有利于在较长的周期内实现稳健收益。

资料来源：根据相关资料整理。

这一案例表明：投资基金有多种类型，各种不同类型的基金具有各自的特点。而作为基金投资者，要根据证券市场的行情和自己的风险收益偏好，选择适合自己的基金类型及具体基金品种。

2.1　基金分类概述

2.1.1　基金分类的意义

随着基金业的不断发展和完善，基金的数量和品种越来越多。面对数量和品种众多的各种基金，基金市场各个参与者都需要对基金进行科学合理的分类。例如，基金投资者在进行基金投资时，需要从众多的基金中选择某一基金或某些基金，选择的依据是基金的风险收益特征适合于自己的投资偏好，基金的科学合理分类有助于投资者认识和把握基金的风险收益特征；基金管理人需要按照基金类型进行科学管理；基金托管人所托管的基金对象及具体托管方式取决于基金类型；基金监管部门需要针对不同类型基金的特点实施分类监管；基金研究部门和基金评级机构也需要按照基金类型进行基金研究和基金评级。

2.1.2　基金的分类

在实际工作中，基金市场的不同参与者由于对基金关注的角度不同，对基金进行分类的依据和结果也不相同。目前，关于基金分类有多种方法和结果，不同方法和结果之间难免存在重合和交叉。《证券投资基金法》将我国基金类别分为公开募集基金和非公开募集基金，《公开募集证券投资基金运作管理办法》将我国公开募集基金分为股票基金、债券基金、混合基金、货币市场基金等基本类型。本节简要介绍基金市场上关于基金的各种分类，本章的其他部分将分别详细介绍股票基金、债券基金、其他类型基金等基本类型。

1）按基金组织形式，可分为契约型基金和公司型基金

契约型基金又称单位信托基金，是根据信托原理，将投资者、管理人、托管人三者作为基金的当事人，通过签订基金契约、发行受益凭证而设立的一种基金。契约型基金通过基金契约来规范基金当事人之间的关系和行为，基金投资者是基金资产的实际所有人，基金管理人负责基金资产的管理和投资运作，基金托管人作为基金资产的名义持有人，负责基金资产的保管，并对基金管理人进行监督，基金管理人和基金托管人共同对基金投资者负责。目前世界上大多数国家的基金都属于契约型基金，我国目前的基金也都是契约型基金。

　　公司型基金是按照《中华人民共和国公司法》（简称《公司法》）的规定，以公司形式组成的、具有独立法人资格并以营利为目的的、以发行股份的方式募集资金而设立的一种基金。投资者购买基金公司的股份后以基金持有人的身份成为基金公司的股东，凭其持有的股份依法享有投资收益。公司型基金的设立程序及组织形式均与股份有限公司相似，基金本身为独立的法人机构，设有董事会和持有人大会。公司型基金主要存在于美国等少数国家。

　　契约型基金与公司型基金的区别主要有以下几个方面：一是法律形式不同。前者不具有法人资格；后者具有法人资格。二是资金的性质不同。前者为信托财产；后者为公司的法人资本。三是投资者的地位不同。前者的投资者为基金契约的当事人之一，投资者既是基金的委托人，又是基金的受益人；后者的投资者为基金公司的股东。四是基金的营运依据不同。前者的营运依据是基金契约；后者的营运依据是基金公司章程。

【考证直通车 2-1】

单项选择题

契约型基金与公司型基金的区别不包括（　　　　）。

A.投资人不同　　　　　　　　　　　　B.投资者的地位不同

C.基金的营运依据不同　　　　　　　　D.法律主体资格不同

　　2）按基金是否可自由赎回和基金规模是否固定，可分为封闭式基金和开放式基金

　　封闭式基金是指经核准的基金份额总额在基金合同期限内固定不变，基金份额可以在依法设立的证券交易场所交易，但基金份额持有人不得申请赎回的基金。封闭式基金在发起设立时，限定基金份额的发行数量，在初次发行达到经核准的发行数量后，即宣告基金成立，并封闭起来，除非经特殊批准，基金份额数量将不再增加或减少。封闭式基金有固定的封闭期，也称为存续期，即基金从成立到终止之间的时期。封闭期通常在5 年以上，一般为 10 年或 15 年，经持有人大会通过并经主管机关同意可以适当延长期限。封闭式基金成立后一般会上市，在封闭期内，如果投资者要把持有的基金份额变现，则不能要求基金公司赎回，只能通过交易所转让给第三者；如果新的投资者要购买基金份额，则不能向基金公司申购，只能通过交易所向基金份额持有者购买。封闭期结束，基金自然解散，并将基金资产在基金份额持有人之间进行清算处理。

　　开放式基金是指基金份额总额不固定，基金份额可以在基金合同约定的时间和场所申购或赎回的基金。这里所指的开放式基金特指传统的开放式基金，不包括 ETF、LOF等新型开放式基金。开放式基金在发起设立时，不规定基金份额的发行数量，只限定基金份额的最低发行数量，在初次发行达到最低发行数量后，即宣告基金成立。开放式基金成立后投资者可以在场外随时进行申购和赎回，如果投资者要把持有的基金份额变现，则可以随时要求基金公司赎回；如果投资者要购买基金份额，则可以随时向基金公司申购。开放式基金没有固定期限，只要基金运行良好，基金份额数量不低于规定的最低数量，开放式基金就可以永远存续下去。

　　相对于封闭式基金，开放式基金有以下优势：

（1）透明度高。开放式基金每天都会披露基金单位资产净值，准确体现基金运作的真实价值。

（2）流动性好。投资者可以随时按照基金单位资产净值申购、赎回，避免了折价风险。此外，基金管理人为满足投资人的赎回需要，不会持有难以变现的资产，使组合流动性优于封闭式基金。

（3）更好的客户服务。投资开放式基金后，投资者可以享受到基金公司或代销商的一系列服务，比如账户查询和理财咨询，这些是封闭式基金所没有的。

封闭式基金与开放式基金的区别主要有：

（1）期限不同。前者有固定的封闭期限；后者没有固定期限。

（2）发行规模限制不同。前者的基金份额规模是固定的，在封闭期限内未经法定程序认可不能增加发行；后者在最低发行数量之上没有发行规模限制。

（3）基金份额交易方式不同。前者上市交易；后者一般不上市交易。

（4）基金份额的交易价格计算标准不同。前者的交易价格不仅受基金份额净值的影响，还受市场供求关系的影响，常出现溢价或折价现象，并不必然反映单位基金份额的净资产值；后者的交易价格仅取决于单位基金份额的净资产值。

（5）基金份额资产净值公布的时间不同。前者一般每周或更长时间公布一次；后者一般在每个交易日连续公布。

（6）交易费用不同。前者要支付手续费；后者要支付申购费和赎回费。

（7）投资策略不同。前者所募集的资金可全部用于投资和进行长期投资；后者必须保留一部分现金，以便满足投资者赎回的需求，不能将所募集的资金全部用来投资，更不能把全部资金用于长期投资。

【考证直通车 2-2】

单项选择题

封闭式基金和开放式基金的价格形成方式不同，主要体现在（　　　　）。

A.当需求低迷时，封闭式基金的交易价格会高于基金份额净值出现溢价交易现象

B.封闭式基金的买卖价格以基金份额净值为基础

C.当需求旺盛时，封闭式基金的交易价格会高于同类开放式基金的价格

D.封闭式基金的交易价格主要受二级市场供求关系的影响

小思考 2-1

封闭式基金可以转化为开放式基金吗？

答：封闭式基金可以转化为开放式基金。封闭式基金转化为开放式基金简称基金的"封转开"，是指封闭式基金召开持有人大会，征得基金持有人同意后，在基金到期日之后转为可以直接按净值申购和赎回的开放式基金。我国第一只"封转开"基金是华夏基金管理公司旗下的"基金兴业"，该基金在转为开放式基金后，名称改为"华夏平稳增长基金"。从目前我国封闭式基金市场的现状来看，由于封闭式基金的交易价格和净值

之间存在较大折价（贴水），因此，"封转开"理论上存在套利的空间。

3）按投资标的，可分为股票基金、债券基金、货币市场基金、混合基金、另类投资基金等

股票基金、债券基金、货币市场基金分别是指以股票、债券、货币市场工具为主要投资对象的基金，混合基金是指以股票、债券和货币市场工具为主要投资对象的基金。具体来说，根据《公开募集证券投资基金运作管理办法》的规定，80%以上的基金资产投资于股票的基金为股票基金；80%以上的基金资产投资于债券的基金为债券基金；仅投资于货币市场工具的基金为货币市场基金；投资于股票、债券、货币市场工具或其他基金份额，但股票投资、债券投资、基金投资的比例不符合股票基金、债券基金、基金中基金规定的基金为混合基金。关于股票基金、债券基金、货币市场基金和混合基金，我们将分别在本章第2.2、2.3、2.4节中加以详细介绍。

除上述基金外，按投资标的划分的基金还有指数基金、黄金基金、衍生证券投资基金等。指数基金是指模拟某一股价指数、以该指数的样本股为投资对象的基金。该种基金出现于20世纪70年代，其主要特点是基金收益率随着所模拟指数的涨跌而上下波动，始终保持所模拟指数代表的市场平均收益，收益率虽然不会太高，但也不会太低。相对于其他基金而言，指数基金具有费用低廉、投资适度分散、风险相对较小、可获得市场平均收益率以及可作为避险套利工具等优势或作用，因而受到投资者尤其是机构投资者的普遍青睐。指数基金具体可分为复制型指数基金和增强型指数基金。前者是完全复制所选择的某一标的指数；后者是通过指数化投资和积极投资的有机结合，在被动投资的基础上适当调整个别股票的权重，以期获得比标的指数更好的收益，实现基金资产的长期稳定增值。目前我国基金市场中已有多只指数基金。

黄金基金是以黄金或其他贵金属及其相关产业的有关证券为主要投资对象的基金，其主要特点是基金收益率随着所投资的黄金或其他贵金属的价格波动而发生变化。衍生证券投资基金是指以衍生证券为投资对象的基金，其主要特点是基金收益率波动大，基金风险相对较高。

通常，人们把投资于公开市场交易的股票、债券、货币、期货等金融资产的基金称为传统投资基金，投资于传统对象以外的投资基金称为另类投资基金。常见的另类投资基金主要有私募股权基金、风险投资基金、对冲基金、不动产投资基金等。

4）按投资目标，可分为成长型基金、收入型基金和平衡型基金

成长型基金是指投资目标定位于追求基金资产长期增值、较少考虑当期收入的基金。为实现这一目标，该类基金通常将基金资产投资于信誉相对较好、成长性较高的公司股票。该类基金收益最好，但平均风险程度也最高。当大势下跌时，其下降幅度超过整个市场跌幅的可能性较大；而当大势止跌回稳时，其上涨幅度超过平均水平的可能性较大。因此，这类基金主要受到那些风险承受能力较强的投资者的青睐，而不适合那些投资心理比较脆弱的投资者。成长型基金一般可分为积极成长型基金和稳健成长型基金两种类型。积极成长型基金的投资目标在于追求本金最大的增长，股利和利息收入不是投资的重点。稳健成长型基金的投资目标在于选择经营稳健、具有长期可持续成长能力

的上市公司股票，以合理价格买入并进行中长期投资，获取超过市场平均水平的长期投资收益。

收入型基金是指以获取当期的最大收入为投资目标的基金。为实现这一目标，该类基金通常将基金资产投资于可带来稳定现金收入的有价证券，如债券、优先股、绩优股、可转让大额存单等，并把所得的利息、红利都分配给投资者。这类基金虽然成长性较弱，但风险相应也较低，适合保守的投资者和退休人员。收入型基金一般可分为固定收入型基金和股票收入型基金两种类型。固定收入型基金是在较低的风险下强调比较固定的收入，其投资对象通常为债券和优先股等，该类基金收益固定、风险小，但成长潜力也很小。股票收入型基金是力求获取最大可能的收入，其投资对象通常为绩优股等，该类基金成长潜力相对较大，但比较容易受股市波动的影响。

平衡型基金是指将资产分别投资于两种不同特性的证券上，并在以取得收入为目的的债券及优先股和以资本增值为目的的普通股之间进行平衡的基金。在实际操作中，该类基金通常将基金资产的25%~50%投资于债券和优先股，其余的投资于普通股，以便既从投资组合的债券和优先股中得到适当的稳定收益，又从投资组合的普通股中得到升值收益。该类基金风险比较低，成长潜力也不大。

上述三种类型的基金相比较而言，成长型基金风险大、收益高，收入型基金风险小、收益较低，平衡型基金风险和收益介于二者之间。

5）依据投资理念，可分为主动型基金和被动型基金

主动型基金是指基金管理人可以依据基金契约自由选择投资品种，力图取得超越市场指数表现的基金。被动型基金是指并不主动寻求取得超越市场的表现，而是复制和跟踪某一特定指数，以选取的某一特定指数的样本股作为投资对象，又被称为指数型基金。被动型基金的主要特点是基金收益率随着所模拟指数的涨跌而上下波动。

6）根据募集方式，可分为公募基金和私募基金

公募基金是公开募集基金的简称，是指经基金监管部门核准后公开募集、募集对象不加以限制、可以面向社会公众和机构公开募集的基金。其主要特征是基金募集对象不固定，可以面向社会公众公开发售基金份额；募集要求相对较高，基金运作必须遵守基金法律和法规的约束，并接受监管部门的监管；最低投资金额相对较低，投资风险相对较小，比较适于中小投资者。在我国，根据《证券投资基金法》的规定，公开募集基金应当经国务院证券监督管理机构注册，未经注册，不得公开或者变相公开募集基金；公开募集基金包括向不特定对象募集资金、向特定对象募集资金累计超过200人以及法律、行政法规规定的其他情形；公开募集基金应当由基金管理人管理，基金托管人托管。

私募基金也被称为非公开募集基金，是相对于公募基金而言的，是指只能通过非公开的方式向特定投资者募集发售的基金。与公募基金相比，私募基金只能面向特定投资者募集发售基金份额，基金份额不能公开募集发售；基金运作相对宽松，所受到的限制和约束相对较少，具有较大的灵活性；对投资者的资格具有一定的要求，并对投资者的人数也进行了严格限制；最低投资金额相对较高，投资风险相对较大，主要适合于具有较强风险承受能力的特定投资者。在我国，根据《证券投资基金法》的规定，担任非公

开募集基金的基金管理人应当按照规定向基金行业协会履行登记手续，报送基本情况，未经登记，任何单位或者个人不得使用"基金"或者"基金管理"字样或者近似名称进行证券投资活动，但是法律、行政法规另有规定的除外；非公开募集基金应当向合格投资者募集，且合格投资者累计不得超过200人，这里的合格投资者是指达到规定资产规模或者收入水平，并且具备相应的风险识别能力和风险承担能力、其基金份额认购金额不低于规定限额的单位和个人，其具体标准由国务院证券监督管理机构规定；非公开募集基金不得向合格投资者之外的单位和个人募集资金，不得通过报刊、电台、电视台、互联网等公众传播媒体或者讲座、报告会、分析会等方式向不特定对象宣传推介；除基金合同另有约定外，非公开募集基金应当由基金托管人托管。

7）根据基金的资金来源和投资国别，可分为在岸基金和离岸基金

在岸基金是指在本国募集资金并将募集资金投资于本国证券市场的基金。其主要特征是基金的投资者、管理人、托管人、其他当事人以及基金的投资市场均在本国境内，基金运作必须遵守本国基金法律和法规的约束，本国监管部门对基金监管比较容易。

离岸基金是指一国的基金组织在他国募集资金并将募集资金投资于本国或第三国证券市场的基金。其主要特征是基金的投资者、管理人、托管人、其他当事人以及基金的投资市场在两个或两个以上的国家或地区，基金运作涉及两个或两个以上国家或地区的基金法律和法规，监管部门对基金监管难度相对较大。

8）其他特殊类型的基金

（1）伞形基金。它又被称为系列基金，是发达资本市场十分流行的一种基金形式，即基金发起人根据一份总的基金招募书，设立多只相互之间可以根据规定的程序及费率水平进行转换的基金，这些基金称为"子基金"或"成分基金"，而由这些子基金共同构成的这一基金体系被称为伞形基金或系列基金。它是在一个总的基金名称下，由具有各种不同的投资策略、投资风格、投资对象及不同的风险收益水平的基金组成的基金集合。各子基金的管理均相互独立，依据各自不同的投资目标进行独立的投资决策。

在发达的资本市场上，投资种类、投资的组合方式众多，投资者可以根据自身的风险收益偏好进行选择，因而对于是否是伞形基金实际上并不关注。相反，在新兴市场上，投资者更为关注绝对的收益水平，关注成本水平和转换的方便，伞形结构的基金正好满足了这些投资需求，因此，伞形基金是一种更适应新兴市场特征的基金结构形式。在中国香港特别行政区，伞形基金目前已经成为基金业在经营方式上的主要选择，大多数基金均为伞形基金及其旗下的子基金。目前我国已有多只伞形基金及其子基金。

（2）基金中基金（Fund of Funds，FOF）。它是指以其他基金为主要投资对象的基金，其投资组合主要由各种各样的其他基金组成。具体来说，根据《公开募集证券投资基金运作管理办法》的规定，80%以上的基金资产投资于其他基金份额的基金为基金中基金。FOF产品由专业投资团队运作，利用投资咨询人的基金投资评价体系和成熟的基金投资流程，选出具有持续稳定盈利能力的基金中长期持有，让普通投资者免去不幸选到差基金的苦恼。

与其他基金相比，这种基金以其他基金作为投资对象，实行的是两个层次的专家经营和两个层次的风险分散，因此具有以下优势：一是简单性，以基金为投资对象，简化

了投资选择的过程，节省了投资者的时间和精力；二是多样性，由于投资对象是基金，因而投资者只需较少的资金就可以进行分散投资；三是专业理财，基金的买卖和转换等一般由基金经理人来决定。但与此同时，这种基金也在两个层次上对基金投资者收取管理费用和销售费用，投资者的投资成本也较高。此外，这种基金还具有以下不足之处：一是投资者对该基金的投资组合支配权要小于个人投资于其他基金，且没有能力改变这种分配方式；二是税收管理受到限制，从某种程度上说，单只基金的持有者可以自主选择实现应课税收益和损失，但这种基金持有者受到基金经理人交易策略的控制，例如，该类基金经理人要购买周转率较高的基金，就会增加资金成本和税收。综合起来，从收益率、风险性和流动性几个方面来说，FOF产品更适合于长期投资，适合资金长期不用、对证券市场和基金不了解、工作繁忙无暇关注投资的投资者。由于基金可以随时赎回，而FOF产品一般只在一定期限内提供赎回机会（一般是2年），虽然FOF大幅度降低了单只基金波动的风险，但基金组合净值也会随市场变化而波动，因此，FOF产品不适合短期投资和对资金有一定灵活性要求的投资者。

按照国际趋势，基金数量发展到一定水平，会出现为投资者筛选基金的基金，即基金中基金。经中国证监会批准，2006年10月16日我国第一只准FOF基金——富国天合稳健优选股票型基金通过招商银行、浦东发展银行、海通证券、申银万国证券等代销机构在全国发行，托管行为招商银行。富国天合稳健优选股票型基金最大的特点是主要投资其他基金所持有的重仓股，达到类似投资其他基金的效果，也由此成为具备FOF理念的基金产品。目前，我国已有多只FOF基金。

（3）避险策略基金。避险策略基金，过去被称为保本基金，是指通过一定的避险投资策略进行运作，同时引入相关保障机制，以在避险策略周期到期时，力求避免基金份额持有人投资本金出现亏损的公开募集证券投资基金。该类基金通过采用投资组合保险技术，在锁定下跌风险的同时力争有机会获得潜在的高回报，保证投资者在投资到期时至少能够获得投资本金或一定回报。具体来说，避险策略基金主要是将大部分的本金投资在具有固定收益的证券如债券、票据、定期存单等金融工具上，让到期时的本金加利息大致等于期初所投资的本金，在此基础上将极小比例的本金或利息投资在具有高回报的证券如期货、期权等衍生性金融工具上，以赚取高收益。在产品设计理念上，避险策略基金为小额投资者提供了保本及参与股市涨跌的投资机会。目前，我国已有多只避险策略基金。关于避险策略基金的特点、避险策略、类型及投资风险，我们将在2.4节中加以详细介绍。

动画2-1

交易所交易基金

（4）交易型开放式指数基金与上市开放式基金。交易型开放式指数基金又被称为交易所交易基金（Exchange Traded Funds，ETF），是一种在交易所上市交易的、基金份额可变的基金运作方式，它结合了封闭式基金与开放式基金的运作特点，投资者可以像封闭式基金一样在交易所二级市场上进行ETF的买卖，又可以像开放式基金一样进行申购和赎回。所不同的是，它的申购是用一揽子股票换取ETF份额，赎回时也是换回一揽子股票而不是现金。与封闭式基金或开放式基金相比，ETF具有封闭式基金与开放式基金的优点。例如，ETF既可以在交易所二级市场上进行买卖，又可以在一级市场上进行申购和赎回，这种交易制度使该基金在一、二级市场之间存在套利机制，可以有效避免封闭式基金的大幅折价交易现象；ETF 的申购是用一揽子股票而不是现金换取 ETF 份额，赎回时也是换回一揽子股票而不是现金，与开放式基金相比大大降低了交易费用；ETF 一般采用被动式投资策略跟踪某一市场指数，因而又具有指数基金的特点。

ETF 最早产生于加拿大。1990 年，加拿大多伦多证券交易所（TSE）推出了世界上第一只 ETF-TIPS，但 ETF 的发展与成熟主要是在美国。1993 年，美国的第一只 ETF-SPDR 诞生，其后 ETF 在美国开始迅速发展，ETF 已成为美国基金市场上成长速度最快的基金品种之一。我国于 2004 年 12 月 30 日募集设立了以上证 50 指数为模板的"上证 50 交易型开放式指数证券投资基金"（简称 50ETF），并于 2005 年 2 月 23 日在上海证券交易所上市交易。目前，我国已有多只 ETF 在上海证券交易所上市交易。

上市开放式基金（Listed Open-ended Fund，LOF）是一种既可以在场外市场进行基金份额的申购和赎回，又可以在交易所进行基金份额交易和基金份额申购或赎回，并通过份额转托管机制将场外市场与场内市场有机联系在一起的基金运作方式。LOF 的优点是结合了场外代销机构和交易所交易网络的各自销售优势，拓宽了基金销售渠道；LOF 获准交易后，投资者既可以在挂牌的交易所进行买卖或申购与赎回，也可以通过场外销售渠道进行申购和赎回；LOF 通过场外市场与场内市场获得的基金份额分别被注册登记在场外系统与场内系统，但基金份额可以通过跨系统转托管，实现场外市场与场内市场的转换，这种转托管机制与可以在交易所及场外进行交易和申购赎回的制度安排，可以有效避免封闭式基金的大幅折价交易现象。

LOF 是我国对基金的一种本土化创新。我国于 2004 年 8 月 24 日推出首只 LOF 基金——南方积极配置证券投资基金，并在深圳证券交易所上市交易。目前，我国已有多只 LOF 在深圳证券交易所上市交易。

LOF 与 ETF 的相同之处是同时具备了场外和场内交易方式，两者同时为投资者提供了套利的可能。但两者存在本质区别，主要表现在以下几个方面：一是申购和赎回的标的不同，ETF 与投资者交换的是基金份额和一揽子股票，而 LOF 则是与投资者交换现金；二是申购和赎回的场所不同，ETF 的申购和赎回通过交易所进行，LOF 的申购、赎回既可以在代销网点进行也可以在交易所进行；三是对申购和赎回的限制不同，申购和赎回 ETF 的投资者一般是较大型的投资者，如机构投资者和投资规模较大的个人投资者，而 LOF 则没有限定；四是基金投资策略不同，ETF 本质上是指数型的开放式基金，采用被动式管理方法，而 LOF 则是普通的开放式基金，增加了交易所的交易方式，它可能是指数型基金，也可能是主动管理型基金；五是在二级市场上的净值报价频率不同，ETF 每 15 秒提供一个基金净值报价，而 LOF 则是一天提供一个基金净值报价。

小思考 2-2

我国基金类型多样化具有哪些现实意义？

答：党的二十大报告指出："共同富裕是中国特色社会主义的本质要求"。对于基金来说，不同类型的基金具有各自的特点，例如具有不同的风险收益特征。不同的基金投资者具有各自的风险收益偏好，基金类型多样化可以更好地满足不同基金投资者的投资需求，促进共同富裕的实现。基金类型多样化体现了基金从业人员服务客户、奉献社会的人生观和客户至上、公平正义的价值追求。

2.2 股票基金

2.2.1 股票基金的作用

微课 2-1

股票基金

股票挂牌上市为投资者买卖股票提供了一个连续性市场，有利于股票的流通转让和形成公平、合理的成交价格，并有利于投资者获得上市公司的经营和财务方面的资料及股票成交行情，从而做出正确的投资决策。投资股票收益较高，但风险也较大，中小投资者因各方面原因难以了解投资信息和掌握投资操作技术，也难以真正通过组合投资来分散风险。股票基金通过专家理财和组合投资，追求长期的资本增值，其收益和风险比股票稍低，比其他类型的基金相对较高。股票基金提供了一种长期的投资增值性，为中小投资者进行长期投资提供了投资工具。此外，股票基金是应对通货膨胀的有效手段，可以较好地满足投资者远期支出的需要。

【考证直通车 2-3】

单项选择题

股票基金的最大特点是（　　）。

A.投资风险小，回报率低　　　　　　B.投资于短期金融工具

C.无法抗御通货膨胀　　　　　　　　D.注重长期投资

小思考 2-3

为什么投资者购买基金时要做好基金组合？

答：投资者购买基金并不是无风险的投资，投资者如果只购买一只基金，或无目的地重复购买多只基金，还是会面临较大的风险。组合投资可以有效地降低市场的非系统性风险，采取这种方式，有目的地选择、购买几只不同类型、不同风格特征的基金，构建一个有效的基金组合，投资者就能达到分散风险，获得持续、稳健收益的目的。例如，货币市场基金、债券基金的流动性较高，收益低但较为稳定，可以作为现金替代品进行管理；股票基金风险、收益程度较高，但可以使基金组合有较高的收益；而混合基金则兼具灵活配置、股债兼得的特点，风险稍低，收益相对稳定。投资者可以根据自身的投资目标、投资周期和风险承受能力，来构建一个投资于不同的基金品种的基金组合。

2.2.2 股票基金与股票的联系和区别

股票基金与股票的联系十分密切。一方面，股票是股票基金的主要投资对象，股

市行情变化会直接影响到股票基金的价格及投资收益；另一方面，股票基金主要投资于股市，股票基金的发行为股市增加了投资需求，并对股市的稳定发挥了重要的作用。

股票基金与股票之间也存在许多不同之处，主要表现在以下几个方面：一是每日价格变动频率不同。股票价格在每一交易日内始终处于变动之中；封闭式股票基金价格与股票价格一样，在每一交易日内也始终处于变动之中，但开放式股票基金净值每天只计算一次，基金每一交易日只有一个价格。二是价格变动依据不同。股票价格受投资者买卖股票供求关系的影响；封闭式股票基金价格与股票价格一样，也受投资者买卖基金的供求关系的影响，但开放式股票基金的份额净值及基金价格不会由于申购、赎回数量的多少而受到影响。三是投资分析依据不同。在投资股票时，一般会根据上市公司的基本面（如产品状况、经营状况、财务状况等方面）信息对股票价格是否合理做出判断；但在投资基金时，不能对基金净值合理与否进行评判，因为基金净值是由其持有的证券价格所决定的，而证券价格是随时波动的。四是风险高低不同。单一股票的投资风险相对较大；股票基金由于进行分散投资，投资风险低于单一股票的投资风险。

2.2.3　股票基金的类型

根据基金所投资股票的市场、规模、性质以及所属行业等特性，可以从不同角度对股票基金进行分类。

1）按所投资股票市场划分，股票基金可以分为国内股票基金、国外股票基金与全球股票基金

国内股票基金是以本国股票市场为投资场所，基金投资风险主要受国内股票市场的影响。

国外股票基金是以国外股票市场为投资场所，基金投资风险不仅受国外股票市场的影响，还存在因不同货币而产生的汇率风险。按所投资国外股票市场范围划分，国外股票基金可进一步分为单一国家型股票基金、区域型股票基金和国际股票基金三种类型，它们分别是以某一国家的股票市场、某一区域内的国家组成的区域股票市场和除本国以外的全球股票市场为投资对象。

全球股票基金是以全球股票市场为投资场所，包括国内股票市场和国外股票市场。

2）按所投资股票规模划分，股票基金可以分为小盘股票基金、中盘股票基金与大盘股票基金

在实际操作中，通常有以下两种划分方法：一是依据公司股票市值的绝对值进行划分，如公司股票市值小于5亿元人民币的股票为小盘股，公司股票市值在5亿～20亿元人民币的股票为中盘股，公司股票市值超过20亿元人民币的股票为大盘股。二是依据公司股票市值的相对规模进行划分，如将市场的全部上市公司股票按市值大小排名，市值较小、市值排名靠后、累计市值占市场总市值20%以下的公司股票为小盘股，市值较大、市值排名靠前、累计市值占市场总市值50%以上的公司股票为大盘股，处在两者之间的为中盘股。根据上述股票分类，以小盘股、中盘股和大盘股为主要投资对象的股票基金分别被称为小盘股票基金、中盘股票基金与大盘股票基金。

3）按所投资股票性质划分，股票基金可以分为价值型股票基金、成长型股票基金、平衡型基金

价值型股票是指收益稳定、价值被低估、安全性较高的股票，其市盈率、市净率通常较低，比较适宜于长期投资。成长型股票是指收益增长速度快、未来发展潜力大的股票，其市盈率、市净率通常较高，比较适宜于进行短线操作。根据上述股票分类，以价值型股票为主要投资对象的股票基金被称为价值型股票基金，以成长型股票为主要投资对象的股票基金被称为成长型股票基金，同时投资于价值型股票和成长型股票的股票基金被称为平衡型基金。一般来说，价值型股票基金的投资风险低于成长型股票基金，但收益也低于成长型股票基金；平衡型基金的投资风险和收益则介于价值型股票基金与成长型股票基金之间。

4）按所投资股票行业或板块划分，股票基金可以分为不同行业或板块股票基金

一般来说，同一行业或板块的股票往往具有相似的特性和价格走势，因此，可以按所投资股票行业或板块对股票基金进行分类。行业或板块股票基金就是以某一特定行业或板块的股票为主要投资对象的基金，如基础设施类股票基金、资源类股票基金、房地产类股票基金、金融服务类股票基金、广东板块股票基金、上海板块股票基金等。此外，不同行业或板块的股票在不同时期的表现各不相同，为追求较好的回报，将主要投资对象在不同行业或板块的股票中轮换，这种股票基金被称为行业或板块轮换股票基金。

2.2.4　股票基金的投资风险

风险是指预期收益的不确定性。股票基金的投资风险是指股票基金投资预期收益的不确定性，主要包括系统性风险、非系统性风险以及管理运作风险。

系统性风险是指由于整体政治、经济、社会等某种全局性的共同因素引起的投资收益的可能变动，这种因素以同样的方式对所有证券的收益产生影响。由于这些因素来自企业外部，是单一证券无法抗拒和回避的，因此也被称为不可回避风险。由于这些共同因素对所有企业都产生不同程度的影响，不能通过多样化投资而分散，因此又被称为不可分散风险。系统性风险包括政策风险、经济周期性波动风险、利率风险、购买力风险、汇率风险等。政策风险是指政府有关证券市场的政策发生重大变化或是有重要的法规、举措出台，引起证券市场的波动，从而给投资者带来的风险。经济周期性波动风险是指证券市场行情周期性变动而引起的风险。利率风险是指市场利率变动而引起的风险。购买力风险又称通货膨胀风险，是指由于通货膨胀给投资者带来实际收益水平下降的风险。需要注意的是，股票基金虽然通过组合投资来分散风险，但不能回避上述系统性风险。

非系统性风险是指只对某个行业或个别公司的证券产生影响的风险，它通常是由某一特殊因素引起的，与整个证券市场的价格不存在系统、全面的联系，而只对个别或少数证券的收益产生影响。非系统性风险是可以抵消、回避的，因此又被称为可分散风险、可回避风险。非系统性风险包括信用风险、经营风险、财务风险等。信用风险是指证券发行人在证券到期时无法还本付息而使投资者遭受损失的风险。经营风险是指公司

的决策人员与管理人员在经营管理过程中出现失误而导致公司盈利水平发生变化，从而使投资者预期收益下降，该风险来自公司内部因素和公司外部因素两个方面。财务风险是指公司财务结构不合理、融资不当而导致投资者预期收益下降的风险。当然，股票基金通过组合投资，可以大大降低上述非系统性风险。

管理运作风险是指基金在管理运作过程中因管理不当或失误、运作不规范等原因而给基金投资者带来损失的风险。例如，在基金管理过程中，可能因为管理人或托管人的管理水平、管理手段和管理技术等因素而影响基金收益水平，从而给投资者带来损失；在基金运作过程中，可能因为计算机、通信系统、交易网络等技术保障系统或信息网络支持系统出现异常情况，导致基金日常的申购、赎回、登记注册、核算、公布基金净值、执行基金交易指令等行为无法正常进行，从而给投资者带来损失。上述管理运作风险大小则因不同基金而异。

➤➤ 【案例分析 2-1】　　　　　　股票基金的投资风险

投资者张某在 2023 年 4 月通过证券公司营业部代销渠道申购了某只股票基金，持有 1 年多后，产品亏损近 20%，张某要求证券公司营业部就亏损进行全额补偿。证券公司营业部接到投诉后，仔细核查当时的销售情况。经查证，证券公司营业部在销售过程中合法合规，无误导客户行为，投资者张某自愿申购该股票基金。最后，经与张某多次沟通，张某逐渐理解并接受投资股票基金亏损的事实。

资料来源：根据相关资料整理。

问题：股票基金具有哪些投资风险？

分析：股票基金的投资风险主要有系统性风险、非系统性风险以及管理运作风险。其中，系统性风险主要是经济周期性波动风险，非系统性风险主要是经营风险。

2.3　债券基金

2.3.1　债券基金的作用

债券基金主要以债券为投资对象。从投资收益来看，与投资于股票相比，投资于债券的收益虽然相对较低，但一般比较稳定，且从长期来看，其收益率要高于同期的银行定期储蓄利率。因此，对于追求稳定收益的投资者来说，债券基金具有较强的吸引力。从投资风险来看，债券和股票具有不同的风险等级，债券的投资风险要低于股票，债券基金的波动性通常要小于股票基金，因此，对于风险偏好为厌恶型的投资者来说，债券基金能够较好地满足他们的投资需求。从资产配置来看，不同的投资产品具有不同的风险收益特征，对于资金规模较大的投资者来说，通过债券基金及股票基金、股票等不同投资产品可以构造合理的投资组合，较好地分散投资风险，因此，债券基金为资产优化配置提供了具有一定稳定性的投资产品，是组合投资的一个重要组成部分。

2.3.2　债券基金与债券的区别

　　债券基金虽然以债券为主要投资对象，但与单个债券具有明显的区别，主要表现在以下几个方面：

　　（1）投资范围不同。与单个债券相比，债券基金的投资范围更为广泛。在我国，按照交易主体和对象划分，债券市场可以分为以下三种：第一种是商业银行的凭证式国债市场，参与者以个人投资者为主，个人投资者在商业银行购买国债就是通过这个市场；第二种是证券交易所的债券市场，投资者是除了商业银行外的金融机构和非金融企业以及个人投资者，交易对象包括凭证式或记账式企业债、可转换公司债等，目前这一市场所占份额较小；第三种是银行间债券市场，投资者包括商业银行、保险公司、基金公司等金融企业以及一般的非金融企业，但个人投资者不能直接参与该市场进行投资，该市场所占份额较大，是目前我国债券市场的一个主流市场。债券市场最主要的品种如中央银行票据、主要的国债、国家开发银行的债券以及商业银行的金融债、次级债、浮动债、短期融资券等，都是在银行间债券市场进行交易的。显然，通过投资债券基金，投资者可以间接持有更多的债券品种。

　　（2）收益大小及其稳定性不同。债券基金通过对不同种类和期限结构的债券品种进行投资组合，可以较单个债券创造更多的潜在收益。对于固定利率的单个债券来说，投资者可以定期得到固定的利息收益，并可在债券到期时收回本金。债券基金作为投资于一揽子债券的组合投资工具，虽然也会以分红形式将收益分配给投资者，但收益分配是不固定的，且分配的收益有升有降，不像债券那么固定。

　　（3）到期日不同。债券具有期限性，一般来说，单个债券都会有一个确定的到期日。债券基金是由一组具有不同到期日的债券所组成的，一般采用开放式基金形式，因此，并没有一个确定的到期日。需要说明的是，在对债券基金进行投资分析时，虽然可以根据债券基金所持有的债券计算出债券基金的平均到期日，但债券基金的平均到期日是指债券基金所持有的债券的平均到期日，而不是指债券基金到期日。

　　（4）投资收益率预测难度不同。对单个债券来说，可以根据债券的购买价格、定期支付的利息、债券期限或持有期以及到期收回的本金或卖出价，计算债券的投资收益率。债券基金由一组不同种类及不同期限的债券所组成，投资收益率的计算及预测相对来说难度较大。

　　（5）流动性大小不同。一般来说，债券基金及单个债券都具有较高的流动性，但两者相比较而言，债券基金比单个债券具有更高的流动性。单个债券一般是到期才偿还，如果投资者在债券到期前需要变现，对可以在证券交易所交易的记账式债券来说，投资者可以通过二级市场随时转让，但对于在商业银行柜台交易的凭证式国债来说，一般不能上市流通，投资者提前兑取需要支付较高的手续费或在收益上受到一定的损失。通过债券基金间接投资于债券，可以获得更高的流动性，基金投资者可以随时将持有的债券基金赎回，费用也比较低。

　　（6）投资风险不同。债券基金通过对不同种类和期限结构的债券品种进行投资组合，能够在一定程度上规避部分信用风险和利率风险。在信用风险方面，单个债券的信用风险比较集中，且不同类型的债券所具有的信用风险高低也不相同，一般来说，政府债券的信用风险最低，金融债券的信用风险次之，企业债券的信用风险最高，债券基金通过分散投资则可以有效避免单个债券可能面临的较高信用风险。债券和债券基金的主要风险是利率风险。对于单个债券来说，随着到期日的临近，投资者所承担的利率风险会下降。对于债券基金来说，由于没有固定到期日，基金投资者所承担的利率风险将取决于债券基金所持有的债券的平均到期日。一般来说，债券基金的平均到期日相对固定，因此，基金投资者所承担的利率风险会保持在一定的水平。此外，不同期限的债券对利率的敏感度不同，一般来说，长期债券价格受利率变化影响较大，假如出现利率上升，长期债券的价格就会下降。债券基金通过对不同期限的债券品种进行投资组合，可以有效避免单个债券可能面临的较高利率风险。

【考证直通车 2-4】

单项选择题

债券基金与单个债券的区别不包括（　　　）。

A.债券基金的收益不如债券的利息固定

B.债券基金可以确定一个准确的到期日

C.债券基金的收益率比买入并持有到期的单个债券的收益率更难以预测

D.所承担的投资风险不同

2.3.3　债券基金的类型

债券可以从不同的角度被划分为不同的类型。按照债券发行者的不同，债券可以分为政府债券、金融债券和公司（企业）债券；按照债券期限的不同，债券可以分为短期债券、中期债券和长期债券；按照债券信用等级的不同，债券可以分为低等级债券、高等级债券等不同等级的债券。与此相适应，按照债券基金所投资的债券类型的不同，可以将债券基金分为不同的类型。

除上述分类外，我国债券基金分类还有其自身特点，常见类型有标准债券型基金、普通债券型基金、其他策略型的债券基金。标准债券型基金是指仅投资于固定收益类金融工具、不投资于股票市场的债券基金，也被称为纯债基金。普通债券型基金是指主要进行债券投资（80%以上基金资产），但也投资于股票市场的债券基金。普通债券型基金可进一步细分为一级债基和二级债基：一级债基是指以债券投资策略为主、可适当参与新股申购和股票增发的普通债券型基金；二级债基是指以债券投资策略为主、同时可适当参与新股申购和股票增发、二级市场股票等权益资产投资的普通债券型基金。其他策略型的债券基金有可转债基金等。

2.3.4　债券基金的投资风险

债券基金的投资风险主要有信用风险、利率风险、通货膨胀风险以及提前赎回风险。

（1）信用风险。债券基金的信用风险是指债券发行人未按时支付利息和偿还本金从而使基金投资的预期收益难以实现或给基金带来损失。对于某一债券来说，其信用风险的大小可以通过评级机构评定的债券信用级别来加以识别。对于低等级信用债券来说，投资者往往面临着较高的信用风险，因而要求较高的收益补偿。基金在持有某一债券时，如果该债券的信用等级下降，则该债券的价格将下跌，从而基金的净值也会随之下降。

（2）利率风险。债券基金的利率风险是指由于市场利率的变动导致债券价格波动从而给基金投资收益带来的不确定性。一般来说，债券的价格与市场利率呈反方向变化，当市场利率上升时，债券价格下降；反之，当市场利率降低时，债券价格上升。而且，市场利率变化对债券价格的影响程度与债券期限的长短呈同方向变化，债券期限越长，债券价格受市场利率的影响就越大。对于债券基金来说，当市场利率发生变动时，则基金所持有的债券的价格将发生变化，从而基金的净值也会发生变化，而且债券基金的平均到期日越长，基金净值的变化就越大。

（3）通货膨胀风险。债券基金的通货膨胀风险也被称为购买力风险，是指由于通货膨胀使基金投资实际收益水平下降的风险。在出现通货膨胀的情况下，虽然投资于债券的名义收入固定不变，但由于物价水平上涨，投资于债券的实际收入下降。对于不同种类的债券来说，其通货膨胀风险的大小也不相同。一般来说，浮动利率债券或保值补贴债券的通货膨胀风险较小，固定利率债券的通货膨胀风险较大。在浮动利率债券中，长期债券的通货膨胀风险又比短期债券大。对于债券基金来说，当出现通货膨胀时，则基金投资的实际收益将发生变化，而且债券基金的平均期限越长，基金投资实际收益的变化就越大。

（4）提前赎回风险。赎回是指债券发行人在债券发行一段时间之后，提前买回未到期的发行在外的债券的行为。债券基金的提前赎回风险是指债券发行人在债券到期之前赎回债券，从而使基金投资的预期收益难以实现或给基金带来损失。当市场利率下降时，筹资成本下降，这时债券发行人可能会通过赎回发行在外的债券而提前偿还债务，或者通过发行新的债券而提前偿还旧的债务。当基金持有附有提前赎回权的债券时，如果债券发行人提前赎回，则基金不仅不能获得预期的高息收益，而且还面临着再投资风险。

2.4　其他类型基金简介

2.4.1　混合基金

1）混合基金在投资组合中的作用

就不同类型的基金来说，股票基金的收益较高，但风险也较高；债券基金的风险较低，但收益也较低。混合基金的风险和收益处于股票基金与债券基金之间，其收益高于债券基金，风险低于股票基金。因此，混合基金为投资者提供了一种风险和收益处于中等水平的投资工具，比较适合于较为保守的投资者。

2）混合基金的类型

混合基金虽然同时投资于股票、债券等有价证券，但对于不同的混合基金来说，由于基金的具体投资目标不完全相同，股票和债券在混合基金中的配置比例有所不同。根据股票和债券的配置比例，可以将混合基金分为偏股型混合基金、偏债型混合基金、股债平衡型混合基金和灵活配置型混合基金。

偏股型混合基金是指股票的配置比例较高，债券的配置比例相对较低的基金。一般来说，股票的配置比例在50%～70%，债券的配置比例在20%~40%。

偏债型混合基金是指债券的配置比例较高，股票的配置比例相对较低的基金。一般来说，债券的配置比例在50%~70%，股票的配置比例在20%~40%。

股债平衡型混合基金是指股票与债券的配置比例大体均衡，一般在40%～60%的基金。

灵活配置型混合基金是指根据市场状况灵活调整股票与债券的配置比例，当股票行情看好时适当提高股票的配置比例；反之，当股票行情不容乐观时适当提高债券的配置比例。

【考证直通车 2-5】

单项选择题

以下不属于混合型证券投资基金的是（　　　）。

A.偏债型基金　　　　　　　　　B.股债平衡型基金

C.指数型基金　　　　　　　　　D.偏股型基金

3）混合基金的风险

混合基金的风险主要取决于股票与债券配置比例的高低。就不同类型的混合基金来说，在一般情况下，偏股型混合基金和灵活配置型混合基金的风险相对较高，预期收益率也相对较高；偏债型混合基金的风险相对较低，预期收益率也相对较低；股债平衡型混合基金的风险与收益较为适中，处于两者之间。

2.4.2　货币市场基金

1）货币市场基金在投资组合中的作用

与其他类型基金相比，货币市场基金的风险较低、流动性较强，当然其收益率也相对较低。因此，货币市场基金可以作为短期投资工具或短期资产持有形式，一般比较适合于厌恶风险、对资产流动性和安全性要求较高的短期投资者。需要注意的是，由于收益率较低，货币市场基金不适合进行长期投资。

微课 2-3
货币市场基金

2）货币市场基金与货币市场工具、其他开放式基金及人民币理财产品的区别

（1）货币市场基金与货币市场工具的区别。货币市场基金虽然以货币市场工具为投资对象，但与货币市场工具有明显的区别。货币市场工具是指期限不足 1 年的各种短期金融工具，包括短期债券、各种票据、大额可转让定期存单（CD）、银行同业拆借、回购交易以及短期存款等。与其他金融工具相比，货币市场工具的风险较低、流动性较强，当然其收益率也相对较低。在货币市场工具的交易中，通常市场准入比较严格，投资门槛相对较高，普通投资者很难直接进入，交易方式采用场外交易方式，买卖双方通过电话或电子交易系统以协商价格方式完成交易。货币市场基金投资门槛较低，普通投资者可以直接进入，基金交易方式采用开放式基金交易方式。

（2）货币市场基金与其他开放式基金的区别。货币市场基金一般采用开放式基金形式，但与其他开放式基金具有明显的区别，主要表现在以下几个方面：

一是投资范围不同。货币市场基金专门投资于货币市场工具，如短期债券、各种票据、银行定期存单等。其他开放式基金产品以投资资本市场工具为主，如股票、债券等。

二是计价单位和方式不同。货币市场基金申（认）购采用已知价计价，每份单位始终保持在1元，超过1元后的收益会按时自动转化为基金份额，拥有多少基金份额即拥有多少资产。而其他开放式基金是份额固定不变，单位净值累加的，投资者只能依靠基金每年的分红或者买卖基金来实现收益。

三是基金费率不同。货币市场基金免认购费、申购费和赎回费，管理费也相对较低，只有0.33%。目前大多数股票型基金的管理费为1.5%左右，债券型基金的管理费为0.8%～1%。可见，货币市场基金直接降低了投资者的成本，以最低的价格享受专家理财。

四是风险收益程度不同。

货币市场基金与其他开放式基金风险收益程度的具体比较见表2-1。

表2-1　　　　　货币市场基金与其他开放式基金风险收益程度比较表

基金品种	收益	风险
股票型基金	高	高
配置型（混合）基金	较高	较高
债券型基金	较低	较低
货币市场基金	高于银行1年期定期存款收益，流动性好	
保本型基金	保本期内本金安全，收益相对稳定	

（3）货币市场基金与人民币理财产品的区别。货币市场基金与人民币理财产品的区别主要表现在以下几个方面：

一是收益稳定程度不同。一般来说，人民币理财产品收益率比较固定。货币市场基金的收益率不固定，在有利的市场环境（如加息）中能获得更高的收益。

二是流动性高低不同。人民币理财产品有固定持有期，一般不能提前支付，若提前支付将降低收益率。货币市场基金可以自由进出，无手续费，收益率不会因此受到影响，可有效抵御流动性风险。

三是政策风险不同。人民币理财产品推出时间较短，对其监管尚不完善，对信息披露尚无明确规定，可能存在政策变动风险。货币市场基金根据"证券投资基金"规定设立，受《货币市场基金监督管理办法》约束，无论在资金的投资方向、投资期限、信息披露、内控机制、从业人员、基金托管等方面都有章可循并接受严格监管，在政策上发生变化的可能性较小。

四是利率风险不同。在存在加息预期下，人民币理财产品大多为固定收益型产品，若市场基准利率调高，其收益率不会随之上升，投资者承担较大的利率风险。对于货币

避险策略基金从本质上讲是一个平衡型基金，主要通过投资组合中以债券为主的固定收益类资产和股票、衍生金融产品如期权的策略配置来达到基金保值、增值的目的。此类基金锁定了投资亏损的风险，但也并不放弃追求超额收益的空间，因此，比较适合那些不能忍受投资亏损、比较稳健和保守的投资者。

2）避险策略基金的避险策略

避险策略基金是运用投资组合保险策略来为投资者提供本金或收益的保障。目前，国际上比较流行的投资组合保险策略主要有对冲保险策略和固定比例投资组合保险策略（Constant Proportion Portfolio Insurance，CPPI）。

对冲保险策略主要利用股票期权、股指期货等金融衍生产品，实现投资组合价值的保本与增值。目前，在国际上比较成熟的资本市场，保本投资策略主要采用衍生金融工具进行操作。在我国，由于目前尚缺乏这些金融工具，因而无法采用这种策略。为实现保本的目标，我国目前的避险策略基金主要采用固定比例投资组合保险策略。

固定比例投资组合保险策略是通过比较投资组合现时净值与投资组合价值底线，对投资组合中风险资产与保本资产的比例进行动态调整，以兼顾保本与增值目标。该策略可以具体分为以下三个步骤：首先，根据投资组合期末最低目标价值及基金的本金和合理的折现率确定当前应持有的保本资产的价值，即投资组合的价值底线；其次，计算投资组合现时净值超过价值底线的数额，即投资组合的安全垫，作为投资组合中风险投资可承受的最高损失限额；最后，按安全垫的一定倍数确定投资组合中风险资产的投资比例，并将其余资产投资于保本资产。安全垫、风险资产投资额及风险资产投资比例的计算公式如下：

安全垫＝投资组合现时净值－价值底线

风险资产投资额＝放大倍数×安全垫

风险资产投资比例＝风险资产投资额÷基金净值×100%

在采用这种策略时，基金的收益风险特征取决于安全垫放大倍数和安全垫价值的大小。在安全垫价值一定的情况下，基金的投资收益和投资风险与安全垫放大倍数呈同方向变化。当安全垫放大倍数较大时，基金的投资收益较高，但基金的投资风险也较高；反之，当安全垫放大倍数较小时，基金的投资风险较小，但基金的投资收益也较小。基金管理人通过确定适当的安全垫放大倍数，既能保证基金本金的安全，又能为投资者创造更多的收益。在实际操作中，安全垫放大倍数通常保持相对稳定，以避免出现过激投资行为。只有在市场可能发生剧烈波动的情况下，基金管理人才对安全垫放大倍数进行适当的调整。在安全垫放大倍数一定的情况下，风险资产投资比例与安全垫价值呈同方向变化。当投资组合现时净值下降时，安全垫价值也随之下降，这时风险资产投资比例也就自动下降。

【考证直通车 2-7】

单项选择题

国际上比较流行的投资组合保险策略主要有对冲保险策略和（　　　）。

A.股票保险策略　　　　　　　　　　　B.债券保险策略

C.固定比例投资组合保险策略　　　　　D.差值保险策略

3）避险策略基金的类型

避险策略基金的避险内容和避险比例可以多种多样。从避险内容来看，避险策略基金提供的保证有本金保证、收益保证和红利保证，具体的避险内容在避险策略基金合约中需要加以明确规定。在通常情况下，避险策略基金若有担保人，则可为投资者提供到期后获得本金和收益的保障。从避险比例来看，一般避险策略基金的本金保证比例为100%，但也有低于100%或高于100%的情况。

4）避险策略基金的投资风险

避险策略基金的投资目标是避险，并采取相应的避险策略来实现这一目标。但与其他金融产品一样，避险策略基金也具有相应的投资风险，具体表现在以下几个方面：

（1）避险策略基金有一个避险策略周期，投资者只有持有到期后才获得本金保证或收益保证。如果投资者在到期前急需资金，提前赎回，则不享有保证承诺，投资可能发生亏损。避险策略基金的避险策略周期通常在3~5年，但也有的长达7~10年。基金持有人在认购期结束后申购的基金份额不适用保本条款。

（2）避险的性质在一定程度上限制了基金收益的上升空间。为了保证到期能够向投资者兑现保本承诺，避险策略基金通常会将大部分资金投资在期限与避险策略周期一致的债券上。避险策略基金中债券的比例越高，其投资于高收益的资产比例相应越少，基金收益的上升空间就越小。

（3）投资于避险策略基金面临着机会成本和通货膨胀风险。避险策略基金在到期后可以保本，但如果到期后不能取得比银行存款利率和通货膨胀率高的收益率，保本将失去意义。

【案例分析 2-2】　　　　　避险策略基金的投资风险分析

2020—2022年，A股市场受新冠疫情及境外股市下跌等因素影响而上下波动。期间，投资者避险情绪逐渐升温，哪里将会成为资金避险的"港湾"、如何保证本金不受损失成为摆在投资者面前的一个重要课题。避险策略基金开始进入更多投资者的视野，成为资产配置的候选标的之一。

资料来源：根据相关资料整理。

问题：避险策略基金在避险策略周期到期时能够保证本金，控制本金损失的风险，以保本和增值为目标，在投资避险策略基金时应注意哪些事项？

分析：第一，避险策略基金对本金的保证是有投资期限限制的。避险策略基金通常有一个避险策略周期，即保本期限，是指基金管理人（即基金公司）提供避险的期限。基金份额持有人在认购期购买并持有至到期的基金份额适用避险条款，特别需要提醒投资者注意的是，基金份额持有人如果在认购期购买而在基金避险周期到期前赎回或进行基金转换的份额以及在避险期开始后申购的基金份额则不适用避险条款。也就是说，对于后几种情况，避险策略基金是不提供本金保障的。由于有投资期间的限制，对于提前赎回的投资者来说，不但无法保障本金，还必须支付赎回费用。避险策略基金在避险策略周期上的这种设置也是在某种意义上鼓励投资者长期持有。

第二，避险策略基金的避险只是对本金而言，并不保证基金一定盈利，也不保证最低收益，仅承诺在避险到期日保本。因此，投资者购买的基金份额存在着到避险到期日仅能收回本金或者是未到避险到期日赎回而发生亏损的可能性。

第三，避险策略基金对本金的承诺保本比例也有不同。根据各基金风险程度的差异，保本比例可以低于本金，如本金的90%，也可以等于本金或高于本金。

第四，避险策略基金大都有定期赎回的机制，并不像普通的开放式基金那样通常在交易日都可以赎回。

第五，各避险策略基金的避险策略有所不同。目前国际上流行的避险策略主要有基于期权的投资组合保险（OBPI）策略、恒定比例投资组合保险（CPPI）策略和时间不变性投资组合保险（TIPP）策略等，而由于交易成本及远期市场的限制，国内使用较多的是后两种。在操作中，CPPI策略主要用来确定安全资产与风险资产的配置比例，而OBPI策略主要运用于可转换债券的投资，是建立在CPPI策略基础上的必要补充。

第六，投资者需要注意不同避险策略基金在资产配置比例上的差异所造成的基金风险收益特征的差异。

总而言之，投资者在选择基金产品时除了参考基金的过往业绩之外，还应在不同风险收益特征的基金间进行资产配置。避险策略基金的风险较低，但并不放弃超额收益，对于注重本金安全的低风险投资者以及一部分资金参与股票市场的稳健投资者来说，配置一定比例的避险策略基金是不错的选择，但投资者在投资避险策略基金之前，应仔细阅读基金的招募说明书等相关公告，以了解基金的各种条款设置细节。

情景模拟 2-1

场景：假设你是基金投资者，你该如何正确选择不同类型的基金？

操作：（1）分别派同学代表封闭式基金、开放式基金、股票基金、债券基金、货币市场基金、混合基金、成长型基金、收入型基金、平衡型基金、主动型基金、被动型基金、避险策略基金、交易型开放式指数基金（ETF）、上市开放式基金（LOF），其他同学担任基金投资者，共组成15个小组，每小组选择1人担任组长，由其负责本小组各项工作；

（2）各小组组长指挥本小组向基金投资者小组介绍所代表基金的基本情况及特点；

（3）基金投资者小组就基金类型选择所关心的各种问题，向其他各小组依次进行咨询，其他各小组进行相应回答；

（4）教师对情景模拟情况进行点评和总结。

知识掌握

2.1　单项选择题

（1）根据（　　）的不同，可以将基金划分为契约型基金和公司型基金。

A.基金存续期   B.组织形式

C.基金规模   D.投资理念

（2）（   ）一般有一个固定的存续期，存续期满后，可以通过一定的法定程序延期。

A.封闭式基金   B.开放式基金

C.公司型基金   D.契约型基金

（3）投资人可随时向基金管理人要求赎回的、没有存续期限的是（   ）。

A.封闭式基金   B.公司型基金

C.契约型基金   D.开放式基金

（4）成长型基金的投资目标是（   ）。

A.资金分散投资   B.定期取得现金收益

C.资本增值   D.稳定收益

（5）收入型基金以（   ）为基本目标。

A.稳定的经常性收入   B.现金收益

C.资本的长期增值   D.资金分散投资

（6）以追求资本增值为基本目标，投资于具有良好增长潜力的上市股票或其他证券的证券投资基金被称为（   ）。

A.收入型基金   B.平衡型基金

C.开放式基金   D.成长型基金

（7）在本国募集资金并投资于本国证券市场的证券投资基金为（   ）。

A.离岸基金   B.在岸基金

C.国内基金   D.国际基金

（8）股票基金的最大特点是（   ）。

A.投资风险小，回报率低   B.投资于短期金融工具

C.无法防御通货膨胀   D.注重长期投资

（9）货币市场基金以（   ）为投资对象。

A.股票   B.货币市场工具

C.债券   D.其他证券投资基金

（10）关于避险策略基金，以下说法不正确的是（   ）。

A.避险策略周期越长，投资者承担的机会成本越高

B.常见的保本比例介于 80%～100% 之间

C.其他条件相同，保本比例较低的基金投资于风险性资产的比例也较低

D.避险策略基金往往会对提前赎回基金的投资者收取较高的赎回费

2.2　多项选择题

（1）基金分类的意义在于（   ）。

A.有助于投资者做出选择   B.使得基金业绩比较更客观公正

C.使投资者加深对各基金的认识   D.有助于实施更有效的分类监管

（2）契约型基金与公司型基金的区别主要表现在（　　　）。

A.法律形式不同　　　　　　　　　　B.投资者的地位不同

C.基金的营运依据不同　　　　　　　D.投资方向不同

（3）封闭式基金和开放式基金的区别主要表现在（　　　）。

A.基金期限不同　　　　　　　　　　B.投资对象不同

C.激励约束机制和投资策略不同　　　D.价格形成不同

（4）公募基金具有的主要特征有（　　　）。

A.可以面向社会公开发售基金份额和宣传推广

B.基金募集对象不固定

C.投资金额要求低，适宜中小投资者参与

D.遵守基金法律和法规的约束，并接受监管部门的严格监管

（5）平衡型基金具有（　　　）的特点。

A.既注重资本增值，又注重当期收入

B.兼具成长与收入双重目标

C.风险、收益介于成长型基金与收入型基金之间

D.与成长型基金相比，风险大、收益高

（6）以某一特定行业或板块为投资对象的基金就是行业股票基金，如（　　　）。

A.房地产基金　　　　　　　　　　　B.科技股基金

C.金融服务基金　　　　　　　　　　D.公用事业基金

（7）债券基金与单个债券的区别主要表现为（　　　）。

A.债券基金的收益不如债券的利息固定

B.债券基金可以确定一个准确的到期日

C.债券基金的收益率比买入并持有至到期的单个债券的收益率更难以预测

D.所承担的投资风险不同

（8）依据资产配置的不同，混合基金可分为（　　　）。

A.偏股型基金　　　　　　　　　　　B.偏债型基金

C.股债平衡型基金　　　　　　　　　D.灵活配置型基金

（9）货币市场基金不得投资于（　　　）金融工具。

A.股票　　　　　　　　　　　　　　B.可转换债券

C.剩余期限超过 397 天的债券　　　　D.信用等级在 AA+ 以下的债券

（10）避险策略基金提供的保证类型有（　　　）。

A.本金保证　　　　　　　　　　　　B.收益保证

C.红利保证　　　　　　　　　　　　D.风险保证

2.3　是非判断题

（1）目前我国的基金全部是契约型基金。　　　　　　　　　　　　　　　（　　　）

（2）开放式基金的买卖价格以基金份额净值为基础，不受市场供求关系的影响。（　　　）

（3）封闭式基金的交易价格主要受二级市场供求关系的影响；开放式基金的买卖价

格以基金份额净值为基础，不受市场供求关系的影响。（　　）

（4）与收入型基金相比，成长型基金的风险小，收益也较低。（　　）

（5）离岸基金是指一国的证券基金组织在他国发行证券基金份额，并将募集的资金投资于本国或第三国证券市场的证券投资基金。（　　）

（6）股票基金以追求长期的资本增值为目标，比较适合长期投资。（　　）

（7）根据中国证监会对基金类别的分类标准，80%以上的基金资产投资于债券的为债券基金。（　　）

（8）混合基金的风险低于股票基金，预期收益则要高于债券基金。（　　）

（9）货币市场基金以追求长期的资本增值为目标，比较适合长期投资。（　　）

（10）避险策略基金从本质上讲是一种平衡型基金。（　　）

2.4　问答题

（1）基金分类有什么意义？

（2）契约型基金与公司型基金有什么区别？

（3）封闭式基金与开放式基金有什么区别？

（4）LOF与ETF有什么异同？

（5）股票基金与股票有什么联系和区别？

（6）股票基金有哪些投资风险？

（7）债券基金与债券有什么联系和区别？

（8）债券基金有哪些投资风险？

（9）货币市场基金与货币市场工具、其他开放式基金及人民币理财产品有什么区别？

（10）货币市场基金有什么特点？

（11）避险策略基金有什么特点？

（12）避险策略基金有哪些投资风险？

知识应用

□ 案例分析

如何选择适合自己的基金产品？

经过二十多年的发展，我国基金的类型和品种已经比较丰富。从基金的类型来看，基金按是否可自由赎回和基金规模是否固定，可分为封闭式基金和开放式基金；按投资标的可分为股票基金、债券基金、货币市场基金、混合基金等，按投资目标可分为成长型基金、收入型基金和平衡型基金，依据投资理念的不同可分为主动型基金和被动型基金。此外，还有一些特殊类型的基金，如伞形基金、基金中基金、避险策略基金、交易型开放式指数基金（ETF）、上市开放式基金（LOF）等。在同一类型的基金中又具有不同的基金品种，截至2024年5月底，我国公募基金已有11 941只。不同类型和品种的基金适合于不同类型的投资者。投资者选择基金时，需要注意浏览相关网站、销售网点公告或基金管理公司的信息，了解基金的收益、费用和风险特征，判断某种基金是否切合个人的投资目标。

资料来源：根据相关资料整理。

问题：投资者应如何选择基金产品？

分析提示：投资者选择基金产品时应该考虑以下几个方面：一是基金管理公司是否值得信赖，是否拥有丰富的基金产品供投资者选择，是否具有相当的运作经验和良好的管理能力。二是基金是否适合个人需要，基金的投资目标、投资对象、风险水平是否与个人目标相符。例如，每个人因年龄、收入、家庭状况的不同而具有不同的投资目标。一般而言，年轻人适合选择风险高一些的基金，而即将退休的人适合选择风险较低的基金。如果投资者对市场的短期波动较为敏感，便应该考虑投资一些风险较低且价格较为稳定的基金；如果投资者的投资取向较为进取，并不介意市场的短期波动，同时希望赚取较高回报，一些较高风险的基金也许更符合投资者的需要。三是基金经理的投资理念、投资风格等，投资者应尽可能详细了解基金经理的投资经历、过往业绩水平和投资思想等多方面的信息。四是在其他条件相当的情况下，投资者还可以关注基金的费用水平是否适当，如果能够有机会降低投资成本当然更好。五是了解自己的个性，分析个人的投资属性即风险承受能力。与其说基金好不好，倒不如说适不适合自己更重要。如果愿意也能够承担较大的短期波动风险，可考虑投资股票基金；如果风险承受能力属于中等，高收益债券基金、避险策略基金是不错的选择；若只能够承受非常小的损失风险，债券基金、货币市场基金值得放入你的参考之列。六是综合参考基金的短、中、长期绩效是否表现稳健。虽然过去的绩效并不代表未来的绩效，但仍具有一定的参考价值，从概率的角度来说，过去绩效良好的基金，未来的绩效一般会表现得比较好；反之亦然。不要追逐单月绩效第一名的基金，应该综合观察短、中、长期表现，并与同类型基金作比较后再作选择，可以参考基金评价等机构的评价统计报表。

□ 实践训练

如果你是基金投资者，请你根据家庭的风险承受能力选择基金类型，并确定不同类型基金的资产配置比例。

要求：（1）根据家庭状况，分析家庭的理财需求及风险承受能力。

（2）根据（1）的分析结论，选择基金类型，并确定不同类型基金的资产配置比例。

（3）根据（1）、（2）的分析过程及结论，撰写家庭的基金投资计划。

第3章

证券投资基金的当事人

学习目标

知识目标：了解基金管理公司和基金托管人的市场准入、基金持有人大会；理解基金管理人和基金托管人的职责、基金托管的业务流程、基金持有人在基金运作中的地位和职责、基金当事人之间的关系、基金市场的其他参与主体；掌握基金管理人和基金托管人在基金运作中的作用、主要业务及其特点。

技能目标：能够向客户正确介绍基金当事人及其主要业务；能够帮助客户合理选择基金管理人、基金托管人、基金销售机构等基金当事人。

素养目标：培养基金当事人团结协作的团队精神、遵守基金行业法规的社会公德、淡泊个人名利得失的职业品格和爱岗敬业、诚实守信的职业道德。

引例

盘点基金公司：哪些基金经理换得最勤？

一个稳定的投资团队，一种长期形成的投资理念，是一只基金区别于其他基金的前提。而整个基金业的人员稳定、不同公司有不同风格，则是基金行业走向成熟，从而成为资本市场稳定的机构投资者的前提。然而，在基金行业中，基金经理被频繁更换依然是普遍现象。据有关统计，在我国公募基金中，平均每只基金的历任经理为2.76人，人均任职年限仅为1.5年。其中，历任基金经理在3人以上的约占44%，历任基金经理在5人以上的约占16%。数据显示，大型基金公司旗下的指数型和债券型基金的基金经理往往任职时间较长，这与指数型和债券型基金的"被动型"特点有一定关系。人均任职年限排名在前30位的基金基本上都在大型基金公司旗下，其中绝大多数是较早成立的"老十家"基金公司旗下的产品，这些基金的基金经理几乎都是基金公司一成立就担任基金经理至今。令人感到意外的是，那些更换基金经理较为频繁的同样是成立时间较早的"老十家"基金公司旗下的产品。数据还显示，历任基金经理人数排名前20位的基金基本上也是"老十家"基金公司的旗下产品，这些基金公司包括华夏、嘉实、大成、博时、华安、南方等。据了解，由于大型基金公司业务扩张速度较快，因此，对有经验的基金经理的内部需求较大，加上不少"明星基金经理"近年来纷纷选择了"下海"转投私募机构或者出现"跳槽"，因此，那些越是老牌的基金产品，其更换基金经理的频率也越快。

　　不可否认的是，对那些投研团队相对稳定、不太更换基金经理的公司来说，基金经理的稳定性往往是基金业绩得以保证的前提。基金经理频繁更换，直接加大了基金投资者的选择难度。出于对基金经理和基金公司的信任，基金投资者在作投资选择之前，往往会对各种信息进行搜集和比较分析，但如果基金经理频繁更换，其基金的风格就容易发生变化，基金投资者也难以在较长时间里对基金业绩抱有信心。值得一提的是，基金经理的更换频率也与基金管理公司的理念有一定关系。根据 Wind 的统计数据，那些偏重长线运作的基金公司旗下产品的基金经理更换较少，它们的内部考核机制不少是以 3 年期作为基金经理业绩考核周期的，而不是主要关注短期业绩排名。不过，也有基金公司的高管表示，基金经理流动性只是反映基金公司情况的一个指标，基金公司的长期生存和发展主要还是靠基金业绩来说话的。在这种背景下，整个基金公司投研团队的综合能力将十分关键，这在很大程度上决定了基金公司最后的竞争力。

　　资料来源：根据相关资料整理。

　　这一案例表明：目前我国基金经理的平均任职年限较短，基金经理频繁更换的现象比较普遍。其中，老牌基金管理公司"两头冒尖"。而基金管理公司的治理是关键，基金经理的稳定性及其长期形成的理念是其所管理基金区别于其他基金的重要标志之一，也是其所管理基金业绩得以保证的前提。

3.1　基金管理人

　　基金管理人是指根据基金法规及基金契约或基金章程的规定，凭借专门的管理团队及其知识与经验，按照组合投资、分散风险的原理科学合理地运用和管理基金资产，实现基金资产不断增值，并使基金份额持有人获取尽可能多的收益的机构。

微课 3-1
基金管理人

　　在不同的国家，基金管理人由不同的机构来担任，并通过相关法律加以规定，或者说，基金管理人在不同的国家和地区有不同的称呼。在美国，基金管理人由基金管理公司来担任；在英国和中国香港特别行政区，基金管理人由投资管理公司来担任；在日本和中国台湾地区，基金管理人由投资信托公司来担任。在中国内地，根据《证券投资基金法》的规定，基金管理人由依法设立的公司或者合伙企业担任，公开募集基金的基金管理人只能由依法设立的基金管理公司或者经国务院证券监督管理机构按照规定核准的其他机构担任。担任非公开募集基金的基金管理人，应当按照规定向基金行业协会履行登记手续，报送基本情况。

3.1.1　基金管理人在基金运作中的作用

　　基金管理人是负责基金具体投资操作和日常管理的机构，在基金运作中处于中心地位，起着核心的作用。首先，基金管理人的作用直接体现在其所从事业务的广度及深度上。在基金运作中，基金管理人承担了基金产品的设计、基金份额的发售、基金资产的投资管理、基金服务机构的选择以及与基金募集和管理有关的其他事务性工作，如基金份额的注册登记、基金资产的估值、基金资产的会计核算、基金的信息披露、基金的分红派息、持有人大会的召集、客户服务、基金清算等。投资者投资基金最主要的目标就是实现资产的保值、增值，投资者的这一目标能否实现在很大程度上取决于基金管理人的投资管理情况。基金管理人投资管理能力与风险控制能力的高低直接关系到投资者投资回报的高低与投资目标能否实现。此外，基金管理人的作用还体现在对基金持有人利益保护的责任上。在基金运作中，基金管理人管理的不是自己的资产，而是投资者的资产，因此，基金管理人对投资者负有重要的信托责任。基金管理人任何不规范的操作都有可能对投资者的利益造成损害。基金管理人必须以投资者的利益为最高利益，严防利益冲突与利益输送。

【考证直通车 3-1】
　　单项选择题
　　下列不属于基金管理人在基金运作中的作用的是（　　　）。
　　A.基金管理人的投资理念、分析方法和投资工具的选择是基金投资运作的
　　　关键
　　B.高水平的基金管理人，可以确保基金的高收益
　　C.基金管理人在实际投资运作中依据一定的投资目标，构建合适的投资组合
　　D.基金管理人根据市场实际情况的变化及时对投资组合进行调整

3.1.2　基金管理公司的主要业务及其特点

在公开募集基金运作中，基金管理公司的主要业务有发起设立基金、募集与销售基金、基金资产的投资管理、基金运营管理、投资咨询服务、受托资产管理等。

（1）发起设立公开募集基金。这是指基金管理公司为公开募集基金批准成立前所做的一切准备工作，包括基金品种的设计、签署基金成立的有关法律文件、提交申请注册基金的主要文件及申请注册的审查。基金管理公司根据市场投资群体不同的投资需求，结合自身管理基金的特长，有重点、有步骤、有选择地推出新的基金品种。当基金管理公司确定了要发起设立的基金品种和发行的总体方案之后，就可以起草并与有关当事人共同签订基金设立的有关法律文件，如基金发起设立协议书、基金契约、基金托管协议书、基金承销或代销协议书等，完成申请前的准备工作。做好准备工作后，基金管理公司作为基金发起人就应向监管部门提出基金注册申请，监管部门根据国家的法律、法规对基金注册申请进行审查，对符合要求的做出准予注册的决定。

（2）募集与销售公开募集基金。依照《证券投资基金法》的规定，依法公开募集基金是基金管理公司的一项法定权利，其他任何机构不得从事基金的公开募集活动。能否将公开募集基金成功地推向市场并不断扩大基金资产规模，对基金管理公司的经营有着重要意义。基金销售业务是指基金管理公司通过自行设立的网点或电子交易网站把基金单位直接销售给基金投资人。基金管理公司可以直接销售基金单位，也可以委托其他机构代理销售基金单位。从长远来看，基金管理公司应该选择直销与代销相结合的方式，建立自己的直接销售体系，设立销售分支机构，树立自己的品牌形象，与机构投资者建立良好的业务关系，逐步完善客户服务功能，努力扩大基金销售规模。

（3）公开募集基金资产的投资管理。它是指基金管理公司根据专业的投资知识与投资经验运作基金资产。作为基金管理人，基金管理公司最主要的职责就是组织投资专业人士，按照基金契约或基金章程的规定制定基金资产投资组合策略，选择投资对象，决定投资时机、数量和价格，运用基金资产进行有价证券的投资。基金资产的投资管理业务是基金管理公司最基本、最核心的一项业务。基金管理公司之间的竞争在很大程度上取决于其投资管理能力的高低。因此，不断提高基金管理公司的投资管理能力、为投资者提供具有竞争力的投资管理服务是基金管理公司拓展业务的重要内容。

（4）公开募集基金运营管理。基金运营是基金资产的投资管理以及募集与销售基金的后台保障。基金运营管理业务通常包括基金份额的注册登记、基金资产的估值、基金资产的会计核算、基金的信息披露、基金的分红派息、持有人大会的召集、客户服务、基金清算等。基金运营管理业务在很大程度上反映了基金管理公司对投资者服务的质量，对基金管理公司整个业务的发展起着重要的支持作用。

（5）投资咨询服务。基金管理公司可以利用自身的资源优势，向基金投资者或其他投资者提供投资咨询服务。基金管理公司具体可从事的投资咨询服务范围，在不同国家有不同的规定。在我国，根据有关规定，基金管理公司不需要报经中国证监会审批，可以直接向合格的境外机构投资者、境内保险公司及其他依法设立运作的机构等特定对象提供投资咨询服务。基金管理公司向特定对象提供投资咨询服务，不得有下列行为：①侵害基金份额持有人和其他客户的合法权益；②承诺投资收益；③与投资咨询客户约定分享投资收益或者分担投资损失；④通过广告等公开方式招揽投资咨询客户；⑤代理投资咨询客户从事证券投资。

（6）受托资产管理。基金管理公司除可从事上述与公开募集基金运作有关的基金业务外，还可开展受托管理其他资产的业务。所谓受托资产管理，是指基金管理公司作为受托投资管理人，根据有关法律、法规和投资委托人的投资意愿，与委托人签订受托投资管理合同，把委托人委托的资产放在证券市场上进行股票、债券等有价证券的组合投资，以实现委托资产收益最大化的行为。基金管理公司开展受托资产管理业务的形式、范围和条件，在不同国家有不同的规定。在我国，根据有关法规，基金管理公司可以从事非公开募集资产管理业务即私募资产管理业务，基金管理公司还可以设立子公司从事非公开募集资产管理业务、私募股权基金管理业务以及中国证监会许可的其他业务。

根据《证券期货经营机构私募资产管理业务管理办法》的规定，证券期货经营机构可以为单一投资者设立单一资产管理计划，也可以为多个投资者设立集合资产管理计划。集合资产管理计划的投资者人数不少于2人，不得超过200人。单一资产管理计划可以接受货币资金委托，或者接受投资者合法持有的股票、债券或中国证监会认可的其他金融资产委托。集合资产管理计划原则上应当接受货币资金委托，中国证监会认可的情形除外。证券登记结算机构应当按照规定为接受股票、债券等证券委托的单一资产管理计划办理证券非交易过户等手续。单一资产管理计划可以不设份额，集合资产管理计划应当设定为均等份额。开放式集合资产管理计划不得进行份额分级。封闭式集合资产管理计划可以根据风险收益特征对份额进行分级。同级份额享有同等权益、承担同等风险。分级资产管理计划优先级与劣后级的比例应当符合法律、行政法规和中国证监会的规定。分级资产管理计划的名称应当包含"分级"或"结构化"字样，证券期货经营机构应当向投资者充分披露资产管理计划的分级设计及相应风险、收益分配、风险控制等信息。

资产管理计划可以投资于以下资产：①银行存款、同业存单以及符合《关于规范金融机构资产管理业务的指导意见》规定的标准化债权类资产，包括但不限于在证券交易所、银行间市场等国务院同意设立的交易场所交易的可以划分为均等份额、具有合理公允价值和完善流动性机制的债券、中央银行票据、资产支持证券、非金融企业债务融资工具等；②上市公司股票、存托凭证以及中国证监会认可的其他标准化股权类资产；③在证券期货交易所等国务院同意设立的交易场所集中交易清算的期货及期权合约等标准化商品及金融衍生品类资产；④公开募集证券投资基金（以下简称公募基金）以及中国证监会认可的比照公募基金管理的资产管理产品；⑤第①至③项规定以外的非标准化债权类资产、股权类资产、商品及金融衍生品类资产；⑥第④项规定以外的其他受国务院金融监督管理机构监管的机构发行的资产管理产品；⑦中国证监会认可的其他资产。其中，第①项至第④项为标准化资产，第⑤项至第⑥项为非标准化资产。中国证监会对证券期货经营机构从事私募资产管理业务投资于第⑤项规定资产另有规定的，适用其规定。

基金管理公司在开展上述业务时具有以下特点：①基金管理公司管理的是受托资产，即投资者的资产，一般并不进行负债经营，因此，与具有较高负债率的银行、保险公司等其他金融机构相比，基金管理公司的经营风险要低得多。②基金管理公司的收入主要来自以资产规模为基础的管理费，因此，资产管理规模的扩大对基金管理公司具有重要意义。③投资管理能力是基金管理公司的核心竞争力，因此，基金管理公司在经营上更多地体现出一种知识密集型产业的特色。④开放式基金要求必须披露上一工作日的份额净值，而净值的高低直接关系到投资者的利益，因此，基金管理公司的业务对时间与准确性的要求很高，任何失误与迟误都会造成重要影响。

3.1.3　基金管理公司的市场准入

基金管理人是基金资产的管理者和实际控制者，在基金运作中具有重要作用并处于特殊地位，基金收益的多少及风险的大小取决于基金管理人管理运用基金资产的水平。因此，为保护基金投资者的利益，必须对基金管理人的市场准入做出严格限定，只有具备一定条件的机构才能担任基金管理人。各个国家或地区对基金管理人的市场准入有不同的规定，一般来说，申请成为基金管理人的机构要依照本国或本地区的有关基金法规，经政府监管部门审核批准后，才能取得基金管理人的资格。审核内容主要包括基金管理人是否具有一定的资本实力、健全的治理结构、良好的信誉、基金运作的硬件条件、基金运作的专业人才及基金运作管理计划等。

关于公募基金管理人的准入，《公开募集证券投资基金管理人监督管理办法》对其规定如下：

（1）设立基金管理公司，应当具备下列条件：

①股东、实际控制人符合《证券投资基金法》和本办法的规定。

② 有符合《证券投资基金法》《公司法》以及中国证监会规定的章程。

③ 注册资本不低于 1 亿元人民币，且股东必须以来源合法的自有货币资金实缴，境外股东应当以可自由兑换货币出资。

④ 有符合法律、行政法规和中国证监会规定的董事、监事、高级管理人员以及研究、投资、运营、销售、合规等岗位职责人员，取得基金从业资格的人员原则上不少于 30 人。

⑤ 有符合要求的公司名称、营业场所、安全防范设施和与业务有关的其他设施。

⑥ 设置了分工合理、职责清晰的组织机构和工作岗位。

⑦ 有符合中国证监会规定的内部管理制度。

⑧ 经国务院批准的中国证监会规定的其他条件。

（2）根据持股比例和对基金管理公司经营管理的影响，基金管理公司股东包括以下三类：

① 主要股东，指持有基金管理公司 25% 以上股权的股东，如任一股东持股均未达 25% 的，则主要股东为持有 5% 以上股权的第一大股东，中国证监会另有规定的除外。

② 持有基金管理公司 5% 以上股权的非主要股东。

③ 持有基金管理公司 5% 以下股权的非主要股东。

（3）持有基金管理公司 5% 以下股权的非主要股东，不得存在下列情形：

① 最近 3 年存在重大违法违规记录或者重大不良诚信记录；因故意犯罪被判处刑罚，刑罚执行完毕未逾 3 年；因涉嫌重大违法违规正在被调查或者处于整改期间。

② 存在长期未实际开展业务、停业、破产清算、治理结构缺失、内部控制失效等影响行使股东权利或者履行股东义务的情形；存在可能严重影响持续经营的担保、诉讼、仲裁或者其他重大事项。

③ 股权结构不清晰，不能逐层穿透至最终权益持有人；股权结构中存在资产管理产品，中国证监会认可的情形除外。

④ 因不诚信或者不合规行为引发社会重大质疑或者产生严重社会负面影响且影响尚未消除；对所投资企业经营失败负有重大责任未逾 3 年；挪用客户资产等损害客户利益的行为。

⑤ 中国证监会规定的其他情形。

（4）持有基金管理公司 5% 以上股权的非主要股东，应当符合下列条件，中国证监会另有规定的除外：

① 上述第（3）条中规定的条件。

② 股东为法人或者非法人组织的，自身及所控制的机构具有良好的诚信合规记录；最近 1 年净资产不低于 1 亿元人民币或者等值可自由兑换货币，资产质量和财务状况良好；公司治理规范，内部控制机制健全，风险管控良好，能够为提升基金管理公司的综合竞争力提供支持。

③ 股东为自然人的，正直诚实，品行良好，最近 1 年个人金融资产不低于 1 000 万元人民币，具备 5 年以上境内外证券资产管理行业从业经历，从业经历中具备 3 年以上专业的证券投资经验且业绩良好或者 3 年以上公募基金业务管理经验。

（5）基金管理公司的主要股东，应当符合下列条件：

① 上述第（4）条中规定的条件。

② 主要股东为法人或者非法人组织的，应当为依法经营金融业务的机构或者管理金融机构的机构，具有良好的管理业绩和社会信誉，最近 1 年净资产不低于 2 亿元人民币或者等值可自由兑换货币，最近 3 年连续盈利；入股基金管理公司与其长期战略协调一致，有利于服务其主营业务发展。

③ 主要股东为自然人的，最近 3 年个人金融资产不低于 3 000 万元人民币，具备10 年以上境内外证券资产管理行业从业经历，从业经历中具备 8 年以上专业的证券投资经验且业绩良好或者 8 年以上公募基金行业高级管理人员从业经验。

④ 对完善基金管理公司治理、推动基金管理公司长期发展，有切实可行的计划安排；具备与基金管理公司经营业务相匹配的持续资本补充能力。

⑤ 对保持基金管理公司经营管理的独立性、防范风险传递及不当利益输送等，有明确的自我约束机制。

⑥ 对基金管理公司可能发生风险导致无法正常经营的情况，制定合理有效的风险处置预案。

管理金融机构的机构担任基金管理公司主要股东的，其管理的金融机构至少一家应当符合上述第②项以及中国证监会的相关规定。

（6）基金管理公司的实际控制人应当符合上述第（3）条、第（5）条中第④至⑥项的规定，同时不得存在净资产低于实收资本的 50% 或有负债达到净资产的 50%、不能清偿到期债务等情形。

（7）基金管理公司由自然人作为主要股东发起设立的，其他股东应当为符合条件的自然人、金融机构或者管理金融机构的机构，中国证监会另有规定的除外。基金管理公司单一自然人股东直接持股和与其存在一致行动关系或者关联关系的股东合计持有基金管理公司股权的比例不得超过 2/3。公募基金管理人可以依法实施专业人士持股计划。

（8）外商投资基金管理公司的境外股东还应当符合下列条件：

① 依所在国家或者地区法律设立、合法存续的具有金融资产管理经验的金融机构或者管理金融机构的机构，具有完善的内部控制机制，最近 3 年主要监管指标符合所在国家或者地区法律的规定和监管机构的要求。

② 所在国家或者地区具有完善的证券法律和监管制度，其证券监管机构已与中国证监会或者中国证监会认可的其他机构签订证券监管合作谅解备忘录，并保持有效的监管合作关系。

③ 具备良好的国际声誉和经营业绩，最近 3 年金融资产管理业务规模、收入、利润、市场占有率等指标居于国际前列，最近 3 年长期信用均保持在高水平。

④ 累计持股比例或者拥有权益的比例（包括直接持有和间接持有）符合国家关于证券业对外开放的安排。

⑤ 法律、行政法规及经国务院批准的中国证监会规定的其他条件。

中国香港特别行政区、中国澳门特别行政区和中国台湾地区的机构比照适用前款规定。基金管理公司股东的实际控制人为境外机构或者自然人的，适用本条规定。

（9）其他资产管理机构申请公募基金管理业务资格，应当符合下列条件：

① 公司治理规范，内部控制机制健全，风险管控良好；管理能力、资产质量和财务状况良好，最近 3 年经营状况良好，具备持续盈利能力；资产负债和杠杆水平适度，具备与公募基金管理业务相匹配的资本实力。

② 具备良好的诚信合规记录，最近 3 年不存在重大违法违规记录或者重大不良诚信记录；不存在因故意犯罪被判处刑罚、刑罚执行完毕未逾 3 年；不存在因涉嫌重大违法违规正在被调查或者处于整改期间；最近 12 个月主要监管指标符合监管要求。

③ 具备 3 年以上证券资产管理经验，管理的证券类产品运作规范稳健，业绩良好，未出现重大违规行为或者风险事件。

④ 有符合要求的内部管理制度、营业场所、安全防范设施、系统设备和与业务有关的其他设施。

⑤ 有符合法律、行政法规和中国证监会规定的董事、监事、高级管理人员和与公募基金管理业务有关的研究、投资、运营、销售、合规等岗位职责人员，取得基金从业资格的人员原则上不少于 30 人；组织机构和岗位分工设置合理、职责清晰。

⑥ 对保持公募基金管理业务的独立性、防范风险传递和不当利益输送等，有明确有效的约束机制。

⑦ 中国证监会规定的其他条件。

在基金业协会登记的专门从事非公开募集证券投资基金管理业务的机构申请公募基金管理业务资格的，该机构及其股东、实际控制人还应当分别符合有关基金管理公司设立、股东、实际控制人的条件。符合基金管理公司设立条件的其他公募基金管理人，经中国证监会认可，可以变更为基金管理公司。

（10）同一主体或者受同一主体控制的不同主体参股基金管理公司的数量不得超过 2 家，其中控制基金管理公司的数量不得超过 1 家。

下列情形不计入参股、控制基金管理公司的数量：

① 直接持有和间接控制基金管理公司股权的比例低于 5%。

② 为实施基金管理公司并购重组所做的过渡期安排。

③ 基金管理公司设立从事公募基金管理业务的子公司。

④ 中国证监会认可的其他情形。

【考证直通车 3-2】

单项选择题

在基金管理公司的股东中，作为法人或者非法人组织的主要股东的净资产应当不低于（　　　）人民币或者等值可自由兑换货币。

A.1 亿元　　　　　　B.2 亿元　　　　　　C.3 亿元　　　　　　D.5 亿元

关于基金管理人的从业人员，根据《证券投资基金法》的规定，有下列情形之一的，不得担任公开募集基金的基金管理人的董事、监事、高级管理人员和其他从业人员：①因犯有贪污贿赂、渎职、侵犯财产罪或者破坏社会主义市场经济秩序罪，被判处刑罚的；②对所任职的公司、企业因经营不善破产清算或者因违法被吊销营业执照负有个人责任的董事、监事、厂长、高级管理人员，自该公司、企业破产清算终结或者被吊销营业执照之日起未逾 5 年的；③个人所负债务数额较大，到期未清偿的；④因违法行为被开除的基金管理人、基金托管人、证券交易所、证券公司、证券登记结算机构、期货交易所、期货公司及其他机构的从业人员和国家机关工作人员；⑤因违法行为被吊销执业证书或者被取消资格的律师、注册会计师和资产评估机构、验证机构的从业人员、投资咨询从业人员；⑥法律、行政法规规定不得从事基金业务的其他人员。公开募集基金的基金管理人的董事、监事和高级管理人员，应当熟悉证券投资方面的法律、行政法规，具有 3 年以上与其所任职务相关的工作经历；高级管理人员还应当具备基金从业资格。公开募集基金的基金管理人的董事、监事、高级管理人员和其他从业人员，其本人、配偶、利害关系人进行证券投资的，应当事先向基金管理人申报，并不得与基金份额持有人发生利益冲突。公开募集基金的基金管理人应当建立上述规定人员进行证券投资的申报、登记、审查、处置等管理制度，并报国务院证券监督管理机构备案。公开募集基金的基金管理人的董事、监事、高级管理人员和其他从业人员，不得担任基金托管人或者其他基金管理人的任何职务，不得从事损害基金财产和基金份额持有人利益的证券交易及其他活动。

基金管理公司可以根据专业化经营管理的需要，设立子公司或者分公司等中国证监会规定形式的分支机构，按照中国证监会的规定从事相关业务。经中国证监会批准或者认可，子公司可以从事资产管理相关业务，中国证监会另有规定的除外。分公司或者中国证监会规定的其他形式的分支机构，可以从事基金管理公司授权的业务。基金管理公司的分支机构应当有符合规定的名称、场所、业务人员、业务范围、管理制度、安全防范设施和与业务有关的其他设施。基金管理公司应当强化对子公司和分支机构等的管控，建立健全覆盖整体的合规管理、风险管理和稽核审计体系。基金管理公司应当将子公司和分支机构等的业务活动、合规管理、风险管理、信息技术系统、财务管理、人员考核等纳入统一管理体系，相关分工或者授权应当明确、合理，不得以承包、租赁、托管、合作等方式经营，不得让渡职责，保障母子公司稳健运营。基金管理公司与其子公司、各子公司之间应当严格划分业务边界，建立有效的隔离制度，不得存在利益输送、损害投资人合法权益或者显失公平等情形，防止可能出现的风险传递和利益冲突。

根据《公开募集证券投资基金管理人监督管理办法》的规定，基金管理公司设立境内子公司，应当具备下列条件：

（1）最近 3 年不存在重大违法违规记录或者重大不良诚信记录。

（2）基金管理公司应当以自有资金出资设立子公司；原则上应当全资持有，中国证监会另有规定的除外。

（3）不得存在任何形式股权代持。

（4）基金管理公司具备与拟设子公司相适应的专业管理、合规及风险管理能力和经验；拥有足够的财务盈余，能够满足子公司业务发展需要；已建成能够覆盖子公司的管控机制和系统；具备较强的抗风险能力。

（5）基金管理公司对完善子公司治理结构、推动子公司长期发展，有切实可行的计划安排；对子公司可能无法正常经营等情况，有合理有效的风险处置预案。

（6）中国证监会规定的其他条件。子公司注册资本应当与拟从事业务相匹配，且必须以货币资金实缴。子公司应当具备符合规定的名称、场所、业务人员、业务范围、管理制度、安全防范设施和与业务有关的其他设施。

公募基金管理人违法经营或者出现重大风险，严重损害基金份额持有人利益或者危害金融市场秩序的，中国证监会或者其派出机构可以对其启动风险处置程序。相关情形包括：

（1）违反《证券投资基金法》第二十条的规定，即公开募集基金的基金管理人及其董事、监事、高级管理人员和其他从业人员出现下列行为之一：①将其固有财产或者他人财产混同于基金财产从事证券投资；②不公平地对待其管理的不同基金财产；③利用基金财产或者职务之便为基金份额持有人以外的人谋取利益；④向基金份额持有人违规承诺收益或者承担损失；⑤侵占、挪用基金财产；⑥泄露因职务便利获取的未公开信息、利用该信息从事或者明示、暗示他人从事相关的交易活动；⑦玩忽职守，不按照规定履行职责；⑧法律、行政法规和国务院证券监督管理机构规定禁止的其他行为。

（2）公司治理、合规内控、风险管理不符合规定，或者财务状况持续恶化，可能出现《企业破产法》第二条规定的情形即企业法人不能清偿到期债务并且资产不足以清偿全部债务或者明显缺乏清偿能力，或者出现重大风险隐患等影响公募基金管理人相关业务持续正常经营的情形。

（3）出现下列情形之一，且情节特别严重：①公司治理不健全，影响公司或者公募基金管理业务的独立性、完整性和统一性；②未按照规定建立或者有效执行相关制度，内部控制机制不完善，存在重大风险隐患或者发生较大风险事件；③未谨慎勤勉地管理子公司、分支机构，或者选聘的基金服务机构不具备资质条件，存在重大风险隐患或者发生较大风险事件；④违规从事非公募基金管理业务，影响公募基金管理业务正常开展，或者导致基金份额持有人利益受损。

（4）中国证监会根据审慎监管原则认定的其他情形。

中国证监会或者其派出机构决定对公募基金管理人启动风险处置程序的，可以区分情形，对其采取风险监控、责令停业整顿、指定其他机构托管、接管、取消公募基金管理业务资格或者撤销等措施。

关于私募基金管理人的市场准入，根据《私募投资基金监督管理暂行办法》的规定，各类私募基金管理人应当根据基金业协会的规定，向基金业协会申请登记，报送以下基本信息：①工商登记和营业执照正副本复印件；②公司章程或者合伙协议；③主要股东或者合伙人名单；④高级管理人员的基本信息；⑤基金业协会规定的其他信息。基金业协会应当在私募基金管理人登记材料齐备后的20个工作日内，通过网站公告私募基金管理人名单及其基本情况的方式，为私募基金管理人办结登记手续。基金业协会为私募基金管理人办理登记备案不构成对私募基金管理人投资能力、持续合规情况的认可。私募基金管理人依法解散、被依法撤销或者被依法宣告破产的，其法定代表人或者普通合伙人应当在20个工作日内向基金业协会报告，基金业协会应当及时注销基金管理人登记并通过网站公告。

3.1.4　基金管理人的职责

1）公开募集基金的基金管理人的职责

在我国，根据《证券投资基金法》的规定，公开募集基金的基金管理人应当履行下列职责：

（1）依法募集基金，办理基金份额的发售和登记事宜。

（2）办理基金备案手续。

（3）对所管理的不同基金财产分别管理、分别记账，进行证券投资。

（4）按照基金合同的约定确定基金收益分配方案，及时向基金份额持有人分配收益。

（5）进行基金会计核算并编制基金财务会计报告。

（6）编制中期和年度基金报告。

（7）计算并公告基金资产净值，确定基金份额的申购、赎回价格。

（8）办理与基金资产管理业务活动有关的信息披露事项。

（9）按照规定召集基金份额持有人大会。

（10）保存基金资产管理业务活动的记录、账册、报表和其他相关资料。

（11）以基金管理人的名义，代表基金份额持有人利益行使诉讼权利或者实施其他法律行为。

（12）国务院证券监督管理机构规定的其他职责。

【考证直通车 3-3】

单项选择题

公开募集基金的基金管理人的主要职责不包括（　　　）。

A.依法募集基金

B.进行基金资产的评估管理

C.编制中期基金报告

D.办理与基金资产管理业务活动有关的信息披露事项

根据《证券投资基金法》的规定，公开募集基金的基金管理人及其董事、监事、高级管理人员和其他从业人员不得有下列行为：①将其固有财产或者他人财产混同于基金财产从事证券投资；②不公平地对待其管理的不同基金财产；③利用基金财产或者职务之便为基金份额持有人以外的第三人谋取利益；④向基金份额持有人违规承诺收益或者承担损失；⑤侵占、挪用基金财产；⑥泄露因职务便利获取的未公开信息，利用该信息从事或者明示、暗示他人从事相关交易活动；⑦玩忽职守，不按照规定履行职责；⑧法律、行政法规和国务院证券监督管理机构规定禁止的其他行为。

此外，公开募集基金的基金管理人的股东、实际控制人应当按照国务院证券监督管理机构的规定及时履行重大事项报告义务，并不得有下列行为：①虚假出资或者抽逃出资；②未依法经股东会或者董事会决议擅自干预基金管理人的基金经营活动；③要求基金管理人利用基金财产为自己或者他人谋取利益，损害基金份额持有人的利益；④国务院证券监督管理机构规定禁止的其他行为。公开募集基金的基金管理人违法经营或者出现重大风险，严重危害证券市场秩序、损害基金份额持有人利益的，国务院证券监督管理机构可以对该基金管理人采取责令停业整顿、指定其他机构托管、接管、取消基金管理资格或者撤销等监管措施。

根据《证券投资基金法》的规定，有下列情形之一的，公开募集基金的基金管理人职责终止：①被依法取消基金管理资格；②被基金份额持有人大会解任；③依法解散、被依法撤销或者被依法宣告破产；④基金合同约定的其他情形。

公开募集基金的基金管理人职责终止的，基金份额持有人大会应当在6个月内选任新基金管理人；新基金管理人产生前，由国务院证券监督管理机构指定临时基金管理人。公开募集基金的基金管理人职责终止的，应当妥善保管基金管理业务资料，及时办理基金管理业务的移交手续，新基金管理人或者临时基金管理人应当及时接收；公开募集基金的基金管理人职责终止的，应当按照规定聘请会计师事务所对基金资产进行审计，并将审计结果予以公告，同时报国务院证券监督管理机构备案。

2）非公开募集基金的基金管理人的职责

根据《证券投资基金法》和《私募投资基金监督管理暂行办法》的规定，募集私募证券基金，应当制定并签订基金合同、公司章程或者合伙协议（以下统称基金合同）。基金合同应当包括下列内容：①基金份额持有人、基金管理人、基金托管人的权利、义务；②基金的运作方式；③基金的出资方式、数额和认缴期限；④基金的投资范围、投资策略和投资限制；⑤基金承担的有关费用、基金收益分配原则、执行方式；⑥基金信息提供的内容、方式；⑦基金份额的认购、赎回或者转让的程序和方式；⑧基金合同变更、解除和终止的事由、程序；⑨基金财产清算方式；⑩当事人约定的其他事项。

按照基金合同的约定，非公开募集基金可以由部分基金份额持有人作为基金管理人负责基金的投资管理活动，并在基金财产不足以清偿其债务时对基金财产的债务承担无限连带责任。上述规定的非公开募集基金，其基金合同还应载明：①承担无限连带责任的基金份额持有人和其他基金份额持有人的姓名或者名称、住所；②承担无限连带责任的基金份额持有人的除名条件和更换程序；③基金份额持有人增加、退出的条件、程序以及相关责任；④承担无限连带责任的基金份额持有人和其他基金份额持有人的转换程序。募集其他种类的私募基金，基金合同应当参照上述规定，明确约定各方当事人的权利、义务和相关事宜。同一私募基金管理人管理不同类别私募基金的，应当坚持专业化管理原则；管理可能导致利益输送或者利益冲突的不同私募基金的，应当建立防范利益输送和利益冲突的机制。

私募基金管理人、私募基金托管人、私募基金销售机构及其他私募服务机构及其从业人员从事私募基金业务，不得有以下行为：①将其固有财产或者他人财产混同于基金财产从事投资活动；②不公平地对待其管理的不同基金财产；③利用基金财产或者职务之便，为本人或者投资者以外的人谋取利益，进行利益输送；④侵占、挪用基金财产；⑤泄露因职务便利获取的未公开信息，利用该信息从事或者明示、暗示他人从事相关的交易活动；⑥从事损害基金财产和投资者利益的投资活动；⑦玩忽职守，不按照规定履行职责；⑧从事内幕交易、操纵交易价格及其他不正当交易活动；⑨法律、行政法规和中国证监会规定禁止的其他行为。

　　私募基金管理人、私募基金托管人应当按照合同约定，如实向投资者披露基金投资、资产负债、投资收益分配、基金承担的费用和业绩报酬、可能存在的利益冲突情况以及可能影响投资者合法权益的其他重大信息，不得隐瞒或者提供虚假信息。私募基金管理人应当根据基金业协会的规定，及时填报并定期更新管理人及其从业人员的有关信息、所管理私募基金的投资运作情况和杠杆运用情况，保证所填报内容真实、准确、完整。发生重大事项的，应当在 10 个工作日内向基金业协会报告。私募基金管理人应当于每个会计年度结束后的 4 个月内，向基金业协会报送经会计师事务所审计的年度财务报告和所管理私募基金年度投资运作基本情况。私募基金管理人、私募基金托管人及私募基金销售机构应当妥善保存私募基金投资决策、交易和投资者适当性管理等方面的记录及其他相关资料，保存期限自基金清算终止之日起不得少于 10 年。

◆ 小思考 3-1

　　投资者在购买基金时应该如何选择基金管理公司？

　　答：（1）基金管理公司的治理情况。其具体包括以下几个方面：①股东的实力与稳定性。投资者应当选择股东投资实力强、稳定的基金公司。②组织机构和监督制衡情况。基金管理公司内部各部门设置健全、职责清晰；具有监督制衡机制以及合理的激励约束机制是基金管理公司规范运作的前提。③品牌信誉。行业及社会知名度、投资者的口碑、管理客户总数在一定程度上可以体现大众对基金管理公司目前经营水平的认可程度，以及基金公司在行业内是否具有相对优势。④团队整体素质与稳定性。基金管理公司的经营管理团队，特别是公司高管及投资管理团队对基金管理公司的长远发展具有重大意义。上述人员的背景、经历、历史业绩以及相应的流动率水平（即稳定性）无疑是基金管理公司是否值得信任的重要因素。⑤获得的其他资产管理资格。基金管理公司是否获得了委托管理社保基金、企业年金、QDII 等的资格，反映了其是否具备较强的综合管理能力。

　　（2）基金管理公司的投资与研发水平。基金管理公司的内部管理及基金经理人的投资经验、业务素质和管理方法等，都会影响到基金的业绩表现。选择基金管理公司时，可以采取以下几种方法：①纵向比较——过往投资业绩。对基金管理公司的开放式基金、封闭式基金和其他产品的过往业绩进行了解，根据基金管理公司现有的基金产品数量和第三方评价机构对其产品业绩的评价结果衡量其综合水平。②横向比较——关注同类别及整体走势。可以将该基金的收益情况与同类型基金的收益情况作对比，也可以将该基金收益与大盘走势作比较。如果一只基金大多数时间的业绩表现都比同期大盘指数好，那么可以说这只基金是过往业绩优良的基金。同一基金管理公司旗下其他基金的过往业绩也可以成为投资者选择新基金的评判依据之一。③资产管理规模。基金管理公司管理的资产总规模在一定程度上反映了基金管理公司的整体实力，包括公司管理的封闭式基金、开放式基金、社保基金、企业年金、QDII 等各类资产。一家基金管理公司管理的基金资产类别多、规模大、客户数量多，会在一定程度上显示出其在投资人心目中的可信赖度高。④最近3年的获奖情况。基金管理公司在最近3年是否获得过业内一些重要奖项。

资料来源：根据相关资料整理。

3.2 　基金托管人

基金托管人是根据法律、法规的要求，在基金运作过程中承担资产保管、交易监督、信息披露、资金清算与会计核算等职责的当事人。在基金运作过程中，基金托管人是基金投资者权益的代表，是基金资产的名义持有人。在不同的国家，基金托管人由不同的机构来担任，并通过相关法律加以规定。在我国，根据《证券投资基金法》的规定，基金托管人只能由依法设立并取得基金托管资格的商业银行或者其他机构担任。

3.2.1 　基金托管人在基金运作中的作用

微课3-2

基金托管人

基金托管人是基金的主要当事人之一。在基金运作中引入基金托管人，有利于增加基金资产的安全性和保护投资者的利益。基金托管人在基金运作中具有非常重要的作用，具体体现在以下几个方面：

（1）基金托管人的介入，使基金资产的所有权、使用权与保管权相分离，基金托管人、基金管理人和基金份额持有人之间形成一种相互制约的关系，从而防止基金资产挪作他用，有效保障资产安全。

（2）通过基金托管人对基金管理人的投资运作，包括对投资对象、投资目标、投资范围、投资比例、投资限制等进行监督，可以促使基金管理人按照有关法律、法规和基金合同的要求运作基金资产。基金托管人可以及时发现基金管理人是否按照有关法规要求运作基金资产，对于基金管理人的违法违规行为，可以及时向监督管理部门报告，从而有利于保护基金份额持有人的权益。

（3）基金托管人对基金资产所进行的会计复核和净值计算，有利于防范、减少基金管理人在基金会计核算中的差错，保证基金份额净值和会计核算的真实性和准确性，避免"黑箱"操作给基金资产带来的风险，进而有利于基金投资者及时掌握基金资产状况。

【考证直通车 3-4】

单项选择题

下列描述中，（ 　 ）不属于基金托管人的作用。

A.防止基金资产挪作他用，有效保障资产安全

B.促使基金管理人按有关要求运作基金资产，保护份额持有人的利益

C.计算并公告基金资产净值，确定基金份额申购、赎回价格

D.防范、减少基金会计核算中的差错

3.2.2　基金托管人的托管业务及其特点

资产托管业务是指具备一定资格的商业银行或者其他机构作为托管人，依据有关法律、法规，与委托人签订委托资产托管合同，安全保管委托投资的资产，履行托管人相关职责的业务。银行托管业务的种类很多，包括证券投资基金托管、委托资产托管、社保基金托管、企业年金托管、信托资产托管、农村社会保障基金托管、基本养老保险个人账户基金托管、补充医疗保险基金托管、收支账户托管、QFII（合格境外机构投资者）托管、贵重物品托管等。目前，商业银行的托管业务范围广泛，主要包括：安全保管委托资产；委托资产名下的资金清算和证券交割；监督委托资产的投资运作；及时向有关部门和委托人报告委托资产的投资运作情况和相关信息；对委托资产的负债及投资情况进行会计记录；按有关要求对委托资产持有的有价证券进行估值；客观公正地分析委托资产的投资运作情况并向委托人提供相关分析信息；其他与委托资产托管相关的业务。

在基金运作中，商业银行或者其他机构作为基金托管人应从事的托管业务主要有：为基金开设独立的资产账户，负责款项收付、资金划拨、证券清算、分红派息等。所有这些，基金托管人都是按照基金管理人的指令行事，而基金管理人的指令也必须通过基金托管人来执行。

委托资产托管业务对委托方而言，兼顾投资的收益性与安全性，并可享受托管方提供的金融服务；同时，由于资金的出账和清算由托管方负责，可以有效地避免委托理财过程中的一些纠纷，因此商业银行或者其他机构的委托资产托管业务具有广阔的市场发展前景。

3.2.3　基金托管人的市场准入

为保护基金投资者的利益，必须对基金托管人的市场准入做出严格限定，只有具备一定条件的机构才能担任基金托管人。各个国家或地区对基金托管人的市场准入都有不同的规定，一般来说，申请成为基金托管人的机构要依照本国或本地区的有关基金法规，经政府监管部门审核批准后，才能取得基金托管人的资格。从基金资产的安全性和基金托管人的独立性出发，各个国家或地区一般都规定基金托管人必须由独立于基金管理人并具有一定实力的商业银行、保险公司或信托投资公司等金融机构担任。在国外，基金托管人一般都由商业银行或信托投资公司等金融机构来担任，并具有严格的市场准入规定和审批程序。

在我国，根据《证券投资基金法》的规定，基金托管人由依法设立并取得基金托管资格的商业银行或者其他机构担任。商业银行担任基金托管人的，由国务院证券监督管理机构会同国务院银行业监督管理机构核准；其他金融机构担任基金托管人的，由国务院证券监督管理机构核准。担任基金托管人，应当具备下列条件：①净资产和风险控制指标符合有关规定；②设有专门的基金托管部门；③取得基金从业资格的专职人员达到法定人数；④拥有安全保管基金财产的条件；⑤有安全高效的清算、交割系统；⑥有符合要求的营业场所、安全防范设施和与基金托管业务有关的其他设施；⑦有完善的内部稀核监控制度和风险控制制度；⑧法律、行政法规规定的和经国务院批准的国务院证券监督管理机构、国务院银行业监督管理机构规定的其他条件。

在我国，由取得基金托管资格的商业银行担任基金托管人，主要出于以下两个方面的考虑：一是商业银行具有网点、技术和人员优势，能够满足基金资金清算和划拨的需要；二是商业银行具有健全的组织体系和风险控制能力，在现阶段，有利于基金的规范运作。

在上述准入条件中，第①条"净资产和风险控制指标"是衡量商业银行信用风险和市场风险程度的基本标准，反映了银行的资产质量和承担风险的能力。第②条"设有专门的基金托管部门"有利于在商业银行内部建立有效的"防火墙"。第③条至第⑦条分别从人员、技术、场所等角度规定了托管业务运作的软、硬件因素，有利于保证基金托管业务规范、安全、高效、准确地运作。

根据《证券投资基金托管业务管理办法》的规定，申请基金托管资格的商业银行及其他金融机构（以下简称申请人）应当具备下列条件：①净资产不低于200亿元人民币，风险控制指标符合监管部门的有关规定；②设有专门的基金托管部门，部门设置能够保证托管业务运营的完整与独立；③基金托管部门拟任高级管理人员符合法定条件，取得基金从业资格的人员不低于该部门员工人数的1/2；拟从事基金清算、核算、投资监督、信息披露、内部稀核监控等业务的执业人员不少于8人，并具有基金从业资格，其中，核算、监督等核心业务岗位人员应当具备2年以上托管业务从业经验；④有安全保管基金财产、确保基金财产完整与独立的条件；⑤有安全高效的清算、交割系统；⑥基金托管部门有满足营业需要的固定场所，配备独立的安全监控系统；⑦基金托管部门配备独立的托管业务技术系统，包括网络系统、应用系统、安全防护系统、数据备份系统；⑧有完善的内部稀核监控制度和风险控制制度；⑨最近3年无重大违法违规记录；⑩法律、行政法规规定的和经国务院批准的中国证监会规定的其他条件。外国银行分行申请基金托管资格，净资产等财务指标可按境外总行计算；其境外总行应当具有完善的内部控制机制，具备良好的国际声誉和经营业绩，最近3年基金托管业务规模、收入、利润、市场占有率等指标居于国际前列，最近3年长期信用均保持在高水平；所在国家或者地区具有完善的证券法律和监管制度，相关金融监管机构已与中国证监会或者中国证监会认可的机构签订证券监管合作谅解备忘录，并保持着有效的监管合作关系。

申请人应当具有健全的清算、交割业务制度，清算、交割系统应当符合下列规定：①系统内证券交易结算资金及时汇划到账；②从交易所、证券登记结算机构等相关机构安全接收交易结算数据；③与基金管理人、基金注册登记机构、证券登记结算机构等相关业务机构的系统安全对接；④依法执行基金管理人的投资指令，及时办理清算、交割事宜。

申请人的基金托管营业场所、安全防范设施、与基金托管业务有关的其他设施和相关制度，应当符合下列规定：①基金托管部门的营业场所相对独立，配备门禁系统；②能够接触基金交易数据的业务岗位有单独的办公场所，无关人员不得随意进入；③有完善的基金交易数据保密制度；④有安全的基金托管业务数据备份系统；⑤有基金托管业务的应急处理方案，具备应急处理能力。

根据《证券投资基金法》的规定，国务院证券监督管理机构和国务院银行业监督管理机构对有下列情形之一的基金托管人，依据职权责令其整顿，或者取消其基金托管资格：①有重大违法违规行为；②不再具备上述申请取得基金托管资格应当具备的条件；③法律、行政法规规定的其他情形。

国务院证券监督管理机构和国务院银行业监督管理机构对有下列情形之一的基金托管人，可以取消其基金托管资格：①连续 3 年没有开展基金托管业务的；②违反《证券投资基金法》的有关规定，情节严重的；③法律、行政法规规定的其他情形。

3.2.4 基金托管人的职责

基金托管人的具体职责或业务内容，因各个国家和地区法律、法规的不同而存在差异。在我国，根据现有法律、法规的要求，基金托管人承担的职责主要包括资产保管、资金清算、会计复核、投资运作监督等。资产保管是指基金托管人按规定为基金资产设立独立的账户，保证基金全部资产的安全和完整。资金清算是指基金托管人执行基金管理人的投资指令，办理基金名下的资金往来。会计复核是指基金托管人建立基金账册并进行会计核算，复核审查基金管理人计算的基金资产净值和份额净值。投资运作监督是指基金托管人监督基金管理人的投资运作行为，看其是否符合法律、法规及基金合同的规定。

具体来说，根据《证券投资基金法》的规定，基金托管人应当履行下列职责：

（1）安全保管基金财产。

（2）按照规定开设基金资产的资金账户和证券账户。

（3）对所托管的不同基金资产分别设置账户，确保基金资产的完整与独立。

（4）保存基金托管业务活动的记录、账册、报表和其他相关资料。

（5）按照基金合同的约定，根据基金管理人的投资指令，及时办理清算、交割事宜。

（6）办理与基金托管业务活动有关的信息披露事项。

（7）对基金财务会计报告、中期和年度基金报告出具意见。

（8）复核、审查基金管理人计算的基金资产净值和基金份额申购、赎回价格。

（9）按照规定召集基金份额持有人大会。

（10）按照规定监督基金管理人的投资运作。

（11）中国证监会规定的其他职责。

上述 11 项职责，以"安全保管基金财产"为基础，分别对托管人提出了在账户开设、账户设置、档案保管、资金清算等方面的要求。"办理与基金托管业务活动有关的信息披露事项"和"对基金财务会计报告、中期和年度基金报告出具意见"，明确了托管人是基金信息披露的责任主体或当事人之一，进而明确了托管人对基金的各类财务报告和定期报告等信息披露文件有复核的责任。"复核、审查基金管理人计算的基金资产净值和基金份额申购、赎回价格"，则赋予了托管人在净值和价格计算方面的复核或监督责任。也就是说，托管人对基金运作要进行独立、专门的会计核算，才能满足上述需要。"按照规定召集基金份额持有人大会""按照规定监督基金管理人的投资运作"，也是托管人履行受托职责、监督基金运作、保护基金份额持有人权益的重要内容。概括而言，基金托管人的职责主要体现在安全保管基金财产、完成基金资金清算、进行基金会计核算、监督基金投资运作等方面。

此外，根据《证券投资基金托管业务管理办法》的规定，基金托管人应当安全保管基金财产，按照相关规定和基金托管协议约定履行下列职责：①为所托管的不同基金财产分别设置资金账户、证券账户等投资交易必需的相关账户，确保基金财产的独立与完整；②建立与基金管理人的对账机制，定期核对资金头寸、证券账目、资产净值等数据，及时核查认购与申购资金的到账、赎回资金的支付以及投资资金的支付与到账情况，并对基金的会计凭证、交易记录、合同协议等重要文件档案保存20年以上；③对基金财产的投资信息和相关资料负保密义务，除法律、行政法规和其他有关规定、监管机构及审计要求外，不得向任何机构或者个人泄露相关信息和资料。

非银行金融机构开展基金托管业务，应当为其托管的基金选定具有基金托管资格的商业银行作为资金存管银行，并开立托管资金专门账户，用于托管基金现金资产的归集、存放与支付，该账户不得存放其他性质资金。

根据《证券投资基金法》的规定，有下列情形之一的，基金托管人职责终止：①被依法取消基金托管资格；②被基金份额持有人大会解任；③依法解散、被依法撤销或者被依法宣告破产；④基金合同约定的其他情形。

根据《证券投资基金法》的规定，基金托管人职责终止的，基金份额持有人大会应当在6个月内选任新基金托管人；新基金托管人产生前，由国务院证券监督管理机构指定临时基金托管人。基金托管人职责终止的，应当妥善保管基金资产和基金托管业务资料，及时办理基金资产和基金托管业务的移交手续，新基金托管人或者临时基金托管人应当及时接收。基金托管人职责终止的，应当按照规定聘请会计师事务所对基金资产进行审计，并将审计结果予以公告，同时报国务院证券监督管理机构备案。

【考证直通车 3-5】

单项选择题

基金托管人职责终止的，基金份额持有人大会应当在（　　）个月内选任新基金托管人。

  A.1   B.3   C.6   D.12

3.2.5 基金托管的业务流程

以开放式基金的托管为例，按照业务运作的顺序，托管银行内部的基金托管业务流程主要分为4个阶段：签订基金合同阶段、基金募集阶段、基金运作阶段和基金终止阶段。

（1）签订基金合同阶段。它是基金托管人介入基金托管业务的起始阶段。在这一阶段，托管人与拟募集基金的管理公司商洽基金募集及托管业务合作事宜，如达成合作意向，双方草拟并共同签订基金合同（草案）、托管协议（草案），提交监管机构评审。

（2）基金募集阶段。它是基金托管人开展基金托管业务的准备阶段。在基金募集期间，基金托管人要进行基金托管业务的各项准备。该阶段的主要工作有：刻制基金业务用章、财务用章；开立基金的各类资金账户、证券账户；建立基金账册；与管理人及注册登记机构进行技术系统的联调、测试；将基金有关参数输入监控系统；在募集结束后接受管理人将按规定验资后的募集资金划入基金资金账户。如果基金募集不成立，则由基金管理人承担将募集资金返还到投资人账户的职责。

（3）基金运作阶段。它是基金托管人全面行使职责的主要阶段。基金合同生效后，基金管理人开始进行投资运作，基金托管人也开始根据法律、法规和基金合同等的规定，进行各类托管业务的运作。托管人在该阶段的主要工作或业务内容有：安全、独立保管基金的全部财产；每个工作日进行基金资产净值的计算与会计核算，并与管理人核对；根据管理人的指令办理资金划拨；监督基金投资范围、投资比例、投资风格、关联交易等；承担基金定期报告、招募说明书（更新）等信息披露文件的复核监督职责；对基金费用提取、收益分配、基金份额持有人大会等业务的实施承担监督职责；保管基金份额持有人名册、重要合同、有关实物证券、业务档案等。

（4）基金终止阶段。它是基金托管人尽责的善后阶段。在更换托管人或基金终止清算两种情形下，根据法律、法规的要求，托管人要参与基金终止清算，按规定保存清算结果和相关资料。

【案例分析 3-1】　　　　　基金托管人的监督职责

某基金管理公司在其旗下的某只开放式基金的季度报告中，特别发表了"基金运作合规性声明"："6 月初，本基金管理人在办理两笔金额分别为 1 007 万元和 5 057 万元的赎回业务时，根据基金契约中'赎回费用由赎回人承担，在扣除相关的手续费后，余额归基金所有'及'赎回费率为 0.5%，若单笔赎回费不足 5 元人民币，按 5 元人民币计'的条款，均只收取了赎回费 5 元。事后，本基金管理人已将应计入基金资产的金额及其利息划入基金托管账户。此外，本基金没有发生其他违反法律法规、基金契约和基金招募说明书规定的行为。"

据披露，由于此前该基金的托管行曾就该基金上述违规行为向中国证监会举报，此次该基金在季报中自报"家丑"实属无奈。该基金管理公司曾荣获了"透明度最高基金公司奖"。尽管类似该基金管理公司的违规行为在基金业内比较普遍，但基金托管银行举报其所托管的基金公司违规，在中国证券市场上还史无前例。

"托管行居然会举报基金公司，这可是谁都想不到的。"该事件发生后，有人评价说。业内人士认为，这标志着中国基金业的显著进步，托管行的监督作用开始正式得到发挥。该事件恰恰说明我国基金托管制度一直处于一种不正常的状态，对整个基金行业来说，该事件只是一件小事，托管行也只是做了一件分内的事。之所以反响强烈，恰恰说明托管人在这方面做得不够。证券投资基金是基金份额持有人、基金管理人、基金托管人三方相互制衡、相互监督的投融资体系。如果这三条"腿"中的某一条短了一截，那么就很容易出现问题。长期以来，基金托管人虽然收了托管费，却只"托"不"管"，在对基金管理人行为的监督方面基本上是无为而治，很少管，也正是这种监管的缺位导致类似的违规成为普遍现象。

资料来源：根据相关资料整理。

问题：（1）本案例中提到，"该基金的托管行曾就该基金上述违规行为向中国证监会举报"，请说明该基金管理公司的违规行为。

（2）本案例中提到，"托管行的监督作用开始正式得到发挥"，请说明基金托管人的监督作用。

分析：（1）根据有关规定，基金管理人办理开放式基金份额的赎回，应当收取赎回费，但中国证监会另有规定的除外；赎回费率不得超过基金份额赎回金额的3%，赎回费在扣除手续费后，余额应当归入基金资产；基金管理人、代销机构未经基金合同约定，不得向投资人收取额外费用；未经招募说明书载明并公告，不得对不同投资人适用不同费率。在本案例中，该基金管理人在办理两笔金额分别为 1 007 万元和 5 057 万元的赎回业务时，应当收取的赎回费分别为 5.035 万元（1 007×0.5%）、25.285 万元（5 057×0.5%），而该基金管理人实际收取的赎回费均为 5 元，因少收取赎回费而减少了基金资产，从而损害了基金份额持有人的利益。

（2）根据《证券投资基金法》的规定，基金托管人除了保管基金资产和进行信息披露外，还应对基金财务会计报告、中期和年度基金报告出具意见，并按照规定监督基金管理人的投资运作；基金托管人发现基金管理人的投资指令违反法律、行政法规和其他有关规定，或者违反基金合同约定的，应当拒绝执行，应立即通知基金管理人，并及时向国务院证券监督管理机构报告；基金托管人发现基金管理人依据交易程序已经生效的投资指令违反法律、行政法规和其他有关规定，或者违反基金合同约定的，应当立即通知基金管理人，并及时向国务院证券监督管理机构报告。

3.3　基金份额持有人

3.3.1　基金份额持有人及其在基金运作中的地位

基金份额持有人是通过买入基金份额而进行投资的各类机构法人和自然人，分为机构投资者和个人投资者两大类。对公开募集基金来说，机构和个人进行基金投资应具备一些基本条件，这些条件包括国家有关法律和法规关于机构投资者和个人投资者投资资格的规定、机构投资者和个人投资者应具备一定的经济实力。为保护投资者的利益，相关法规还要求机构投资者和个人投资者应具有一定的产品知识并签署书面的知情同意书。

微课 3-3

基金份额
持有人

对非公开募集基金即私募基金来说，根据《证券投资基金法》的规定，非公开募集基金应当向合格投资者募集，且合格投资者累计不得超过200人。投资者转让基金份额的，受让人应当为合格投资者且基金份额受让后投资者人数应当符合这一规定。非公开募集基金不得向合格投资者之外的单位和个人募集资金。这里的合格投资者是指达到规定资产规模或者收入水平，并且具备相应的风险识别能力和风险承担能力、其基金份额认购金额不低于规定限额的单位和个人。根据《私募投资基金监督管理暂行办法》的规定，私募基金的合格投资者是指具备相应风险识别能力和风险承担能力，投资于单只私募基金的金额不低于100万元且符合下列相关标准的单位和个人：①净资产不低于1 000万元的单位；②金融资产不低于300万元或者最近3年年均收入不低于50万元的个人。这里所称的金融资产包括银行存款、股票、债券、基金份额、资产管理计划、银行理财产品、信托计划、保险产品、期货权益等。下列投资者视为合格投资者：①社会保障基金、企业年金等养老基金，慈善基金等社会公益基金；②依法设立并在基金业协会备案的投资计划；③投资于所管理私募基金的私募基金管理人及其从业人员；④中国证监会规定的其他投资者。以合伙企业、契约等非法人形式，通过汇集多数投资者的资金直接或者间接投资于私募基金的，私募基金管理人或者私募基金销售机构应当穿透核查最终投资者是否为合格投资者，并合并计算投资者人数。但是，符合第①、②、④项规定的投资者投资私募基金的，不再穿透核查最终投资者是否为合格投资者和合并计算投资者人数。

基金份额持有人是持有基金份额或基金股份的自然人或法人，也是基金单位的出资者和基金受益凭证的持有者，因而也被称为受益人。基金份额持有人是基金资产的最终拥有人，享有基金资产的一切权益，并对此资产负有限责任。按照通行做法，基金资产由基金的托管人保管，并且一般以托管人的名义持有，但是基金最后的权益属于基金的持有人，持有人承担基金投资的亏损和收益。

3.3.2　基金份额持有人的职责

基金份额持有人应当履行以下义务：①遵守基金契约；②交纳基金认购款项及规定的费用；③承担基金亏损或者终止的有限责任；④不从事任何有损于基金及其他基金份额持有人利益的活动；⑤在封闭式基金存续期间，不得要求赎回基金单位；⑥在封闭式基金存续期间，交易行为和信息披露必须遵守有关法规的规定；⑦有关法规及基金契约规定的其他义务。

基金份额持有人的基本权利包括对基金收益的享有权、对基金单位的转让权和一定程度上对基金经营的决策权。在不同组织形态的基金中，对基金决策的影响渠道是不同的。在公司型基金中，基金份额持有人通过股东大会选举产生基金公司的董事会来行使对基金公司重大事项的决策权；而在契约型基金中，基金的持有人只能通过召开持有人大会对基金的重大事项做出决议，而对基金在投资方面的决策一般不能有直接的影响。

在我国，根据《证券投资基金法》的规定，基金份额持有人享有下列权利：①分享基金财产收益；②参与分配清算后的剩余基金财产；③依法转让或者申请赎回其持有的基金份额；④按照规定要求召开基金份额持有人大会或者召集基金份额持有人大会；⑤对基金份额持有人大会的审议事项行使表决权；⑥对基金管理人、基金托管人、基金份额发售机构损害其合法权益的行为依法提起诉讼；⑦基金合同约定的其他权利。公开募集基金的基金份额持有人有权查阅或者复制公开披露的基金信息资料；非公开募集基金的基金份额持有人对涉及自身利益的情况，有权查阅基金的财务会计账簿等财务资料。

【考证直通车 3-6】

单项选择题

关于基金份额持有人享有的权利，以下表述错误的是（　　　）。

A.参与分配清算后的剩余基金财产

B.通过持有人大会参与基金投资决策

C.分享基金财产收益

D.按照规定要求召开基金份额持有人大会

目前，基金管理公司都加强了客户服务中心建设，虽然服务不尽相同，但投资者通常都可以享受到以下服务：①电话服务。通过自动语音系统，投资者可以自助查询个人账户持有及交易情况、基金公共信息和最新公告。投资者也可以选择人工服务，获取需要的查询、咨询、投诉、建议和其他服务。②自动传真、电子信箱与手机短信服务。前两者主要用于传递较长的信息资料，如契约、招募说明书等。使用电子邮件，投资者还可以获得问题咨询与解答、信息定制等服务；而短信服务则包括净值短信服务、问题咨询与解答、交易确认与个人账户信息查询等。③邮寄服务。一般基金公司会在每个季度末、年末提供对账单服务，以及公司业绩说明、市场分析等。④互联网服务。通过互联网，基金管理公司向客户提供容量更大、范围更广的信息查询服务。投资者还可以学习基金知识，在网站论坛里与他人交流投资心得，选择自动回邮或下载服务。投资者还可以进行投诉和建议。此外，还有媒体和宣传手册的应用、讲座、推介会和座谈会等。

3.3.3　基金份额持有人大会

基金份额持有人大会由全体基金单位持有人或委托代表参加，主要讨论有关基金份额持有人利益的重大事项，如修改基金契约、终止基金、更换基金托管人、更换基金管理人、延长基金期限、变更基金类型以及召集人认为要提交基金份额持有人大会讨论的其他事项。基金份额持有人组成基金份额持有人大会，是公司型基金与契约型基金的最高权力机构。对公司型基金而言，基金份额持有人大会相当于基金的股东大会，因此，与基金份额持有人大会有关的条款可以参照《公司法》等法规在基金公司章程中做出规定。对契约型基金而言，与基金份额持有人大会有关的条款则应在基金契约中加以说明。基金份额持有人大会由基金管理人召集，当基金管理人未按规定召集或者不能召集时，由基金托管人或者代表一定比例以上基金份额的持有人召集。

在我国，根据《证券投资基金法》的规定，基金份额持有人大会可以行使下列职权：①决定基金扩募或者延长基金合同期限；②决定修改基金合同的重要内容或者提前终止基金合同；③决定更换基金管理人、基金托管人；④决定调整基金管理人、基金托管人的报酬标准；⑤基金合同约定的其他职权。

按照基金合同的约定，基金份额持有人大会可以设立日常机构，行使下列职权：①召集基金份额持有人大会；②提请更换基金管理人、基金托管人；③监督基金管理人的投资运作、基金托管人的托管活动；④提请调整基金管理人、基金托管人的报酬标准；⑤基金合同约定的其他职权。上述规定的日常机构，由基金份额持有人大会选举产生的人员组成，其议事规则由基金合同约定。基金份额持有人大会及其日常机构不得直接参与或者干涉基金的投资管理活动。

公开募集基金的基金份额持有人大会由基金管理人召集。基金份额持有人大会设立日常机构的，由该日常机构召集；该日常机构未召集的，由基金管理人召集。基金管理人未按规定召集或者不能召集的，由基金托管人召集。代表基金份额10%以上的基金份额持有人就同一事项要求召开基金份额持有人大会，而基金份额持有人大会的日常机构、基金管理人、基金托管人都不召集的，代表基金份额10%以上的基金份额持有人有权自行召集，并报国务院证券监督管理机构备案。召开基金份额持有人大会，召集人应当至少提前30日公告基金份额持有人大会的召开时间、会议形式、审议事项、议事程序和表决方式等。基金份额持有人大会不得就未经公告的事项进行表决。基金份额持有人大会可以采取现场方式召开，也可以采取通信等方式召开。每一基金份额具有一票表决权，基金份额持有人可以委托代理人出席基金份额持有人大会并行使表决权。基金份额持有人大会应当有代表 1/2 以上基金份额的持有人参加，方可召开。参加基金份额持有人大会的持有人的基金份额低于上述规定比例的，召集人可以在原公告的基金份额持有人大会召开时间的 3 个月以后、6 个月以内，就原定审议事项重新召集基金份额持有人大会。重新召集的基金份额持有人大会应当有代表 1/3 以上基金份额的持有人参加，方可召开。基金份额持有人大会就审议事项做出决定，应当经参加大会的基金份额持有人所持表决权的 1/2 以上通过；转换基金的运作方式、更换基金管理人或者基金托管人、提前终止基金合同、与其他基金合并，应当经参加大会的基金份额持有人所持表决权的 2/3 以上通过。基金份额持有人大会决定的事项，应当依法报国务院证券监督管理机构备案，并予以公告。

3.4   基金当事人之间的关系及基金市场的其他参与主体

3.4.1   基金当事人之间的关系

在基金运作中，各基金当事人之间是一种既相互合作又相互监督的关系。在基金当事人中，最重要的两个当事人是基金管理人和基金托管人。为了保证基金资产的安全、保护投资者的利益，基金按照资产管理和保管分开的原则进行运作，由基金管理人负责基金资产的管理，由基金托管人负责基金资产的保管，两者相互监督，并共同对基金投资者负责。

1）基金份额持有人与基金管理人之间的关系

基金份额持有人通过购买基金份额或基金股份参加基金投资，并将资金交给基金管理人管理，享有基金投资的收益权，是基金资产的最终拥有人和基金投资收益的受益人。基金管理人凭借专门的知识与经验，根据法规及基金章程或基金契约的规定，按照组合投资、分散风险的原理，科学合理地运用和管理基金资产，实现基金资产的不断增值，并使基金份额持有人获取尽可能多的收益。基金份额持有人与基金管理人之间实质上是委托人、受益人与受托人之间的关系，也是所有者与经营者之间的关系。基金份额持有人是委托人、受益人和所有者，是一般的社会投资者，既可以是自然人，也可以是法人或其他社会团体；基金管理人是受托人和经营者，是由专家组成的专门经营者，是依法成立的法人。

【考证直通车 3-7】
    单项选择题
    基金份额持有人与基金管理人之间是通过信托关系而形成的（   ）之间的关系。
    A.监管机构与经营者   B.基金托管人与监管机构
    C.机构经营者与基金监管机构   D.所有者与经营者

2）基金管理人与基金托管人之间的关系

他们之间是相互监督、相互制衡的关系。基金管理人是由专家组成的、依法成立的法人，负责基金资产的经营，本身并不实际接触和拥有基金资产。基金托管人由主管部门认可的金融机构担任，负责基金资产的保管，依据基金管理人的指令处置基金资产，并监督基金管理人的投资运作是否合法和符合基金契约的规定。基金管理人和托管人均对基金份额持有人负责，三者各自的权利和义务已在基金契约或基金章程中加以明确规定，任何一方都不得违背，否则对方应当监督并及时制止。这种相互制衡的运行机制有效地保证了基金资产的安全和基金运作的效率。

3）基金份额持有人与基金托管人之间的关系

他们之间是委托与受托的关系，即基金份额持有人将基金资产委托给基金托管人保管，这样可以确保基金资产的安全。基金托管人接受了基金份额持有人的委托，就必须对基金份额持有人负责，保管好基金资产，并监督基金管理人的行为，督促其经营行为符合法规及基金契约或基金章程的规定，为基金份额持有人谋求最大利益。

3.4.2　基金市场的其他参与主体

在基金市场上，存在许多不同的参与主体，除了上面所介绍的作为基金当事人的基金管理人、基金托管人和基金份额持有人以外，还有基金市场服务机构、基金监管与自律机构。

1）基金市场服务机构

上面所介绍的基金管理人、基金托管人既是基金的当事人，也是基金市场的主要服务机构。除基金管理人与基金托管人外，基金市场上还有许多其他服务机构，主要包括基金销售机构、基金注册登记机构、律师事务所、会计师事务所、基金投资咨询公司、基金评级机构等。根据《证券投资基金法》的规定，从事公开募集基金的销售、销售支付、份额登记、估值、投资顾问、评价、信息技术系统服务等基金服务业务的机构，应当按照国务院证券监督管理机构的规定进行注册或者备案。

（1）基金销售机构。它是受基金管理人委托从事基金代理销售的机构。在通常情况下，只有大的投资者才能直接通过基金管理公司进行基金份额的买卖，普通投资者只能通过基金销售机构进行基金的买卖。为保护基金投资者的利益，必须对基金销售机构的市场准入做出严格限定，只有具备一定条件的机构才能担任基金销售机构，并对其代销活动加以严格管理。各个国家或地区对基金销售机构的市场准入都有不同的规定，一般来说，申请成为基金销售机构要依照本国或本地区的有关基金法规，经政府监管部门审核批准后，才能取得基金代销资格。

在我国，根据有关规定，基金销售由基金管理人负责办理；基金管理人可以委托取得基金销售业务资格的其他机构代为办理，未取得基金销售业务资格的机构，不得接受基金管理人的委托，代为办理基金的销售；商业银行、证券公司、期货公司、保险公司、保险经纪公司、保险代理公司、证券投资咨询机构、独立基金销售机构以及中国证监会认定的其他机构从事基金销售业务的，应向工商注册登记所在地的中国证监会派出机构进行注册并取得相应资格。

　　根据《公开募集证券投资基金销售机构监督管理办法》的规定，商业银行、证券公司、期货公司、保险公司、保险经纪公司、保险代理公司、证券投资咨询机构、独立基金销售机构以及中国证监会认定的其他机构申请注册基金销售业务资格，应当具备下列基本条件：①财务状况良好，运作规范；②有与基金销售业务相适应的营业场所、安全防范等设施，办理基金销售业务的信息管理平台符合中国证监会的规定；③具备健全高效的业务管理和风险管理制度，反洗钱、反恐怖融资及非居民金融账户涉税信息尽职调查等制度符合法律法规要求，基金销售结算资金管理、投资者适当性管理、内部控制等制度符合中国证监会的规定；④取得基金从业资格的人员不少于20人；⑤最近3年没有受到刑事处罚或者重大行政处罚，最近1年没有因相近业务被采取重大行政监管措施，没有因重大违法违规行为处于整改期间，或者因涉嫌重大违法违规行为正在被监管机构调查，不存在已经影响或者可能影响公司正常运作的重大变更事项，或者重大诉讼、仲裁等事项；⑥中国证监会规定的其他条件。

　　商业银行、证券公司、期货公司、保险公司、保险经纪公司、保险代理公司、证券投资咨询机构申请注册基金销售业务资格，除具备上述基本条件外，还应当具备下列条件：①有负责基金销售业务的部门；②财务风险监控等监管指标符合国家金融监督管理部门的规定；③负责基金销售业务的部门取得基金从业资格的人员不少于该部门员工人数的1/2，部门负责人取得基金从业资格，并具备从事基金业务2年以上或者在金融机构5年以上的工作经历，分支机构基金销售业务负责人取得基金从业资格；④中国证监会规定的其他条件。

　　独立基金销售机构是专业从事公募基金及私募证券投资基金销售业务的机构。独立基金销售机构不得从事其他业务，中国证监会另有规定的除外。独立基金销售机构申请基金销售业务资格，除具备上述基本条件外，还应当具备下列条件：①为依法设立的有限责任公司、股份有限公司或者采取符合中国证监会规定的其他组织形式；②有符合规定的名称、组织架构和经营范围；③股东以自有资金出资，不得以债务资金、委托资金等非自有资金出资，境外股东以可自由兑换货币出资；④净资产不低于5 000万元人民币；⑤高级管理人员取得基金从业资格，熟悉基金销售业务，符合中国证监会规定的基金行业高级管理人员任职条件；⑥中国证监会规定的其他条件。

　　持有独立基金销售机构5%以上股权的股东，应当具备下列条件：①股东为法人或者非法人组织的，资产质量良好，除中国证监会另有规定外净资产不低于5 000万元人民币；股权结构清晰，可逐层穿透至最终权益持有人；最近3年没有受到刑事处罚或者重大行政处罚；最近1年没有被采取重大行政监管措施；没有因重大违法违规行为处于整改期间，或者因涉嫌重大违法违规行为正在被监管机构调查。②股东为自然人的，具备担任证券基金业务部门管理人员5年以上的工作经历或者担任证券基金行业高级管理人员3年以上的工作经历；从业期间没有被金融监管部门采取重大行政监管措施、没有因重大违法违规行为受到行政处罚或者刑事处罚。③中国证监会规定的其他条件。

　　独立基金销售机构的境外股东，还应当具备下列条件：①依其所在国家或者地区法律设立，合法存续的具有资产管理或者投资顾问经验的金融机构；②其所在国家或者地区的证券监管机构已与中国证监会或者中国证监会认可的其他机构签订监管合作备忘录，并保持有效的监管合作关系。

独立基金销售机构的控股股东，应当具备下列条件：①股东为法人或者非法人组织的，应当核心主业突出，内部控制完善，运作规范稳定，最近3个会计年度连续盈利，净资产不低于2亿元人民币，具有良好的财务状况和资本补充能力；资产负债与杠杆水平适度，净资产不低于实收资本的50%，或有负债未达到净资产的50%，没有数额较大的到期未清偿债务。②股东为自然人的，个人金融资产不低于3 000万元人民币；具备担任证券基金业务部门管理人员10年以上的工作经历或者担任证券基金行业高级管理人员5年以上的工作经历。③制订合理明晰的投资独立基金销售机构的商业计划，对完善独立基金销售机构治理结构、保持独立基金销售机构经营管理的独立性、推动独立基金销售机构长期发展有切实可行的计划安排；对独立基金销售机构可能发生风险导致无法正常经营的情况，制定合理有效的风险处置预案。④中国证监会规定的其他条件。

独立基金销售机构股东以及股东的控股股东、实际控制人参股独立基金销售机构的数量不得超过2家，其中控制独立基金销售机构的数量不得超过1家，中国证监会另有规定的情形除外。独立基金销售机构应当保持股权结构稳定，股权相关方应当书面承诺，独立基金销售机构取得基金销售业务资格3年内不发生控股股东、实际控制关系的变更。股东质押所持独立基金销售机构股权的，不得约定由质权人或者其他第三方行使表决权等股东权利，也不得变相转移对独立基金销售机构股权的控制。持有独立基金销售机构5%以上股权的股东，质押股权比例不得超过所持该独立基金销售机构股权比例的50%。

基金管理人、销售机构从事基金销售活动，应当遵守基金合同、基金代销协议的约定，遵循公开、公平、公正的原则，诚实守信，勤勉尽责，恪守职业道德和行为规范。

》 【案例分析3-2】

2023年6月，某商业银行理财经理张女士在销售某中等风险基金产品时宣称，该基金产品为"低风险稳健型""半年绝对回报率13%"，且不少投资者是风险承受能力较低的客户。半年后，该基金产品收益不仅未达到预期，还亏损了15%，导致上百名投资者聚集该银行讨说法。由于该银行的推诿塞责，部分投资者向当地证监局进行了投诉。当地证监局经查实后，对该银行违规销售基金产品进行了行政处罚。

问题：本案例中，银行理财经理张女士在销售某基金产品时存在哪些过错？

分析：银行理财经理张女士在销售某基金产品时没有充分提示风险，销售对象明显不适宜，违规承诺收益，未能诚实守信、勤勉尽责，也未能恪守行业职业道德和行为规范。

（2）基金注册登记机构。它是指负责基金登记、存管、清算和交收业务的机构。基金注册登记机构的具体业务包括投资者基金账户管理、基金份额注册登记、清算及基金交易确认、发放红利、建立并保管基金份额持有人名册等。目前，在我国承担基金份额注册登记工作的主要是基金管理公司自身和中国证券登记结算有限责任公司。

（3）律师事务所、会计师事务所和基金投资咨询公司。它们作为专业、独立的中介服务机构，为基金提供法律、会计服务和向基金投资者提供基金投资咨询服务。

（4）基金评级机构。其作为专业、独立的中介服务机构，向投资者和其他参与主体提供基金评级服务。所谓基金评级，就是独立的第三方权威评级机构通过搜集有关信息，运用科学的定性和定量分析方法，依据一定的标准，对基金绩效表现做出的客观、公正的评价。随着基金业的快速发展，基金在证券市场中扮演着越来越重要的角色，因此，科学、客观、公正地评价其业绩，对于建立公平、公正、公开的市场秩序，促进基金业的有序竞争，实现优胜劣汰，引导资金的有序流动，提高基金的管理效率等都具有重大意义。从投资者的角度看，评级结果是投资者选择基金的重要参考指标。基金市场中基金的种类和数量都非常多，在这样琳琅满目的基金中选择适合自己的好基金实属不易，而基金评级的出现，使投资者有了参考依据。投资者可以根据基金评级，选择自己满意的基金进行投资。从基金内部的角度看，基金评级结果是对基金经理资金运作能力的一种评价，会影响其声誉，可以对基金经理的运作产生约束作用。另外，评级结果也可以作为激励基金经理的一种量化指标。从基金管理人的角度看，评级可以反馈市场信息，便于基金管理人及时地调整策略。基金管理人可以根据评级结果分析所实施的投资策略是否达到了预定的投资目的，以便发现投资策略的不足，判断投资策略在市场中的适应能力，及时总结管理经验，提高管理水平。从市场监管部门的角度看，评级可以提供较充分的基金信息。基金监管部门可以通过基金评级结果得到关于基金业绩和运作情况的客观评价，进而可以以此为基础进行监管，制定和完善相关法规和制度。从基金自身发展的角度看，评级可以促使基金市场健康发展。

2）基金监管与自律机构

（1）基金监管机构。它在基金运作中起着重要作用。为保护基金投资者的利益，各个国家和地区都设立了基金监管机构，对基金运作进行严格的监督管理。基金监管机构通过依法行使审批或核准权、依法办理基金备案，对基金管理人、基金托管人以及其他从事基金活动的中介机构进行监督管理，对违法行为进行查处。在我国，基金监管机构是中国证监会及其派出机构。

（2）证券交易所。它是基金的自律管理机构之一。在基金市场及基金运作中，封闭式基金、上市开放式基金和交易型开放式指数基金需要通过证券交易所募集和交易，必须遵守证券交易所的规则。同时，经证券监管部门授权，证券交易所对基金的投资交易行为还承担着重要的一线监控管理职责。目前，我国有上海和深圳两家证券交易所，它们都是依法设立的，不以营利为目的，为证券的集中和有组织交易提供场所、设施，履行国家有关法律、法规、规章、政策规定的职责，是实行自律性管理的法人。

（3）基金行业自律组织。它是由基金管理人、基金托管人及基金份额发售机构等服务机构成立的同业协会。其主要职责为促进同业交流、提高从业人员素质、加强行业自律管理、促进行业发展。在我国，基金行业自律组织是中国证券投资基金业协会。

情景模拟 3-1

场景：假设你是基金投资者，你应该如何选择基金管理人和基金托管人？

操作：（1）分别派同学担任基金管理人和基金托管人，其他同学担任基金投资者，共组成3个小组，每小组选择1人担任组长，由其负责本小组各项工作。

（2）基金管理人小组组长指挥本小组就主要业务及其特点、主要职责及权利，向基金投资者小组进行介绍。

（3）基金托管人小组组长指挥本小组就主要业务及其特点、主要职责及权利，向基金管理人小组和基金投资者小组进行介绍。

（4）基金投资者小组组长指挥本小组就选择基金管理人和基金托管人所涉及的各种问题，向基金管理人小组和基金托管人小组进行咨询，基金管理人小组和基金托管人小组进行相应回答。

（5）教师对情景模拟情况进行点评和总结。

知识掌握

3.1 单项选择题

（1）依据《证券投资基金法》的规定，公开募集基金的基金管理人只能由依法设立的（　　）担任。

A.基金管理公司　　　　　　　　　　B.基金托管人

C.投资管理公司　　　　　　　　　　D.基金发起人

（2）基金管理公司的主要股东是指出资额占基金管理公司注册资本的比例最高且不低于（　　）的股东。

A.20%　　　　　　B.25%　　　　　　C.33%　　　　　　D.50%

（3）我国基金托管人由（　　）批准的商业银行担任。

A.中国证监会　　　　　　　　　　　B.中国人民银行

C.中国证监会和中国人民银行　　　　D.中国证监会和国家金融监督管理总局

（4）《证券投资基金托管业务管理办法》规定，基金托管部门拟从事基金清算、核算、投资监督、信息披露、内部稽核监控等业务的执业人员不少于（　　）人，并具有基金从业资格。

A.3　　　　　　B.5　　　　　　C.8　　　　　　D.15

（5）《证券投资基金托管业务管理办法》规定，申请基金托管资格的商业银行及其他金融机构的净资产不低于（　　）亿元人民币。

A.100　　　　　　B.200　　　　　　C.300　　　　　　D.400

（6）证券投资基金反映的是（　　）关系。

A.债权债务　　　　B.所有权　　　　C.信托　　　　D.产权

（7）在我国，基金管理人、基金托管人和基金投资者的权利、义务在（　　）中约定。

A.基金份额上市交易公告书 　　　　　　B.招募说明书

C.基金契约 　　　　　　　　　　　　　D.基金成立公告

（8）证券投资基金的主要当事人是依据（　　）运作的。

A.信托关系 　　　B.买卖关系 　　　C.合同关系 　　　D.合作关系

3.2　多项选择题

（1）关于基金管理公司的业务特点，以下说法正确的有（　　）。

A.与具有较高负债的银行、保险公司等其他金融机构相比，经营风险较高

B.收入主要来自以资产规模为基础的咨询费

C.核心竞争力来自投资管理能力

D.业务对时间与准确性的要求很高，任何失误与迟误都会造成很大问题

（2）公开募集基金的基金管理人的主要职责有（　　）。

A.依法募集基金

B.进行基金资产的评估管理

C.编制中期基金报告

D.办理与基金资产管理业务活动有关的信息披露事项

（3）基金托管人的作用主要体现在（　　）。

A.防止基金资产挪作他用，有效保障资产安全

B.促使基金管理人按有关要求运作基金资产，保护基金份额持有人的利益

C.计算并公告基金资产净值，确定基金份额申购、赎回价格

D.防范、减少基金会计核算中的差错

（4）基金资产保管的主要内容包括（　　）。

A.保管基金印章

B.管理基金资产账户

C.保管基金的重大合同、开户资料、预留印鉴、实物证券的凭证等重要文件

D.核对基金资产

（5）基金托管人在基金运行阶段的主要工作有（　　）。

A.每个工作日进行基金资金净值计算 　　B.根据管理人的指令进行资金划拨

C.监督基金投资范围 　　　　　　　　　D.保管基金份额持有人名册

（6）基金资产不得用于（　　）投资或者活动。

A.承销证券 　　　　　　　　　　　　　B.向他人贷款

C.从事承担有限责任的投资 　　　　　　D.向他人提供担保

（7）基金托管人应当履行的职责一般包括（　　）。

A.资产保管 　　　B.资金清算 　　　C.会计复核 　　　D.投资监督

（8）根据《证券投资基金法》的规定，我国基金份额持有人享有的权利包括（　　）。

A.分享基金财产收益

B.参与分配清算后的剩余基金财产

C.依法转让或者申请赎回其持有的基金份额

D.按照规定要求召开基金份额持有人大会

（9）基金市场的参与主体主要包括（　　　）。

A.基金投资者 　　　　　　　　　　 B.基金管理人和基金托管人

C.基金销售机构等市场服务机构 　　 D.基金监管与自律机构

3.3　是非判断题

（1）基金管理公司管理的是投资者的资产，可以进行负债经营，因此，相对于那些具有较高负债的银行、保险公司等其他金融机构，基金管理公司的经营风险要高得多。　　　　　　　　　　　　　　　　　　　　　　　　　　　　　　（　　　）

（2）基金管理公司只能自行开展基金推广、销售等业务。　　　　（　　　）

（3）基金管理人按规定收取一定的管理费，并参与基金收益的分配。（　　　）

（4）我国全国社会保障基金和企业年金作为特定性质的资产可以委托符合要求的基金管理公司进行资产管理。　　　　　　　　　　　　　　　　　　　　（　　　）

（5）基金托管人在基金运作中承担资产保管、交易监管、信息披露、资金结算与会计核算等相应职责。　　　　　　　　　　　　　　　　　　　　　　　　　　（　　　）

（6）基金托管人可按照规定召集基金份额持有人大会。　　　　　（　　　）

（7）《证券投资基金法》规定，基金托管人应办理与基金托管业务活动有关的信息披露事项，应确保所披露信息的真实性、准确性和完整性。　　　　　　　　（　　　）

（8）我国基金的会计核算由基金管理公司和基金托管人独立进行。基金管理人负责对基金托管人的会计核算结果进行复核，基金托管人负责将复核后的会计信息对外披露。　　　　　　　　　　　　　　　　　　　　　　　　　　　　　　　（　　　）

（9）基金托管人对每一只基金单独设账，分账管理。　　　　　　（　　　）

（10）基金托管人发现基金管理人的投资运作违法违规的，应及时以书面形式通知基金管理人，并报告中国证监会各地派出机构。　　　　　　　　　　　　　（　　　）

3.4　问答题

（1）在基金运作中，基金管理人具有哪些作用？

（2）基金管理公司的主要业务有哪些？

（3）在基金运作中，基金托管人具有哪些作用？

（4）在基金运作中，基金份额持有人、管理人、托管人三者之间是怎样的关系？

知识应用

□ 案例分析

近年来，在我国基金业的发展中，基金管理公司的数量不断增长，规模不断扩大，管理水平不断提升，并形成了各自的管理风格。截至 2024 年 5 月底，我国境内公募基金管理人有 162 家，其中，基金管理公司 148 家，取得公募基金管理资格的证券公司或证券公司资产管理子公司 13 家、保险资产管理公司 1 家。选择基金，首先要选择一家优秀的基金管理公司。

问题：如何选择一家优秀的基金管理公司？

分析提示：要选择一家优秀的基金管理公司，投资者可以从以下几个方面进行分析：一是基金管理公司的基本面。股东实力与重视程度是影响基金管理公司发展的重要因素。拥有深厚金融背景、雄厚实力的股东，可以让基金管理公司获得一个比较好的运营与发展平台。二是基金管理公司的制度面。规范的管理和运作，是基金管理公司必须具备的基本要素，是基金资产安全的基本保证。这主要包括基金管理公司的治理结构是否规范合理，基金管理公司对旗下基金的管理、运作及相关信息的披露是否全面、准确、及时，基金管理公司有无明显的违法违规现象。三是基金管理公司的技术面。出色而稳定的投研团队是基金管理公司获得良好投资业绩的保障，这主要包括基金管理公司的产品线是否丰富，投研团队是否经历过熊牛市的完整考验。四是基金管理公司的市场面。要关注基金业绩表现的持续性，不能只看某家基金管理公司某一只产品的短期表现，而要全面考察基金管理公司管理的其他基金的业绩。一只基金的"独秀"并不能证明基金管理公司的实力，旗下基金整体业绩出色的基金管理公司才更值得信赖。

□ 实践训练

投资者在银行、保险、资本市场中合理配置资产时，一般应遵守"三三制"的配置原则。首先，投资者不能用基金投资来替代保险的保障功能。其次，由于货币型基金风险很低，流动性较好，被证明是良好的现金管理工具，可以替代部分储蓄产品；债券型基金属于基金中风险相对较低的品种，其长期平均的风险和预期收益率低于股票型基金和混合型基金，高于货币市场基金，稳健的投资者在谨慎选择产品的基础上，也可以替代部分储蓄产品。最后，不要把预防性储蓄投资到高风险的资本市场中。对大部分人而言，只有依靠合理的投资回报率，才能既提高生活品质，又不断改善财务健康状况。从理财的角度看，一般来说，投资者应至少拿出净资产即全部资产减去全部负债的差额的 50% 投资于基金、股票、债券、投资性房产等。请你根据自己家庭的资产状况及理财需求，确定基金投资的比例。

要求：（1）通过调查自己家庭的资产及负债状况，计算家庭的总资产、总负债及净资产。

（2）按照上述"三三制"的配置原则及家庭的理财需求，确定家庭的基金投资比例。

证券投资基金
的募集与认购

学习目标

知识目标：了解基金产品设计的法律要求、基金产品设计目标、基金产品线及其类型；理解投资者的风险类型及其判断方法、我国现行基金品种及其选择，基金的设立方式、募集方式、募集程序、基金的认（申）购收费模式、认（申）购费率；掌握基金的认购渠道、认购程序、认购方式、认（申）购费用。

技能目标：能够正确判断客户的风险类型；能够根据客户的风险测评结果，为客户匹配相应的基金产品；能够帮助客户正确认（申）购基金，计算认（申）购费用、净认（申）购金额和认（申）购份额。

素养目标：树立敢于创新基金产品、不甘落后的思想观念和服务基金客户、奉献经济社会发展的人生观；养成遵守基金行业法规、文明礼貌的社会公德和爱岗敬业、诚实守信的职业道德。

引例

勾画定投基金的微笑曲线

对于一些现在想进入基金市场的投资者而言，定投基金是一种合适的投资策略。在震荡的市场中，定投基金的风险要相对小于一次性投资，但投资者还要分析自己买的产品好不好，既要看买的产品是什么类型，还要考虑自己的承受能力。定投基金的类型还应适合投资者的风险偏好，而不是单纯地看基金的风险。相对而言，稳健型的基金风险较低，而激进型的基金风险较高，因此，偏好低风险的投资者更适合投资稳健型的产品，偏好高风险的投资者更适合投资激进型的产品。

在管理学中有一个著名的"微笑曲线"，而定投基金也可以勾画出最美的"微笑曲线"——将每月买入的基金净值与最后卖出的基金净值用曲线连接起来，构成的弧形宛如一张笑脸。定投基金是一个相对长期的投资计划，在持续不间断的长期投资期间，可以充分有效地平摊投资成本，降低市场的风险波动，而且定投基金每月最低只要100元，适合一般中小投资者。

短期内市场难以预测，但从长期来看，股市总是和国民经济的发展保持一致。定投基金具有平摊投资成本的特点，这是由定投基金自我稳定的性质决定的。但要达到这个效果，定投基金的时间必须足够长，最好能做到跨周期投资。定投基金的策略也不是一味地长期持有，投资者可以遵循"择时投资、获利出场"的原则，只要运用得当，就可以实现轻松理财的目标。

当然，定投基金也有一定的风险。定投基金的风险主要来自该基金所投资的市场风险。例如，定投股票基金的风险主要源自股市的涨跌。与一次性购买相比，基金定期定额投资具有平摊投资成本、分散市场风险的作用。在股市大幅震荡阶段，投资者很难把握行情，定投基金可以让投资者不必非常在意市场涨跌。

资料来源：根据相关资料整理。

这一案例说明：投资者在认购基金时，需要根据自己的风险收益偏好选择基金产品，并根据自己的理财需求选择认购方式和认购金额。

4.1　基金产品设计

基金产品设计是基金发起人即基金管理公司根据投资者的投资需求和风险偏好，设计具有特定收益和风险组合特点、能满足投资者需求的基金产品的过程。在基金运作中，基金产品设计是一个关键环节，基金产品内部的结构性安排（如投资标的、投资比例、基本投资策略等）在一定程度上决定了基金的投资效果，基金产品的风险收益特征决定了基金产品本身能否适合基金投资者的需要，对于基金管理公司来说，基金产品设计是否合理和成功关系到自身的业务发展。从基金市场发达的国家和地区来看，由于新的金融工具不断出现、金融工具日益多样化、投资区域日益国际化、金融市场深度不断加大、投资者的投资需求日益多样化及基金市场竞争不断加强，基金产品日益丰富。

基金产品设计是一项高度专业化的工作。一般来说，在确定基金产品的设计目标及基金产品的具体设计时，应在现行相关法律法规的约束及基金管理人自身的管理水平下，充分考虑投资者的投资需求和风险承受能力。

4.1.1　基金产品设计的法律要求

为保障投资者权益，促进基金业及金融市场的稳定发展，各国均通过制定相关法规对基金产品加以规范。在我国，根据《公开募集证券投资基金运作管理办法》的规定，基金管理人在申请募集基金时，拟募集的基金应当具备下列条件：①有明确、合法的投资方向；②有明确的基金运作方式；③符合中国证监会关于基金品种的规定；④基金合同、招募说明书等法律文件草案符合法律、行政法规和中国证监会的规定；⑤基金名称表明基金的类别和投资特征，不存在损害国家利益、社会公共利益，欺诈、误导投资者，或者其他侵犯他人合法权益的内容；⑥招募说明书真实、准确、完整地披露了投资者做出投资决策所需的重要信息，不存在虚假记载、误导性陈述或者重大遗漏，语言简明、易懂、实用，符合投资者的理解能力；⑦有符合基金特征的投资者适当性管理制度，有明确的投资者定位、识别和评估等落实投资者适当性安排的方法，有清晰的风险警示内容；⑧基金的投资管理、销售、登记和估值等业务环节制度健全，行为规范，技术系统准备充分，不存在影响基金正常运作、损害或者可能损害基金份额持有人合法权益、可能引发系统性风险的情形；⑨中国证监会规定的其他条件。

4.1.2　投资者的特征、投资需求与基金产品设计目标

根据投资主体的差异性，投资者可以分为个人投资者与机构投资者两种类型。不同类型的投资者具有不同的特征，购买基金的动机或目的各不相同。

个人投资者以自然人身份进行投资，具有以下几个方面的特征：一是投资需求受个人所处生命周期的不同阶段和个人状况的影响，呈现较大的差异化特征；二是可投资的资金量较小；三是风险承受能力较弱；四是与投资相关的知识和经验较少，专业投资能力不足。个人投资者有各种各样的投资需求，并受在生命周期中所处的阶段、家庭状况、财务状况、就业状况等多种因素的影响，投资目标主要是满足生活需求或者实现未来更高的消费水平。具体来说，个人投资者购买基金的动机主要有实现资产保值增值、退休养老、子女教育、购买住房及临时性投资需求等。由于不同的个人投资者购买基金的动机各不相同，个人投资者在购买基金时对基金产品的要求也就不完全相同。例如，以实现资产保值增值为主要目标的投资者倾向于资本保值增值；以子女教育为主要目的的年轻投资者倾向于长期资本增长；以退休养老为主要目的的中老年投资者及以子女教育为主要目的的中年投资者倾向于现期收入。

机构投资者是用自有资金或者筹集客户的资金进行投资的法人机构，通常具有以下几个方面的特征：一是资金实力雄厚，投资规模较大；二是风险承受能力较强；三是投资管理比较专业；四是投资行为比较规范。目前，我国的机构投资者主要有商业银行、保险公司、保险资产管理公司、公募基金公司、证券公司、证券公司下属资产管理子公司、私募基金公司、全国社会保障基金、企业年金基金、财务公司、QFII（合格境外机构投资者）等。不同类型的机构投资者具有各不相同的投资需求及投资限制。

基金产品设计目标要围绕或服务于投资者的特征及投资需求，根据不同投资者的投资动机或目的，设计不同类型的基金产品，以满足不同投资者的投资需求。

4.1.3　投资者的风险类型及其判断方法

基金产品的设计不仅要考虑到投资者的投资需求，还要考虑到投资者的风险承受能力。一般来说，投资者的风险承受能力与投资者特征存在着一定的关系。根据投资者对风险的偏好，可以将投资者分为风险规避型投资者、风险中性投资者和风险爱好型投资者三种类型。风险规避型投资者只愿意进行无风险或低风险投资，不愿意从事高风险投资，即使是与其预期收益率相比较风险溢价为正的资产组合，也会拒绝对其加以投资。风险中性投资者只按预期收益率来判断是否进行投资，并不关心风险水平的绝对高低，只要资产组合的回报率不低于其预期收益率，就愿意对其进行投资，对于该类投资者来说不存在风险障碍。风险爱好型投资者的投资思路与风险规避型投资者相反，只愿意从事高风险投资，不愿意进行无风险或低风险投资，该类投资者在进行投资时十分强调风险报酬，通过增加风险来上调预期收益率。

对于某一投资者或某群投资者来说，我们可以从不同的角度来判断其应该属于上述哪种风险类型。在实际工作中，可以根据投资者的年龄、性别、家庭状况、文化程度、就业状况、收入状况、现有资产状况、投资经历与经验等，判断投资者的风险类型。例如，一般来说，年轻投资者比老年投资者具有更强的风险承受能力，投资经历与经验比较丰富的成熟投资者比缺乏投资经历与经验的投资者具有更强的风险承受能力。投资者在对基金进行投资时，往往受年龄、性别、家庭状况、文化程度、就业状况、收入状况、现有资产状况、可用于投资资金数量、未来预期以及经济社会环境等因素影响，投资目标各不相同。因此，在基金产品设计中，必须从不同的角度来判断投资者的风险类型及风险承受能力，结合投资者的投资需求，构造与投资者的风险承受能力相适应、能满足不同投资者的投资需求的投资组合。如果投资者具有较强的风险承受能力和长期资本增值目标，针对这类投资者可以设计高风险和高资本增值型基金，如积极成长型股票基金、小公司股票基金和成长型股票基金等；如果投资者风险承受能力较弱、现期收入要求较高，针对这类投资者可以设计风险低和现期收入高的收入型基金，如债券型基金、固定收入型基金等。

4.1.4　投资者与基金产品或者服务的风险匹配

根据《基金募集机构投资者适当性管理实施指引（试行）》的规定，基金募集机构需要建立健全投资者适当性管理制度。投资者适当性是指基金募集机构在销售基金产品或者服务的过程中，根据投资者的风险承受能力销售不同风险等级的基金产品或者服务，把合适的基金产品或者服务卖给合适的投资者。

微课 4-1

投资者与基金产品或服务的风险匹配

基金募集机构要设计风险测评问卷，对普通投资者进行风险测评。按照风险承受能力，将普通投资者由低到高至少分为 C1、C2、C3、C4、C5 五种类别，其中 C1 含风险承受能力最低类别。风险承受能力最低的投资者是指在 C1 中符合下列情形之一的自然人：①不具有完全民事行为能力；②没有风险容忍度或者不愿承受任何投资损失；③法律、行政法规规定的其他情形。

✓ 小思考 4-1

根据《基金募集机构投资者适当性管理实施指引（试行）》的规定，理财经理在销售基金产品时，需要对客户风险承受能力进行测评。客户风险承受能力是客户自身的责任还是理财经理的责任？

答：党的二十大报告指出："我们必须增强忧患意识，坚持底线思维，做到居安思危、未雨绸缪，准备经受风高浪急甚至惊涛骇浪的重大考验。"了解客户风险承受能力是客户自身的责任，但理财经理在销售基金产品时也要承担责任。作为理财经理，要有责任意识，不仅要对客户负责，还要对所在销售机构负责。

基金募集机构要划分基金产品或者服务的风险等级。按照风险由低到高的顺序，基金产品或者服务的风险等级要至少划分为 R1、R2、R3、R4、R5 五个等级。基金募集机构可以根据实际情况在此基础上进一步进行风险细分。

基金募集机构要制定普通投资者和基金产品或者服务匹配的方法、流程，明确各个岗位在执行投资者适当性管理过程中的职责。匹配方法至少要在普通投资者的风险承受能力类型和基金产品或者服务的风险等级之间建立合理的对应关系，同时在建立对应关系的基础上将基金产品或者服务风险超越普通投资者风险承受能力的情况定义为风险不匹配。

基金募集机构要根据普通投资者风险承受能力和基金产品或者服务的风险等级建立以下适当性匹配原则：①C1 型（含最低风险承受能力类别）普通投资者可以购买 R1 级基金产品或者服务；②C2 型普通投资者可以购买 R2 级及以下风险等级的基金产品或者服务；③C3 型普通投资者可以购买 R3 级及以下风险等级的基金产品或者服务；④C4 型普通投资者可以购买 R4 级及以下风险等级的基金产品或者服务；⑤C5 型普通投资者可以购买所有风险等级的基金产品或者服务。

基金募集机构向投资者销售基金产品或者服务时，禁止出现以下行为：①向不符合准入要求的投资者销售基金产品或者服务；②向投资者就不确定的事项提供确定性的判断，或者告知投资者有可能使其误认为具有确定性的判断；③向普通投资者主动推介风险等级高于其风险承受能力的基金产品或者服务；④向普通投资者主动推介不符合其投资目标的基金产品或者服务；⑤向风险承受能力最低类别的普通投资者销售风险等级高于其风险承受能力的基金产品或者服务；⑥其他违背适当性要求，损害投资者合法权益的行为。

最低风险承受能力类别的普通投资者不得购买高于其风险承受能力的基金产品或者服务。除因遗产继承等特殊原因产生的基金份额转让之外，普通投资者主动购买高于其风险承受能力基金产品或者服务的行为，不得突破相关准入资格的限制。

普通投资者主动要求购买与之风险承受能力不匹配的基金产品或者服务的，基金销售要遵循以下程序：①普通投资者主动向基金募集机构提出申请，明确表示要求购买具体的、高于其风险承受能力的基金产品或服务，并同时声明，基金募集机构及其工作人员没有在基金销售过程中主动推介该基金产品或服务的信息；②基金募集机构对普通投资者资格进行审核，确认其不属于风险承受能力最低类别投资者，也没有违反投资者准入性规定；③基金募集机构向普通投资者以纸质或电子文档的方式进行特别警示，告知其该产品或服务风险高于投资者承受能力；④普通投资者对该警示进行确认，表示已充分知晓该基金产品或者服务风险高于其承受能力，并明确做出愿意自行承担相应不利结果的意思表示；⑤基金募集机构履行特别警示义务后，普通投资者仍坚持购买该产品或者服务的，基金募集机构可以向其销售相关产品或者提供相关服务。

4.1.5　基金产品线及其类型

基金产品线是指一家基金管理公司所拥有的不同种类基金产品及其组合。随着基金业的快速发展，基金市场竞争日益激烈，基金产品种类日益增多。在这种情况下，基金管理公司合理安排基金产品线就显得尤为重要。

一般来说，基金产品线包括以下三个方面的内容：一是基金产品线的长度，即一家基金管理公司所拥有的基金产品的总数。二是基金产品线的宽度，即一家基金管理公司所拥有的基金产品的大类有多少。一般来说，根据基金产品的风险收益特征，可以把各种类型的基金产品分为股票型基金、债券型基金、混合型基金和货币市场基金四大类。三是基金产品线的深度，即一家基金管理公司在所拥有的基金产品大类中是否对子类基金进行了细分及细分后的子类基金的数量。例如，基金管理公司将所管理的股票型基金大类进一步细分为价值型股票基金、成长型股票基金和平衡型股票基金，或者进一步细分为大盘股票基金、中盘股票基金、小盘股票基金，又或者进一步细分为大盘价值型股票基金、某行业股票基金等。

在实际操作中，常见的基金产品线有以下三种类型：一是水平式基金产品线，即基金管理公司根据证券市场范围，不断开发新的基金产品，增加基金产品的总数或基金产品的大类，采用这种基金产品线的基金管理公司具有较高的适应性和灵活性，可形成一定的竞争优势。但这种类型的基金产品线要求基金管理公司具有一定的实力，特别是基金产品开发能力和基金管理能力。二是垂直式基金产品线，即基金管理公司根据自身的能力优势，在某一个或几个基金产品大类方向上开发出一系列子类基金产品，各子类基金产品既具有明显的差异，又具有各自的特点，各子类基金产品之间在某种程度上具有一定的互补性，形成的系列子类基金产品可以较好地满足在这个方向上具有特定风险收益偏好的投资者的需要。三是综合式基金产品线，这种类型的基金产品线是将水平式基金产品线和垂直式基金产品线有机结合起来，即基金管理公司根据自身的能力优势，在更广泛的范围内构建基金产品线，既不断开发新的基金产品，增加基金产品的总数或基金产品的大类，又在某一个或几个基金产品大类方向上开发一系列各具特色的子类基金产品。

4.1.6　我国现行基金品种简介及其选择

自20世纪90年代末以来，我国基金业得到了快速发展，具体情况详见前文。投资者在选择基金品种时，首先要正确认识各类基金产品，并进行相应的风险评估。在现有各类公开募集基金中，股票型基金按规定在其资产配置中要保留5%左右的现金，低于15%的债券，投资于股票市场的比例一般在80%以上。由于股票市场波动很大，因此，相对于其他种类的基金来说，股票型基金的风险最高。债券型基金主要投资于固定收益产品，风险相对较低，收益通常可以超过同期存款和国债的收益，但在股市进入牛市阶段后，其平均收益明显低于股票型基金，在存在通货膨胀预期时，债券型基金的吸引力自然下降。避险策略基金主要是在保证本金安全的基础上谋求高于国债和储蓄存款的收益，其相当部分资金投资于保本类资产，另有部分资金投资于收益类资产，以达到下有保底、上不封顶，这一品种较受投资者欢迎。货币市场基金主要投资于期限不超过1年的金融工具，如国债、金融债、央行票据和同业存款等，本金安全性高，费率低，有类似于活期存款的便利，但收益率一般为2%~3%。从目前运行情况来看，部分货币市场基金的实际收益率远高于这一标准，受市场欢迎程度较高。

正确认识各类基金产品并进行相应的风险评估之后，投资者要考虑到自身的投资目标及风险承受能力，把评估结果与拟打算购买的基金品种的收益和风险进行比较，以便选择适合自己的基金品种。按风险承受能力由弱到强的顺序，投资者可以进一步细分为保守型、安稳型、稳健型、成长型和积极型五种类型。对于保守型的投资者，由于他们极不愿意面对投资亏本，不会主动参与有风险的投资，即使投资回报率相对较低，他们仍希望将钱存放于相对保本的地方，因此，应选择购买货币型基金或者避险策略基金。对于安稳型和稳健型的投资者，鉴于与保守型投资者相比，他们愿意承担一定的风险，但是承担风险的能力较弱，因而可以购买货币型基金、债券型基金和避险策略基金的组合。成长型投资者可以选择股票型基金中投资风格稳健的基金，如混合型基金或者那些申明稳健成长风格的基金，也可以通过不同类型的基金的资产配置，实现收益的稳定增长。积极型的投资者可以选择股票型基金中那些追求高额回报的基金或者指数基金。

此外，对于首次发行或者基金管理人从事基金运作管理历史较短的新基金，由于没有业绩历史或没有较长的业绩历史可供参考，投资者可以从以下几个方面加以考虑：一是基金管理人是否有基金管理的经验。虽然基金没有历史或者历史较短，但基金管理人的从业历史并不一定短。如果基金管理人有丰富的基金从业经验，投资者就有迹可循，即通过该基金管理人以往管理基金的业绩了解其基金管理水平的高低。投资者可以从招募说明书、基金公司网站上获取基金经理的有关信息，并对其从业经历进行分析。二是基金管理公司旗下其他基金的业绩如何。在国内基金发展的历史并不长、基金管理人群体还比较年轻的背景下，即使新基金的基金管理人过去并没有管理过基金，但该基金公司旗下的基金都有优秀的业绩表现，投资者也可以考虑。因为在多数情况下，优秀的基金管理公司为了保持其在业界的长期声誉，大多不会让基金业绩长期不尽如人意。当然，投资者在投资时应注意新基金管理人与基金管理公司的投资方式是否有良好的契合度。三是基金管理人的投资理念及其是否与投资组合吻合。只有了解基金经理的投资理念，投资者才能大致知道基金的投资方向，从而对基金的收益和风险有恰当的期望。如果新基金已经公布了投资组合，投资者可进一步加以考察，例如，考察基金实际的投资方向与招募说明书中陈述的是否一致，考察基金持有个股情况，从而对基金未来的风险、收益有一定的了解。四是基金费用的多少。由于新基金通常规模较小，不能像老基金那样借助规模效应来降低费率，因而新基金的费用水平通常比老基金高。一般来说，随着基金资产规模的增长，基金管理公司会逐渐降低费用。投资者可以将基金管理公司旗下老基金的费用水平和同类基金进行比较，同时观察该基金管理公司以往是否会随着基金资产规模的扩大逐渐降低费用。五是基金管理公司是否注重投资者利益。基金管理公司承担着代客理财的信托责任，应充分关注投资者的利益。较低的费用水平体现基金管理公司关注投资者的利益。除此之外，还有对基金资产规模的控制，因为如果基金规模过大，基金管理人实现其投资策略的难度也会增加。

4.2 基金的募集

基金产品设计完成之后，就进入基金募集阶段。基金募集又称基金发售，是指基金管理公司根据有关规定向基金主管部门提交募集文件、经注册后发售基金份额（对于开放式基金为首次发售基金份额）、募集基金的行为。

4.2.1 基金设立方式

基金设立方式是指一国政府关于设立基金的制度规定，主要有注册制和核准制两种。

1）注册制

注册制又被称为申报制或形式审查制，是指根据公开管理原则，发行人在发行证券时，要求证券发行人充分披露有关证券发行本身及同证券发行有关的一切信息，政府主管部门事先不做实质性审查，仅对申请文件进行形式审查，发行人在申报申请文件以后的规定时间内未被证券监管机构拒绝注册，即可进行证券发行，无须再经过批准。在注册制下，政府主管部门对证券发行不作实质条件的限制。凡是拟发行证券的发行人，必须将依法应当公开的、与所发行证券有关的一切信息和资料，合理制成法律文件并公之于众，其应对公布资料的真实性、全面性、准确性负责，公布的内容不得含有虚假陈述、重大遗漏或信息误导。政府主管部门不对证券发行行为及证券本身做出价值判断，其对公开资料的审查只涉及形式，不涉及任何发行实质条件。发行人只要依规定将有关资料完全公开，政府主管部门就不得以发行人的财务状况未达到一定标准而拒绝其发行。在一段时间内，在未对申报书提出任何异议的情况下，注册生效等待期满后，证券发行注册生效，发行人即可发行证券。

注册制作为一种法律制度，它所表现出来的价值观念反映了市场经济的自由性、主体活动的自主性、政府管理经济的规范性和效率性。在这一制度下，任何个体的行为都是自由的，发行者只要符合法律公开原则，即使无价值的证券也可进入市场，在自由抉择下的盈利或损失都由投资者自己承担。在这种制度下，政府主管部门只对申请文件作形式审查，不涉及发行申请者及发行证券的实质条件，不对证券及其发行行为作任何价值判断，因而减少了审核工作量。申报文件提交后，经过法定期间，申请即可生效，从而免除了烦琐的授权程序。

在注册制下，投资者需要注意以下几个方面：一是证券注册并不能成为投资者免受损失的保护伞。政府主管部门无权对申请注册证券的实质要件进行审查，否则将构成违法。证券注册的唯一标准是信息完全公开。至于发行价格、发行者或承销商利益等实质要件，不能构成证券发行合法性的先决条件。二是证券发行注册的目的，是向投资者提供据以判断证券实质要件的形式资料，以便做出投资决定。如果公开方式适当，政府主管部门不得以发行证券价格、其他非公平条件或发行者提出的公司成功前景不尽合理等理由拒绝注册。对于投资者来说，只要发行公开要素具备，投资风险自负。三是注册程序不保证注册申报书和公开说明书中陈述事实的准确性。所以，注册制并非无懈可击。

该制度是建立在信息公开原则基础上的，它假定投资者只要能够得到有关证券发行的一切信息，即可自主做出投资决定，并得以自我保护，政府主管部门无权阻止其交易。但事实上大多数投资者很难具备充分的证券投资知识与经验。况且，有许多投资者根本不可能或没有机会获得该信息，加上发行人故意夸大证券价值或规避潜在的不利因素，都可能使投资者遭受损失。所以从投资安全角度看，公开原则并不能完全保护投资者利益。

证券发行注册制是证券发行管理制度中的重要形态，也是很多国家普遍采取的证券发行监管方式。澳大利亚、巴西、加拿大、德国、法国、意大利、荷兰、菲律宾、新加坡、英国和美国等国家，在证券发行上均采取注册制。其中，美国是采取发行注册制的典型代表。

2）核准制

核准制又被称为准则制或实质审查制，是指根据实质管理原则，发行人在发行证券时，不仅要公开全部的、可以供投资者做出投资判断的材料，还要符合证券发行的实质性条件，政府主管部门有权依照相关法规的规定，对发行人提出的申请以及有关材料进行实质性审查，发行人得到批准以后才可以发行证券。

核准制具有以下几个方面的特点：一是相关法规规定了证券发行人的发行资格及证券发行的实质条件。通过确定证券发行人资格及发行条件，尽力排斥劣质证券的发行。对于发行人来说，无论其规模及盈利能力如何，并非任何发行人都可以公开发行证券，只有具备法定资格并符合法定条件的发行人才可以发行证券。二是政府主管部门对证券发行享有独立审查权。严格来说，政府主管部门的职责是保证法律规则的贯彻与实施，在审核期间，若发现发行人资格、条件与法律规定不相符合，应禁止其公开发行，即使发行人资格及条件符合相关法规的规定，政府主管部门也有权不核准其发行证券。三是政府主管部门在核准证券发行申请后，如发现存在其他违法情况时，有权撤销已做出的核准与批准，且政府主管部门撤销已做出核准的，无须承担责任。

主张实行核准制的国家认为，发行证券是发行公司的团体行为，虽然基于投资人安全考虑，法律要求发行人必须公开全部资料，但是，不是任何人都可以读懂专业文件的，如招股说明书、资产负债表等。即使可以读懂文件，也不一定可以对其细节做出合理的理解与判断。为了保护个人投资者的利益，不受团体行为的侵害，政府主管部门应该履行职责，对证券发行进行适当的监督。从实际状况来看，核准制有利于新兴市场的健康发展，适合证券市场不完善，投资服务机构的道德水准、业务水平不高，投资者缺乏经验、缺少对信息判断的能力的国家或地区。新西兰、瑞典、瑞士等国家的证券监管体制，带有相当程度的核准制特点。

我国基金发行制度过去一直采取核准制。2012年，《证券投资基金法》修订后，我国基金发行制度改为注册制。

3）注册制与核准制的比较

证券发行的注册制与核准制具有一些共性，例如，它们都强调信息披露在证券发行中的地位与作用。但作为不同的证券发行审查制度，它们存在许多重大差异，主要表现在以下几个方面：

（1）证券发行条件的法律地位。采用核准制的国家往往对证券发行人的资格及条件，包括发行人的营业状况、盈利状况、支付状况和股本总额等做出明确规定。政府主管部门审查的事项主要是信息披露所揭示事项及状况与法定条件之间的一致性与适应性。相应地，政府主管部门的核准权或审查权包含了对证券发行条件性的审查。但在采用注册制的国家中，相关法规对证券发行条件往往不直接做出明确规定，公司设立条件与证券发行条件相当，不存在高于或严于公司设立条件的发行条件。

（2）信息公开原则的实现方式。无论采取注册制还是核准制，均重视信息披露在证券发行中的地位，但比较注册制和核准制，两者在信息公开的实现方式上存在差别。在注册制下，信息披露是以市场行为和政府主管部门行为共同推动的，借助各中介机构的介入，使证券发行的信息披露实现标准化和规范化。政府主管部门在信息披露中的作用非常特殊，政府主管部门审查并非评价所发行证券的品质，政府主管部门签发的许可、注册并不代表所发行证券的品质，更非所发行证券的合格证书。在核准制下，信息披露同样是基础性法律要求，证券发行人必须履行信息披露义务，应当对与证券发行有关的各种重大信息予以充分有效的事先披露。但为了使所披露信息符合其发行条件的要求，使所发行证券对特定市场具有更强的适应性，政府主管部门有权对拟发行证券的品质做出审查，并决定是否允许其发行。从这种意义上来看，核准制提供了比注册制更严格的审查制度。

（3）投资者素质的假定。任何证券发行审批制度的设计，都以对投资者群体的素质假设为前提。在注册制下，投资者被假定为消息灵通的商人，即应当是能够判断投资的商业利益并趋利避害的人，在信息充分、准确的情况下，其能够做出正确而非错误的投资判断。在这一制度下，做出投资决定的责任就落在投资者身上，而保证投资者得到有关资料的责任则落在政府主管部门身上。核准制同样以投资者素质的理论假定为前提，即广泛存在各种非专业投资者。在新兴证券市场中，主要投资者是非专业投资者，他们缺乏证券市场的投资经验，对证券信息的把握和处理具有非理性化色彩。如果放任其自行评价证券价值，即使在充分、准确和完整地披露信息的基础上，也将难以有效地保护自身利益。为了保护投资者的合法利益，政府主管部门必须以适当方式介入证券发行审查，以减少劣质证券的存在。

4.2.2　基金募集方式

微课4-2

基金的募集

基金募集方式是指基金募集资金的具体办法。从不同的角度来看，基金募集方式可以分为公募发行与私募发行、自行发行与代理发行、网上发行与网下发行。

1）公募发行与私募发行

二者的主要区别在于它们选择了不同范围的投资者作为基金发行对象。公募发行又被称为公开发行，是指发行人通过中介机构向不特定的广大投资者发售基金份额。在公募发行方式下，所有合法的社会投资者都可以参加认购，发行人可以募集巨额资金。为了保障广大投资者的权益，各国对公募发行都有严格的要求。例如，各国政府对公募发行及公募发行基金制定和颁布了相应的法律法规及部门规章制度；在基金发行时，发行人要有较高的信用，符合相关法规及证券主管部门规定的发行条件，并经证券主管部门批准后方可发行；在基金运行过程中，要披露相关信息，基金投资受到严格限制，并接受证券主管部门的严格监管。目前，我国证券市场上的封闭式基金和开放式基金都属于公募基金。

私募基金是与公募基金相对而言的，是指发行人通过非公开方式、向少数特定投资者募集资金而设立的基金。由于私募基金的销售和赎回都是通过基金管理人与投资者私下协商来进行的，因此，其又被称为向特定对象募集的基金。从募集方式上看，私募基金具有以下几个方面的特点：一是基金募集为了获得监管方面的豁免，只能针对少数高收入或高财产以及资金比较充裕的特定募集对象；二是采取非公开方式，不得采用一般性广告或公开劝诱行为；三是私募基金的申购与赎回是通过直接洽商方式进行的，发行人与投资者之间一对一的直接洽商过程可以保证私募基金发行与转售的非公开性和仅面对特定对象；四是投资者参与私募基金的目的是投资而非转售，其判断标准是其持有私募基金的时间，一般情况下投资者持有私募基金的时间相对较长，也正是由于对投资者参与私募基金的目的有限制，私募基金的募集对象仅限于少数特定投资者。

公募基金和私募基金各有千秋，它们的健康发展对金融市场的发展都有至关重要的意义。在我国，过去得到《证券投资基金法》等法律认可的只有公募基金，私募基金不受法律保护。目前，公募基金和私募基金都得到《证券投资基金法》等法律认可，受到相关法律保护。

2）自行发行与代理发行

基金的自行发行是指基金发行人即基金管理公司不通过证券公司、商业银行及其他中介机构而直接发行。这种发行方式手续简便，发行费用较少，但发行范围有限，基金募集时间较长，容易造成认购集中，募集金额有限，基金募集风险较大。因此，一般只是在发行份额较少时才采用这种方式。

基金的代理发行是指基金发行人委托证券公司、商业银行或其他中介机构代理发行。与自行发行相比，这种发行方式发行范围广泛，基金募集时间较短，可以募集巨额资金，但发行手续复杂，发行费用较高。目前，我国的封闭式基金和开放式基金大多采用这种方式。

3）网上发行与网下发行

基金的网上发行是指基金发行人通过与证券交易所的交易系统联网的各地证券营业部，将所要发行的基金单位发售给投资者的发行方式。在这种发行方式下，投资者要申购基金时，首先要在证券营业部开立基金账户（或股票账户）和资金账户；在基金发行时，投资者只要在所开立的基金账户存有可申购基金的资金，就可以到开立基金账户的证券营业部申购基金；若申购成功，交易系统将申购基金的资金从投资者资金账户划出，将所申购的基金单位划入基金账户。

基金的网下发行是指基金发行人通过各地的证券公司营业部、商业银行或其他代理发行机构等基金发售网点，将所要发行的基金单位发售给投资者的发行方式。在这种发行方式下，虽然发行人发售基金的路径与网上发行有所不同，但投资者申购基金的程序与网上发行基本相同。

4.2.3　基金募集程序

对于公开募集基金，不论是封闭式基金还是开放式基金，基金募集一般都要经过申请、注册、发售、备案、公告五个步骤。

1）基金募集注册的申请

公开募集基金，应当经国务院证券监督管理机构注册。未经注册，不得公开或者变相公开募集基金。不论是封闭式基金的募集注册还是开放式基金的募集注册，基金管理人都必须依据《证券投资基金法》的有关规定，向中国证监会提交相关募集注册文件。申请募集注册封闭式基金应提交的主要文件包括：基金申请报告、基金合同草案、基金托管协议草案、招募说明书草案、律师事务所出具的法律意见书及国务院证券监督管理机构规定提交的其他文件。其中，基金合同草案、基金托管协议草案、招募说明书草案等文件是基金管理人向中国证监会提交的申请核准文本，还未正式生效，因此被称为"草案"。开放式基金应提交的募集注册申请文件与封闭式基金基本相同，但开放式基金在一些文件的具体内容上与封闭式基金有所不同。例如，在开放式基金的基金合同草案中应包含最低募集份额总额，基金份额的申购、赎回程序、时间、地点、费用计算方式以及给付赎回款项的时间和方式等内容。

> 【考证直通车 4-2】
>
> 单项选择题
>
> 申请募集注册开放式基金应提交的主要文件不包括（　　　　）。
>
> A.基金申请报告　　　　　　　　B.基金合同草案
>
> C.基金托管协议草案　　　　　　D.招募说明书正式文本

在上述申请募集注册基金应提交的文件中，公开募集基金的基金合同应当包括下列内容：募集基金的目的和基金名称；基金管理人、基金托管人的名称和住所；基金运作方式；封闭式基金的基金份额总额和基金合同期限，或者开放式基金的最低募集份额总额；确定基金份额发售日期、价格和费用的原则；基金份额持有人、基金管理人和基金托管人的权利、义务；基金份额持有人大会召集、议事及表决的程序和规则；基金份额发售、交易、申购、赎回的程序、时间、地点、费用计算方式，以及给付赎回款项的时间和方式；基金收益分配原则、执行方式；基金管理人、基金托管人报酬的提取、支付方式与比例；与基金资产管理、运用有关的其他费用的提取、支付方式；基金资产的投资方向和投资限制；基金资产净值的计算方法和公告方式；基金募集未达到法定要求的处理方式；基金合同解除和终止的事由、程序以及基金资产清算方式；争议解决方式；当事人约定的其他事项。

公开募集基金的基金招募说明书应当包括下列内容：基金募集申请的准予注册文件名称和注册日期；基金管理人、基金托管人的基本情况；基金合同和基金托管协议的内容摘要；基金份额的发售日期、价格、费用和期限；基金份额的发售方式、发售机构及登记机构名称；出具法律意见书的律师事务所和审计基金资产的会计师事务所的名称和住所；基金管理人、基金托管人报酬及其他有关费用的提取、支付方式与比例；风险警示内容；国务院证券监督管理机构规定的其他内容。

2）基金募集注册申请的审查

根据《证券投资基金法》及其配套法规的要求，不论是封闭式基金募集注册申请的审查还是开放式基金募集注册申请的审查，国务院证券监督管理机构应当自受理基金募集注册申请之日起 6 个月内依照法律、行政法规及国务院证券监督管理机构的规定进行审查，做出注册或者不予注册的决定，并通知申请人。不予注册的，应当说明理由。基金募集申请经注册后，方可发售基金份额。

【考证直通车 4-3】
　　单项选择题
　　根据《证券投资基金法》的规定，国务院证券监督管理机构应当自受理封闭式基金募集申请之日起（　　）个月内做出注册或者不予注册的决定。
　　A.1　　　　　　　　B.2　　　　　　　　C.3　　　　　　　　D.6

3）基金份额的发售

不论是封闭式基金的发售还是开放式基金的发售，基金管理人应当自收到准予注册之日起 6 个月内进行基金募集。超过 6 个月开始募集，原注册的事项未发生实质性变化的，应当报国务院证券监督管理机构备案；发生实质性变化的，应当向国务院证券监督管理机构重新提交注册申请。基金管理人应当在基金份额发售的 3 日前公布招募说明书、基金合同及其他有关文件，公布的文件应当真实、准确、完整。基金募集不得超过国务院证券监督管理机构准予注册的基金募集期限。基金募集期限自基金份额发售之日起计算，目前规定为 3 个月。

基金份额的发售，由基金管理人或者其委托的基金销售机构办理。封闭式基金管理人一般会选择证券公司组成承销团代理基金份额的发售，开放式基金管理人可以委托商业银行、证券公司等经认定的其他机构代理基金份额的发售。

基金的发售价格一般采用 1 元基金份额面值加计 0.01 元发售费用的方式加以确定。在发售方式上，封闭式基金主要有网上发售与网下发售两种方式。开放式基金采用网下发售方式。

4）基金募集的备案和公告

封闭式基金募集期限届满，基金份额总额达到注册规模的 80% 以上，并且基金份额持有人的人数达到 200 人以上，基金管理人应当自募集期限届满之日起 10 日内聘请法定验资机构验资。基金管理人自收到验资报告之日起 10 日内，向国务院证券监督管理机构提交验资报告，办理基金备案手续，并予以公告。

开放式基金募集期限届满，基金募集份额总额不少于 2 亿份，基金募集金额不少于 2 亿元人民币，并且基金份额持有人的人数不少于 200 人，基金管理人应当自募集期限届满之日起 10 日内聘请法定验资机构验资。基金管理人自收到验资报告之日起 10 日内，向国务院证券监督管理机构提交验资报告，办理基金备案手续，并予以公告。

单项选择题

开放式基金的募集结束后必须具备（　　）条件，基金才可以成立。

A.基金募集份额总额不少于1亿份，基金募集金额不少于1亿元人民币，基金份额持有人的人数不少于100人

B.基金募集份额总额不少于2亿份，基金募集金额不少于2亿元人民币，基金份额持有人的人数不少于200人

C.基金募集份额总额不少于3亿份，基金募集金额不少于3亿元人民币，基金份额持有人的人数不少于300人

D.基金募集份额总额不少于5亿份，基金募集金额不少于5亿元人民币，基金份额持有人的人数不少于500人

　　基金募集期间募集的资金应当存入专门账户，在基金募集行为结束前，任何人不得动用。投资人交纳认购的基金份额的款项时，基金合同成立。中国证监会自收到基金管理人验资报告和基金备案材料之日起3个工作日内予以书面确认。自中国证监会书面确认之日起，基金备案手续办理完毕，基金合同生效。基金管理人应当在收到中国证监会确认文件的次日予以公告。

　　不论是封闭式基金还是开放式基金，在募集期限届满时基金不满足有关募集要求的，基金不能成立。基金募集失败，基金管理人应承担下列责任：①以固有财产承担因募集行为而产生的债务和费用；②在基金募集期限届满后30日内返还投资者已缴纳的款项，并加计银行同期存款利息。

　　对于非公开募集基金，各类私募基金募集完毕，私募基金管理人应当根据基金业协会的规定，办理基金备案手续，报送以下基本信息：①主要投资方向及根据主要投资方向注明的基金类别。②基金合同、公司章程或者合伙协议。资金募集过程中向投资者提供基金招募说明书的，应当报送基金招募说明书。以公司、合伙等企业形式设立的私募基金，还应当报送工商登记和营业执照正副本复印件。③采取委托管理方式的，应当报送委托管理协议。委托托管机构托管基金财产的，还应当报送托管协议。④基金业协会规定的其他信息。基金业协会应当在私募基金备案材料齐备后的20个工作日内，通过网站公告私募基金名单及其基本情况的方式，为私募基金办结备案手续。基金业协会为私募基金办理登记备案不作为对基金财产安全的保证。

4.3　基金的认购

　　基金的认购是指投资者在基金募集期内购买基金份额的行为。在公开募集基金的认购中，鉴于封闭式基金的认购渠道、认购程序和认购方式类似于股票，而开放式基金的认购相对来说要复杂一些，并具有一定的特殊性，本节以开放式基金为例介绍公开募集基金的认购，其中部分内容也涉及或适用于公开募集的封闭式基金及非公开募集基金。

4.3.1　基金认购渠道

根据有关规定，基金销售由基金管理人负责办理；基金管理人可以委托取得基金销售业务资格的其他机构代为办理，未取得基金销售业务资格的机构，不得接受基金管理人委托，代为办理基金的销售。目前，我国可以办理开放式基金认购业务的机构主要包括商业银行、证券公司、期货公司、保险公司、保险经纪公司、保险代理公司、证券投资咨询机构、独立基金销售机构以及中国证监会认定的其他机构。

4.3.2　基金认购程序

投资者认购开放式基金的基本程序依次为开户、认购和确认三个步骤。不同的开放式基金在这三个步骤上的具体要求有所不同，一般以基金份额发售公告为准。

微课 4-3

基金的认购

1）开户

开户包括开立资金账户和基金账户（或股票账户）。资金账户是基金销售机构为基金投资者开立的账户，主要用于办理基金业务的资金结算，包括基金投资者认购、申购、赎回基金份额以及分红、无效认（申）购的资金退款等资金结算。

基金账户是基金登记机构为基金投资者开立的账户，主要用于记录基金投资者持有的基金份额余额和变动情况。投资者在认购基金之前，必须拥有基金登记机构为其开立的基金账户。基金投资者可分为个人投资者和机构投资者。投资者开立基金账户可以委托基金销售机构办理。在我国，按照《证券投资基金销售管理办法》的规定，开放式基金的认购渠道主要有基金管理公司、商业银行、证券公司、期货公司、保险机构、证券投资咨询机构、独立基金销售机构以及中国证监会认定的其他机构。投资者的身份以及认购渠道不同，基金账户的开户要求也会有所差异。目前，个人投资者申请开立基金账户，一般需提供下列资料：本人法定身份证件（身份证、军官证、士兵证、武警证、护照等）；委托他人代为开户的，代办人须携带授权委托书、代办人有效身份证件；在基金代销银行或证券公司开设的资金账户；开户申请表。机构投资者申请开立开放式基金账户需指定经办人办理，并需提供法人营业执照副本或民政部门、其他主管部门颁发的注册登记证书原件、授权委托书等资料。

2）认购

投资者申请认购开放式基金，需要在资金账户中存有可申购基金的资金。个人投资者在申请认购时，需要填写基金认购申请表，然后亲自到基金销售网点认购基金，也可以通过电话、网上交易系统、传真等方式认购基金。机构投资者在申请认购时，需要填写加盖机构单位公章和法定代表人章的认购申请表，然后亲自到基金销售网点认购基金。一般情况下，基金认购申请一经提交，不得撤销。

小思考 4-2

在认购基金时是认购新基金好还是认购老基金好？

答：认购新基金还是老基金应因时而异、因基金而异。一方面，在股市上涨时，新基金的表现往往不如老基金。新基金从发行到建仓要几个月的时间，基金的逐步建仓将错过部分利润，而持有一定仓位的老基金能"享受"到更多的利润。另一方面，投资者可以从老基金的过往业绩中判断该基金经理的管理能力，适时做出自己的投资选择。

3）确认

目前，我国基金认购申请的确认实行 T+2 制度，即投资者 T 日提交认购申请后，可于 T+2 日后到办理基金认购的销售网点查询认购申请的受理情况。销售网点（包括代销网点和直销网点）对认购申请的受理并不表示对认购申请的成功确认，而仅代表销售网点确实接受了认购申请，认购申请的成功确认应以基金登记人的确认登记为准。基金合同生效后，基金登记人将向基金投资者邮寄基金认购确认单。

【考证直通车 4-5】

单项选择题

投资者认购开放式基金的基本程序不包括（　　　）等步骤。

A.申请　　　　　　B.开户　　　　　　C.认购　　　　　　D.确认

4.3.3　基金认购方式

开放式基金的申请认购采取金额认购的方式，即投资者在申请认购基金时，不是直接申请认购份额，而是申请认购金额。认购成功后，先将认购金额扣除认购费用，再以基金面值为基准换算为认购数量。为统一规范基金认（申）购份额的计算方法，中国证监会于 2007 年 3 月对认（申）购份额计算方法进行了统一规定。根据规定，基金认购份额的计算方法及其公式如下：

净认（申）购金额=认（申）购金额-认（申）购费用

认（申）购费用=净认（申）购金额×认（申）购费率

净认（申）购金额=认（申）购金额÷（1+认（申）购费率）

认（申）购份额=（净认（申）购金额+认（申）购利息）÷认（申）购当日基金份额净值

一般来说，开放式基金的认购设定最低认购金额。目前，我国开放式基金的最低认购金额为 1 000 元人民币。在基金募集期内，如果投资者在首次认购之后还需要追加认购，不同基金对最低追加认购金额的规定不完全相同，有的基金规定了最低追加认购金额要求，而有的基金则没有此类要求。

4.3.4　基金认（申）购费用、认（申）购收费模式和认（申）购费率

1）认（申）购费用

在投资者认（申）购基金时，基金管理人可以收取认（申）购费用。在我国，按照《证券投资基金法》的规定，基金管理人应当在基金合同、招募说明书中载明收取销售费用的项目、条件和方式，在招募说明书中载明费率标准；基金管理人发售基金份额、募集基金，可以收取认购费，但费率不得超过认购金额的 5%；基金管理人办理开放式基金份额的申购，可以收取申购费，但费率不得超过申购金额的 5%；基金管理人可以根据投资人的认购金额、申购金额的数量适用不同的认购、申购费率标准；基金管理人

可以从开放式基金资产中计提销售服务费，用于基金的持续销售和服务基金份额持有人；基金行业协会可以在自律规则中规定基金销售费用的最低标准。

2）认（申）购收费模式

它分为前端收费模式和后端收费模式两种。前端收费模式是指基金管理人在投资者认（申）购基金份额时就收取认（申）购费用的收费模式。后端收费模式是指基金管理人在投资者认（申）购基金份额时不收取认购费用，在投资者赎回基金时才收取认购费用的收费模式。在两种收费模式中，相比较而言，后端收费模式具有各种优势，对投资者具有一定的吸引力。例如，对于基金管理人而言，由于后端收费的认购费率一般会随着投资时间的延长而递减，甚至不再收取认（申）购费用，因而能够鼓励投资者长期持有基金；对于基金投资者而言，后端收费模式能够满足投资者先认（申）购后付费的心理需求。在我国，按照《证券投资基金法》的规定，认（申）购费用可以在基金份额发售或者申购时收取，也可以在赎回时从赎回金额中扣除。

3）认（申）购费率

它是指基金在投资者认购基金份额时向投资者收取的费用比率。基金在向投资者收取认（申）购费时，是按照认购金额或净认购金额及认（申）购费率来收取的。为统一规范基金认（申）购费用的计算方法，更好地保护基金投资人的合法权益，中国证监会于 2007 年 3 月对认（申）购费用计算方法进行了统一规定。根据规定，基金认（申）购费用统一以净认（申）购金额为基础收取，其计算公式如下：

认（申）购费用＝净认（申）购金额×认（申）购费率

净认（申）购金额＝认（申）购金额÷（1＋认（申）购费率）

在实际操作中，对于不同类型的基金及不同的认（申）购金额，基金管理人会按照不同的认（申）购费率收取认（申）购费用。目前，我国股票型基金的认（申）购费率大多在 1%~1.5%，债券型基金的认（申）购费率通常在 1% 以下，货币型基金一般不单独收取认（申）购费。

》【案例分析 4-1】　　　　10 万元基金组合投资策略

10 万元闲置资金对于投资基金来说，算不上是很"厚"的本，所以在考虑收益性的同时，要更多关注这部分本金的安全性和流动性。因此，简单来说，对于 10 万元本金投资基金，稳健最重要。

根据稳健原则，落实到操作策略上，3~6 个月的 10 万元闲置资金投资于低风险的货币基金、债券基金最稳妥，但收益较低；对于半年或 1 年以上的 10 万元闲置资金，则不妨仔细分析自己的风险承受能力，在自身所能承担的风险内获取较高收益。

根据历史数据测算，如果是中长期投资，不同风险承受能力的投资者的预期年均收益率在 8%~17%，按 10 万元本金估算，年均收益为 0.8 万元~1.7 万元。投资者首先要大概测试一下自身的风险承受能力和风险偏好。例如，张太太今年 35 岁，目前家中总资产为 50 万元，其中有 10 万元用于投资基金，家庭月收入为 1.2 万元，开支主要是房贷、医疗费用、教育费用和赡养老人的费用，投资的目的主要是养老和供女儿受教育。通过综合分析和判断，只有 1 年投资经验的张太太属于风险中性投资者。其次，要了解各类型基金的风险特征。根据不同的风险特征，基金主要分为股票型基金、混合型基金、债券型基金和货币市场基金等。其中，股票型基金和混合型基金被归为高风险资产，债券型基金被归为中风险资产，货币市场基金则被归为低风险资产。在了解清楚自己的风险偏好类型和基金的风险特征后，投资者就可以决定如何配置各类型基金资产在总资产中的比例，来达到与自己风险偏好相匹配的效果。例如，对于张太太这类风险中性的投资者，建议其将高风险高收益的股票型基金和混合型基金占到总投资的50%，中等风险中等收益的债券型基金占到总投资的40%，为保证资金流动性还应配置10%的货币市场基金以备不时之需。

专家测算，在成熟市场，基金的正常年均收益率可达8%~15%。根据历史数据，假设股票型基金年均收益率为20%，债券型基金年均收益率为6%，货币市场基金年均收益率为3%，投资者以10万元本金按相应参考组合进行基金组合投资，则不同风险承受能力的投资者可以大致测算基金组合投资的预期年均收益率。具体示例如下：对于风险规避型投资者，示范组合为2万元股票型基金或混合型基金+5.5万元债券型基金+2.5万元货币市场基金，则年均收益率为8.05%（20%×20%+6%×55%+3%×25%）；对于风险中性投资者，示范组合为5万元股票型基金或混合型基金+4万元债券型基金+1万元货币市场基金，则年均收益率为12.7%（20%×50%+6%×40%+3%×10%）；对于风险爱好型投资者，示范组合为8万元股票型基金或混合型基金+2万元货币市场基金，则年均收益率为16.6%（20%×80%+3%×20%）。

资料来源：根据相关资料整理。

问题：（1）上述案例中提到，基金投资者在考虑收益性的同时，要更多关注安全性和流动性。基金投资的收益性、安全性和流动性之间是什么关系？

（2）投资者在认购基金时应如何进行基金投资？

（3）根据投资者对风险的偏好，投资者可以分为哪几种类型？如何进行判断？

（4）风险规避型投资者、风险中性投资者和风险爱好型投资者分别有什么特征？

分析：（1）基金投资的收益性、安全性和流动性之间存在着一定的关系，三者是相互制约、相互影响的。一般来说，安全性与流动性成同方向变动，即流动性越高，安全性也越高；但收益性与安全性、流动性成反方向变动，即安全性、流动性越高，收益性越低。

（2）投资者首先要大概测试一下自身的风险承受能力和风险偏好，其次要了解各类型基金的风险特征。在了解清楚自己的风险偏好类型和基金的风险特征后，投资者就可以决定如何配置各类型基金资产在总资产中的比例，以达到与自己风险偏好相匹配的效果。

（3）根据投资者对风险的偏好，投资者可以分为风险规避型投资者、风险中性投资者和风险爱好型投资者三种类型。对于某一投资者或某群投资者来说，可以从不同的角度来判断应该属于上述哪种风险类型。在实际工作中，可以根据投资者的年龄、性别、家庭状况、文化程度、就业状况、收入状况、现有资产状况、投资经历与经验等，判断投资者的风险类型。

（4）风险规避型投资者的风险承受能力较弱，预期收益水平相对较低，对基金了解甚少或没有较多时间关注所持有基金，主要为持有保值增值观念的中老年投资者。风险中性投资者的风险承受能力及预期收益水平适中，无暇关注基金走势，投资期限为 1 年或 1 年以上，主要为面临抚养孩子或承担赡养老人重任的家庭投资者。风险爱好型投资者具有较高基金收益预期，可以承担相应的高风险，在股市下跌过程中可以承担 10% 以上的亏损，投资期限为 1 年或 1 年以上，有较长时间关注基金走势，有一定金融产品投资经验或收入积累，主要为中年、年轻上班族群体。

情景模拟 4-1

　　场景：假设你是某一基金发起人或基金份额认购者，准备募集或认购某一基金份额，你应该如何正确处理与该基金募集和认购有关的参与者之间的关系？

　　操作：（1）分别派同学担任某一基金发起人（即基金管理人或基金管理公司）、基金监管机构（即中国证监会基金监管部）、基金份额代销机构（具有基金代销资格的证券公司或商业银行）、基金份额认购者，其他同学担任专业观众，共组成 5 个小组，每小组选择 1 人担任组长，由其负责本小组各项工作。

　　（2）除观众组以外，各小组组长指挥本小组就基金的募集与认购，应该如何正确处理与其他各小组之间的关系。

　　（3）除观众组以外，各小组组长指挥本小组参与模拟基金募集与认购程序。

　　（4）在（2）、（3）活动中观众组在旁边观察，并提出相关问题及建议。

　　（5）教师对情景模拟情况进行点评和总结。

知识掌握

4.1　单项选择题

　　（1）不论是封闭式基金还是开放式基金，基金募集一般都要经过申请、注册、（　　）、备案、公告五个步骤。

A.批准　　　　　　　B.发售　　　　　　　C.发行　　　　　　　D.审查

（2）我国公开募集基金的募集期限一般为（　　）个月。

A.1　　　　　　　　B.2　　　　　　　　C.3　　　　　　　　D.6

（3）封闭式基金合同生效要求基金份额总额必须达到注册规模的（　　）以上。

A.50%　　　　　　　B.60%　　　　　　　C.70%　　　　　　　D.80%

（4）基金管理人自收到封闭式基金募集验资报告之日起（　　）日内，向国务院证券监督管理机构提交验资报告，办理基金备案手续，刊登基金成立公告。

A.3　　　　　　　　B.7　　　　　　　　C.10　　　　　　　　D.15

（5）如果封闭式基金募集期限届满后不能成立，基金管理人要在（　　）日内返还投资者已交纳的款项，并加计银行同期存款利息。

A.7　　　　　　　　B.10　　　　　　　　C.15　　　　　　　　D.30

（6）开放式基金份额的发售，由（　　　）负责办理。

A.基金管理人　　　　　　　　　　　B.商业银行

C.证券公司　　　　　　　　　　　　D.专业基金销售机构

（7）开放式基金的申请认购采取（　　　）的方式。

A.份额认购　　　　　　　　　　　　B.面值认购

C.金额认购　　　　　　　　　　　　D.份额认购或金额认购

（8）根据有关规定，基金管理人发售基金份额、募集基金，可以收取认购费，但费率不得超过认购金额的（　　　）。

A.1%　　　　　　　B.2%　　　　　　　C.3%　　　　　　　D.5%

4.2　多项选择题

（1）根据《公开募集证券投资基金运作管理办法》的规定，基金管理人在申请募集基金时，拟募集的基金应当具备下列条件中的（　　　）。

A.有明确、合法的投资方向

B.有明确的基金运作方式

C.符合中国证监会关于基金品种的规定

D.不与拟任基金管理人已管理的基金雷同

E.基金名称表明基金的类别和投资特征

（2）概括起来，投资者购买基金的动机主要有（　　　）等。

A.实现资产保值增值　　　　　　　　B.退休养老

C.子女教育　　　　　　　　　　　　D.购买住房

E.临时性投资需求

（3）根据投资者对风险的偏好，可以将投资者分为（　　　）。

A.机构投资者　　　　　　　　　　　B.个人投资者

C.风险规避型投资者　　　　　　　　D.风险中性投资者

E.风险爱好型投资者

（4）对于公开募集基金，基金募集一般要经过申请、（　　　）等步骤。

A.注册　　　　　　B.发售　　　　　　C.备案　　　　　　D.公告

（5）申请募集注册封闭式基金应提交的主要文件包括（　　　）等。

A.基金申请报告　　　　　　　　　　B.基金合同草案

C.基金托管协议草案　　　　　　　　D.招募说明书草案

（6）封闭式基金募集期限届满，满足（　　　）条件，基金管理人经过验资和办理基金备案手续后，即可刊登基金成立公告。

A.基金份额总额达到注册规模的90%以上

B.基金份额总额达到注册规模的80%以上

C.基金份额持有人人数达到200人以上

D.基金份额持有人人数达到1 000人以上

（7）开放式基金募集结束后必须具备（　　　）条件，基金才可以成立。

A.基金募集份额总额不少于2亿份　　　　B.基金募集金额不少于2亿元人民币

C.基金份额持有人的人数不少于300人　　D.基金份额持有人的人数不少于1 000人

（8）个人投资者申请开立基金账户，一般需提供的资料有（　　）。

A.本人法定身份证件

B.委托他人代为开户的，代办人须携带授权委托书、代办人有效身份证件

C.在基金代销银行或证券公司开设的资金账户

D.开户申请表

（9）基金认（申）购收费模式有（　　）。

A.前端收费模式　　　　　　　　　　　　B.中端收费模式

C.后端收费模式　　　　　　　　　　　　D.前后端收费模式

4.3　是非判断题

（1）在实际工作中，可以根据投资者的年龄、性别、家庭状况、文化程度、就业状况、收入状况、现有资产状况、投资经历与经验等，判断投资者的风险类型。（　　）

（2）从实际状况来看，注册制有利于新兴市场的健康发展，适合于证券市场不完善，投资服务机构的道德水准、业务水平不高，投资者缺乏经验、缺少对信息判断的能力的地区。（　　）

（3）封闭式基金募集申请文件中的基金合同草案、基金托管协议草案、招募说明书草案等文件是基金管理人向国务院证券监督管理机构提交的申请注册文本，还未正式生效，因此被称为"草案"。（　　）

（4）封闭式基金在基金募集期间募集的资金应当存入专门账户，在基金募集行为结束前，任何人不得动用。（　　）

（5）基金账户只能用于基金的认购及交易。（　　）

（6）与封闭式基金不同，国务院证券监督管理机构应当自受理开放式基金募集申请之日起3个月内做出注册或者不予注册的决定。（　　）

（7）投资者认购开放式基金的基本程序依次为申请、开户、认购和确认四个步骤。（　　）

（8）基金管理人发售基金份额、募集基金，可以收取认购费，但费率不得超过认购金额的3%。（　　）

（9）基金管理人可以从开放式基金资产中计提销售服务费，用于基金的持续销售和服务基金份额持有人。（　　）

（10）根据有关规定，基金认购费率统一按净认购金额为基础收取。（　　）

4.4　问答题

（1）基金发起人在设计基金产品时应考虑哪些因素？

（2）如何判断投资者的风险类型？

（3）注册制与核准制有什么区别？

（4）基金认购要经过哪些步骤？

（5）基金认（申）购收费模式有哪几种？

知识应用

□ 案例分析

从不同视角选择适合自己的基金产品

经过20多年的发展，我国基金的类型和品种已经比较丰富。不同类型和品种的基金适合于不同类型的基金投资者。作为普通个人投资者，在认购基金时需要根据自身的理财需求、年龄段及资产状况等具体情况选择适合自己的基金产品。

问题：（1）普通个人投资者如何根据不同的理财需求选择基金？

（2）普通个人投资者如何根据不同的年龄段选择基金？

（3）普通个人投资者如何根据不同的资产状况选择基金？

分析提示：（1）普通投资者可以通过把资产配置在不同类别的基金上来满足不同的理财需求。每个人具体的理财需求千差万别，但是可以把理财需求分成不同的期限，例如，短期为应急、度假等，中期为支付购房首付款等，长期为子女教育、退休养老等。针对不同期限的理财需求，可以选择不同的基金。一般来说，投资期限越短，投资者的风险承受能力越弱，越应该加大低风险类基金的比例，甚至全部由低风险类基金构成；如果投资者的风险承受能力较强，而且用于投资的资金在较长时间内可以不必动用，则可以采取较为激进的投资策略，把较多的资产配置在股票型基金上。

（2）对年轻人而言，如经济能力尚可，家庭负担较轻，投资期限长，能承担较大的风险，可选择以股票型基金为主要投资对象，少量兼顾中低风险的基金产品；对于中年人，收入比较稳定，但家庭责任较重，投资时应该在考虑投资回报率的同时坚持稳健的原则，分散风险，尝试多种基金组合；对于老年人而言，应以稳健、安全、保值为目的，可选择货币型、保本或股票配置比例低的平衡型基金等安全性较高的产品。在欧美成熟市场有一个通行的公式，即用80减去自己的年龄，就是一个人投资于股票型基金的大致比例。例如，某投资者今年30岁，80-30=50。因此，股票型基金就可以占到基金投资中的50%。当然，不同的人可以根据自己的风险偏好、投资期限、投资目标适当调整这一比例。

（3）家庭资产一般可分为经营性资产和非经营性资产。经营性资产是指现金、存款、股票、基金、债券等能够产生收益的资产，而自住的房屋和非营运的汽车则属于非经营性资产。实践证明，大部分的资金供给，如养老金、子女教育费用、个人进修费用以及国际旅游等非必要性的支出，都来自经营性资产。保持经营性资产的合理比例即经营性资产占总资产的合理比例，对家庭生活的保障和享受具有重要意义。投资者如果不满意现有经营性资产的收益水平，就需要根据自己的短期和长期风险承受能力、投资目标等，制订投资计划，对投资品种进行调整。对于预防性储蓄这一类风险承受能力很低的资金，不宜投资高风险的股票型基金。如果投资周期较长，投资者可以选择债券型基金。如果投资周期短，投资者可以选择货币型基金。从我国货币型基金诞生到现在的收益率来看，投资者基本上可以获得与1年期定期存款利率相当的收益，而流动性又很接近活期存款。无论资产状况如何，投资者都应当有一部分资金投资于流动性较高的金融资产。经验表明，这部分资金的规模应大致等于投资者3~6个月的生活支出。

资料来源：根据相关资料汇编整理。

□ 实践训练

如果你是基金发起人，请你针对与你家庭类似的投资群体，设计相应的基金产品。

要求：（1）根据基金产品设计要求和设计流程，确定基金产品设计总体思路。

（2）根据与你家庭类似的投资群体的投资需求及风险承受能力，确定基金产品设计目标。

（3）根据（1）、（2）的结论，设计相应的基金产品，撰写基金产品设计说明书。

第 5 章
证券投资基金的交易、申购、赎回与登记

学习目标

知识目标：了解封闭式基金的上市交易条件、封闭式基金交易账户的开立、基金份额登记程序；理解开放式基金申购和赎回的概念、开放式基金申购和赎回的渠道、基金份额登记的概念、基金份额登记机构及其职责；掌握封闭式基金的交易规则、交易费用、市场价格，开放式基金申购和赎回的规则、价格。

技能目标：能够帮助客户按照封闭式基金的交易规则对封闭式基金进行交易；能够帮助客户按照开放式基金的申购、赎回规则，对开放式基金进行申购和赎回。

素养目标：引导学生树立服务基金客户、为经济社会发展做贡献的人生观，以及客户至上、公平正义的价值观；培养学生遵守基金行业法规、文明礼貌的社会公德和爱岗敬业、诚实守信的职业道德。

引例

中国基民申购赎回行为是否理性？

有关基金持有人申购与赎回规律的研究是一个既关乎基金持有人利益，又关乎基金管理公司业务的课题，同时也是一个关乎基金行业发展的重大课题。安信证券首席基金分析师付强、曾长兴、潘凡、任瞳、常科丰在研究报告《中国基金持有人如何"择基"》中，系统地考察了我国开放式偏股型基金的申购和赎回情况，从中可以比较清晰地看到基金持有人买卖基金背后的逻辑和心理。该文从六个方面研究了中国基金持有人的行为，比较全面地刻画了持有人申购与赎回基金时的基本考虑，最重要的是持有人对基金业绩和风险的看法与行为倾向。因为从本质上看，基金是一种投资品，它的基本特征就是收益与风险。

研究结果表明：

（1）在基金业绩方面，基金业绩越好，基金赎回份额越多，但基金申购份额更多。具体表现在：投资者申购与赎回对当季业绩不敏感；投资者申购行为与基金业绩正相关；投资者赎回行为与基金业绩负相关；在不同周期考察的业绩上，投资者对基金半年以上的业绩更为敏感；在分时段考察的业绩上，牛市下业绩对申购行为的影响比熊市更为显著。

（2）在基金风险方面，风险越高，基金赎回份额越多，但基金申购份额更多。具体表现在：申购与赎回对基金当期风险并不敏感；风险越高，基金申购份额越多，基金赎回份额也越多；综合申购与赎回，高风险基金并没有因为高风险而受到惩罚，反而受到了一定程度的奖励；投资者对以不同周期考察的风险的敏感度大体一致；分时段来考察，基金赎回情况差异不大，而牛市下高风险基金在申购上的优势更为明显。

（3）在基金年龄方面，"申购看年龄，赎回一刀切"。具体表现在：基金投资者最青睐的是期限为1~2年的基金；各年龄段的基金赎回率差异不大；申购资金占比和赎回资金占比反映了各年龄基金在基金整体中的比例；分时段来考察，在不同市况下，不同年龄的基金的申购与赎回情况差异较大。

（4）在基金规模方面，小基金变化速度快，大基金资金增减变动多。具体表现在：基金规模越小，自身规模变化的速度越快；基金规模越大，进入或退出的资金规模越大；牛市易于造就小基金规模膨胀的神话。

（5）在基金费率方面，不同基金费率差异明显，而投资者申购与赎回对基金费率并不敏感。从总体申购与赎回情况来看，费率最低一档基金的申购率和净申购率都低于最高一档的基金，费率较低的第一档和第二档基金的申购占比虽然高于费率较高的基金，但其赎回占比也相应较高。

（6）在基金公司品牌方面，牛市迷人眼，熊市显效应。从基金公司口径下的申购与赎回来衡量持有人对品牌的忠诚度，我国基金管理公司的品牌效应目前并不明显，基金持有人对公司品牌未见持续的忠诚度。尽管如此，大型基金公司已经开始具有一定的品牌效应，且在熊市下相对更为突出。从实证研究结论看，持有人的行为体现出了两面性，即理性与非理性。在理性的层面上，基金持有人追求业绩、厌恶风险，为此他们更多地申购绩优基金，更多地赎回高风险基金；在非理性的层面上，基金持有人规避业绩、亲近风险，为此他们更多地赎回绩优基金，更多地申购高风险基金。从总体上看，绩优基金和高风险基金同时受到持有人在规模上的奖励，令人费解。此外，持有人申购和赎回行为具有基金年龄效应、规模效应、品牌效应等，这些效应假如不能和基金的业绩、风险联系起来，那么它们从本质上看也是非理性的，更重要的是反映了持有人的行为心理。

我们可以简单看一下占据全球基金业半壁江山的美国的情况。美国基金投资者购买基金最关注的问题是基金长期费用的高低，运作费用低于市场平均水平的股票型基金和债券型基金的资产占比达到80%左右。有10年运作历史且在同类型基金中业绩排名前50%的股票型基金和债券型基金的资产占比在80%左右。美国基金投资者在选择基金时明显"喜老厌幼"，运作10年以上的股票型基金和债券型基金的资产占比在80%左右。上述"3个80%"非常典型地说明了美国基金投资者的行为理念，即追求低费用条件下的长期投资业绩。虽然中美两国基金市场发展的历史、现状、结构、制度等均不同，但是基金投资的理性行为应该具有非常大的共性。

资料来源：根据相关资料整理。

这一案例表明：中国基金投资者申购与赎回行为既具有理性的一面，也具有非理性的一面，与占据全球基金业半壁江山的美国的基金投资者的行为具有较大差异。而作为基金投资者，其投资行为应该是理性的，且基金投资的理性行为应该具有非常大的共性。

基金上市交易是针对公开募集的封闭式基金而言的，通过上市交易可以实现封闭式基金份额的流通转让；而公开募集的开放式基金是通过投资者的申购和赎回来实现流通的。本章 5.1 节介绍封闭式基金的交易，5.2 节介绍开放式基金的申购与赎回，5.3 节介绍基金份额的登记。

5.1　封闭式基金的交易

封闭式基金的上市交易是指符合条件的封闭式基金经批准在交易所挂牌交易。在我国，封闭式基金上市交易的场所是上海证券交易所和深圳证券交易所。截至 2024 年 5 月底，我国境内公开募集的封闭式基金有 1 351 只，均在上海证券交易所或深圳证券交易所上市交易。

5.1.1　上市交易条件

封闭式基金可以申请上市交易，但需要具备一定的条件。在我国，根据《证券投资基金法》的规定，封闭式基金的基金份额，经基金管理人申请、证券交易所审核同意、双方签订上市协议后，可以在证券交易所上市交易。基金份额上市交易，应符合下列条件：①基金的募集符合《证券投资基金法》的规定，基金份额总额达到注册规模的 80% 以上；②基金合同期限为 5 年以上；③基金募集金额不低于 2 亿元人民币；④基金份额持有人不少于 1 000 人；⑤基金份额上市交易规则规定的其他条件。

【考证直通车 5-1】
单项选择题
封闭式基金份额上市交易，基金份额总额必须达到注册规模的（　　　　）以上。
A.100%　　　　　　B.90%　　　　　　C.80%　　　　　　D.70%

基金份额上市交易后，有下列情形之一的，由证券交易所终止其上市交易，并报国务院证券监督管理机构备案：①不再具备上述上市交易条件；②基金合同期限届满；③基金份额持有人大会决定提前终止上市交易；④基金合同约定的或者基金份额上市交易规则规定的终止上市交易的其他情形。

5.1.2　交易账户的开立

投资者买卖封闭式基金必须开立交易账户，包括基金账户（或股票账户）和资金账户。股票账户可用于股票、基金、国债及其他债券的认购及交易，但基金账户只能用于基金、国债及其他债券的认购及交易。

投资者开立基金账户（或股票账户）必须坚持合法性和真实性的原则。合法性是指只有国家法律允许进行证券交易的自然人和法人才能到指定机构开立证券账户，对国家法律法规不允许开户的对象，中国证券登记结算公司及其代理机构不得予以开户。根据有关规定，下列人员不得开户：①证券管理机关工作人员（不

微课 5-1

封闭式基金的交易

得开立股票账户）；②证券交易所管理人员（不得开立股票账户）；③证券从业人员（不得开立股票账户）；④未成年人未经法定监护人的代理或允许者；⑤未经授权代理法人开户者；⑥因违反证券法规，经有权机关认定为市场禁入者且期限未满者；⑦其他法规规定不得拥有证券或参加证券交易的自然人。根据有关规定，一个自然人、法人可以开立不同类别和用途的证券账户，对于同一类别和用途的证券账户，一个自然人、法人在一家证券经营机构只能开立一个，在不同的证券经营机构最多只能开立 20 个；对于国家法律法规和行政规章规定需要资产分户管理的特殊法人机构，包括保险公司、证券公司、信托公司、基金公司、社会保障类公司和合格境外机构投资者（QFII），经申请可开立多个证券账户。真实性是指投资者开立证券账户时所提供的资料必须真实有效，不得有虚假隐匿。

》【案例分析 5-1】

2022 年 5 月，李先生到代理基金销售业务的某商业银行开立基金账户，银行理财经理张女士为其办理了基金开户手续。次月，李先生利用该基金账户购买了 12 万元某只基金。2023 年 8 月，李先生来到该商业银行，欲赎回所购买的基金。银行理财经理张女士在审核李先生的身份证件时发现李先生提交的身份证为假身份证，便拒绝为其办理赎回手续。李先生拿出开户凭证和购买凭证，仍被拒绝。经多次交涉后，银行声称李先生需要出具法院判决书才能将基金赎回或取回款项。随后，李先生将银行告上法庭。法院受理后查明，李先生在开立基金账户和购买基金时提供的身份证为假身份证，在当地公安机关查无此人。银行确认，在李先生开立基金账户和在该账户购买基金之后至开庭审理时止，没有他人就该基金开户和在该账户购买的基金主张过权利。法院认为，涉案基金应归基金开户人和基金购买人即李先生所有。

问题：本案例中，李先生和银行理财经理张女士在办理基金开户手续时是否存在过错？

分析：投资者开立基金账户时必须坚持真实性原则，所提供的资料必须真实有效，不得有虚假隐匿，要做到诚实守信。本案例中，李先生在开立基金账户时提供的身份证为假身份证，存在过错。银行理财经理张女士在办理基金开户手续时，应审核客户提交的有效身份证件，提醒客户使用本人有效身份证件，不要使用假身份证件，做到爱岗敬业。

基金账户（或股票账户）及其用途、开户要求与基金认购中的开户相同，见"4.3.2 基金认购程序"中的"开户"内容。

5.1.3　交易规则

1）交易时间

封闭式基金的交易时间为每周一至周五的 9：30—11：30 和 13：00—15：00，法定公众假期除外。

2）交易原则

封闭式基金的交易遵循价格优先、时间优先的原则。价格优先是指较高价格买进申报优先于较低价格买进申报，较低价格卖出申报优先于较高价格卖出申报。时间优先是指买卖方向、价格相同的，先申报者优先于后申报者，先后顺序按交易主机接受申报的时间确定。

3）交易单位

交易所规定的每次买入或卖出基金份额的最小数量单位，1个交易单位俗称1手，委托买卖的数量为1手或1手的整数倍，即为100份或其整数倍。基金单笔申报最大数量应当低于100万份。

4）报价单位

封闭式基金的报价单位为每份基金价格。交易所规定，基金申报价格最小变动单位为0.001元人民币。

5）申报规则

交易所只接受其会员的申报指令，非交易所会员的个人投资者和机构投资者必须委托具有交易所会员资格、在交易所具有交易席位的证券公司进行申报交易。

6）价格决定

封闭式基金的交易采用集合竞价和连续竞价两种竞价方式。集合竞价是指对一段时间内接收的买卖申报一次性集中撮合的竞价方式。连续竞价是指对买卖申报逐笔连续撮合的竞价方式。集合竞价的时间为9：15—9：25；连续竞价的时间为9：30—11：30和13：00—15：00。

在基金交易的各种价格中，开盘价和收盘价是两个比较重要的价格。开盘价是指当日该基金第一笔成交价。基金的开盘价通过集合竞价方式产生，不能产生开盘价的，以连续竞价方式产生。收盘价是指当日该基金最后一笔交易前一分钟所有交易的成交量加权平均价（含最后一笔交易）。当日无成交的，以前一交易日收盘价为当日收盘价。

7）涨跌幅限制

交易所对封闭式基金的交易实行价格涨跌幅限制，涨跌幅比例为10%（封闭式基金上市首日除外）。买卖有价格涨跌幅限制的证券，在价格涨跌幅限制以内的申报为有效申报，超过涨跌幅限制的申报为无效申报。

8）交割与交收

我国封闭式基金的交割与交收同A股一样实行T+1交割、交收，即达成交易后，相应的基金交割与资金交收在成交日的下一个营业日（T+1日）完成。

【考证直通车 5-2】

单项选择题

关于封闭式基金的交易，以下说法错误的有（　　）。

A.封闭式基金的交易遵循"价格优先、时间优先"的原则

B.每份基金申报价格的最小变动单位为0.001元人民币

C.封闭式基金的交易采用电脑集合竞价和连续竞价两种方式

D.封闭式基金价格涨跌幅限制比例为20%

5.1.4　交易费用

对基金管理人来说，获准上市的封闭式基金必须按照交易所的规定交纳上市初费和上市月费。目前，上海证券交易所的上市初费按基金总额的 0.01% 交纳，起点为 10 000 元人民币，最高不超过 30 000 元人民币；上市月费按年计收，每月为 5 000 元人民币。深圳证券交易所的上市初费为 30 000 元人民币，上市月费为 5 000 元人民币。

对于投资者来说，目前我国封闭式基金交易佣金为成交金额的 0.25%，不足 5 元的按 5 元收取。除此之外，上海证券交易所还按成交面值的 0.05% 收取登记过户费，由证券公司向投资者收取，该项费用由证券登记公司与证券公司平分；深圳证券交易所按流通面值的 0.0025% 向基金收取持有人名册服务月费。目前，国家对在深、沪证券交易所上市交易的封闭式基金不收取印花税。

5.1.5　市场价格

封闭式基金的市场价格主要包括发行价格和上市后交易价格两种。在我国，基金一般平价发行，即发行价格为基金面值，但受市场供求关系的影响，基金也可以适当溢价或折价发行。基金在平价发行时，可以收取一定比率的手续费，但不计入基金资产。封闭式基金上市交易价格主要受以下因素的影响：

1）基金单位资产净值

它是基金份额的内在价值，是决定基金价格的重要因素。在其他条件不变的情况下，基金单位资产净值越高，基金价格越高。基金单位资产净值主要受以下几个方面因素的影响：

一是证券市场行情。基金是投资有价证券的间接投资工具，基金资产主要投资于证券市场，证券市场行情及其影响因素直接或间接地影响着基金的收益及基金单位资产净值，最终影响着基金的价格。如果证券市场呈牛市行情，则市场交易活跃，股票、债券等有价证券的价格不断上升，基金的投资收益不断增加，基金资产水涨船高，基金单位资产净值及基金价格也不断上升。

二是基金管理人的管理水平。基金管理人的管理水平也是影响基金单位资产净值的重要因素。面对同样的证券市场行情，不同的基金因基金管理人的管理水平不同，基金单位资产净值有所不同。如果基金管理人的管理水平较高，管理经验丰富，能够及时、准确地把握证券市场的行情变化，并能进行正确决策和有效操作，那么其所管理的基金业绩就会较好，基金单位资产净值也会较高。

三是政府对基金的税收政策。政府对基金的税收政策会直接影响基金的投资收益，进而影响基金单位资产净值。如果政府对基金的投资运作取消所得税等相关税种或降低相关税种的税率，则基金的投资收益会相应增加，基金单位资产净值也会提高。

2）基金市场行情

它是影响基金交易价格的另一个重要因素。一般来说，基金交易价格与基金市场行情有着密切的关系。在其他条件不变的情况下，如果基金市场行情看好，市场交易活跃，那么基金交易价格也会不断上升。基金市场行情主要受以下几个因素的影响：

一是基金市场的供求关系。从某种程度上说，基金市场交易价格在很大程度上取决于基金市场的供求关系。在基金市场上，受某种因素的影响，如果基金投资者及其投资于基金的资金数量不断增加，则基金市场对基金的需求也会不断增加，而由于基金发行规模较小或不能同步增加，因此基金供给相对不足，形成了基金供不应求的市场格局，这会使基金价格不断上升；反之，基金供过于求，基金价格就会下跌。

二是基金的交易成本。基金的交易成本包括交易佣金、交易印花税等直接成本以及银行存款利率等机会成本。提高交易佣金标准、交易印花税，会直接增加基金交易成本，从而对基金的交易价格产生负面影响；反之，降低或取消交易佣金标准、交易印花税，将使基金价格上升。如果银行存款利率提高，就会相应提高基金交易的机会成本，或者说会增加银行存款对投资者的吸引力，部分投资者会增加银行存款，减持基金，从而使基金价格回落；反之，如果银行存款利率降低，将使基金价格上涨。

三是投资者的投机心理。如果基金市场上的投机气氛浓厚，大多数投资者偏重投机，追高杀跌，就会使基金价格出现剧烈波动。

3）封闭期的长短

在通常情况下，基金封闭期越长，基金交易价格偏离其价值的可能性就越大，基金交易价格就可能越高。

【案例分析 5-2】　　封闭式基金主要适合哪些投资者？

30岁的徐先生是北京市某中学的语文老师，收入比较稳定。最近，他听说基金的投资收益颇丰，这让徐先生比较羡慕。前段时间，他拿出了自己的所有积蓄10万元购买了一只封闭式基金，刚买第二天该基金就涨了，他十分高兴。可是没高兴几天，遇上股市暴跌，他买的基金也受到影响跌了。他开始郁闷了，基金怎么这么不稳定，应该如何投资基金呢？

问题：（1）相对开放式基金来说，投资于封闭式基金有什么优势？

（2）封闭式基金主要适合哪些投资者？

分析：（1）封闭式基金有其独特的优势，值得投资者关注。相对于开放式基金，封闭式基金资金周转快，开放式基金的赎回需要5个工作日，而封闭式基金可以通过二级市场随时卖出。另外，封闭式基金有一定的折价率，就中长期持有来说，封闭式基金的收益率有可能会高于开放式基金。

（2）封闭式基金的波动幅度大于开放式基金的波动幅度，因此不太适合新入市、风险意识不强的投资者。封闭式基金适合两类人群：第一，证券市场的老手，把购买封闭式基金当作购买指数，这样投资者的风险会略微降低，还可以分享股票市场的增长收益；第二，中长期的投资者，不必关注某个交易日的涨跌，持有封闭式基金直到封闭式基金的存续期结束或者转为开放式。这样，投资者可以根据自己计划持有时间的长短及封闭式基金的不同存续期选择封闭式基金。

5.2　开放式基金的申购与赎回

开放式基金成立后一般不上市交易，但投资者可以在场外随时进行申购和赎回，即如果投资者要把持有的基金份额变现，则可以随时要求基金公司赎回；如果投资者要购买基金份额，则可以随时向基金公司申购。

5.2.1 申购、赎回的概念

基金的申购是指投资者在开放式基金的募集期结束后，申请购买基金份额的行为。与基金认购相比，一般说来，在基金募集期内认购基金份额，会享受到一定的费率优惠，除此之外，基金申购与基金认购没有本质区别。

开放式基金的赎回是指基金份额持有人在开放式基金募集期结束后，要求基金管理人购回其所持有的开放式基金份额的行为，即基金份额持有人将持有的基金份额按一定价格卖给基金管理人并收回现金的行为。

开放式基金在基金募集期结束后，经基金管理人申请和基金监管部门确认，办理完毕基金备案手续，基金合同开始生效后，还可以有一段短暂的封闭期。在我国，根据《公开募集证券投资基金运作管理办法》的规定，开放式基金的基金合同可以约定基金管理人自基金合同生效之日起一定期限内不办理赎回，但约定的期限不得超过3个月，并应当在招募说明书中载明，但中国证监会规定的特殊基金品种除外。封闭期结束后，开放式基金将进入日常申购、赎回期。基金管理人应当在每个工作日办理基金份额的申购、赎回业务。基金合同另有约定的，按照其约定。

☑ 小思考 5-1 ....

基金净值跌了，是否应该办理赎回？

答：基金净值下跌的原因有很多，投资者应该在分析净值下跌的原因后再做出赎回或继续持有的决定。基金净值下跌一般有以下几种情况：

（1）基础市场的大幅下跌造成净值下降。这种下跌很可能是基础市场正常的调整和波动。在基础市场行情趋势没有发生反转的情况下，赎回决定其实是暂时的账面损失变成实际亏损。投资基金正确的理念是通过相对长期的投资获得一定的收益，这个时候更需要投资者有耐心。

（2）基金公司通过分拆或分红使净值下跌。这种下跌实际上是基金公司的一种营销方式，对基金持有人的收益没有影响。

（3）由于基金经理的投资能力不佳导致基金业绩落后。对于这一情况，投资者需要考察基金的长期业绩后再做决定。例如，某基金在去年前三个季度的业绩一直表现出色，但在第四个季度时业绩排名下滑，今年以来又以较高的净值增长率位居同类型基金首位。投资者如果因为该基金去年第四个季度的业绩表现而赎回，那么，也就无法分享以后的长期业绩了。

此外，还有一些投资者认为大盘涨了，手中持有的基金净值也涨了，就应该赎回，这也不一定是理性的。许多做股票短线的投资人习惯于在上涨趋势良好的时候进行抛售，这种做法并不能套用在基金身上。因为投资基金是一个相对长期的过程，在这个过程中，基金的净值会随着市场的波动而波动，它的投资收益不能一步到位、立竿见影。

资料来源：根据相关资料整理。

5.2.2　申购、赎回渠道

开放式基金的申购、赎回渠道同认购渠道，详见"4.3.1 基金认购渠道"。投资者可以亲自上门或采用电话、传真、互联网等形式，通过基金管理人或其委托的基金销售机构进行申购、赎回。

5.2.3　申购、赎回规则

1）申购、赎回时间

根据《公开募集证券投资基金运作管理办法》的规定，开放式基金的基金合同应当约定并在招募说明书中载明基金管理人办理基金份额申购、赎回业务的日期，即开放日和时间。基金管理人在办理基金份额申购、赎回业务时，应当遵循基金份额持有人利益优先原则，发生申购、赎回损害持有人利益的情形时，应当及时暂停申购、赎回业务。在通常情况下，开放式基金申购和赎回的工作日为证券交易所交易日，工作日的具体业务办理时间为交易所交易日的交易时间。目前，上海证券交易所和深圳证券交易所的交易时间为每周一至周五 9：30—11：30、13：00—15：00，法定公众假期除外。

在上述申购时间内，除出现如下情形，基金管理人不得拒绝或暂停基金投资者的申购申请：①不可抗力；②证券交易场所在交易时间非正常停市；③基金资产规模过大，使基金管理人无法找到合适的投资品种，或可能对基金业绩产生负面影响，从而损害现有基金持有人的利益；④基金管理人认为会有损于现有基金持有人利益的其他申购；⑤基金管理人、基金托管人、基金销售代理人、注册与过户登记人的技术保障或人员支持等不充分；⑥经中国证监会同意认定的其他情形。在出现上述情况，基金管理人拒绝或暂停申购时，应将被拒绝或暂停的申购款项全额退还给投资者。

在上述赎回时间内，除下列情形外，基金管理人不得拒绝接受或暂停基金投资者的赎回申请：①不可抗力；②证券交易场所交易时间非正常停市，导致基金管理人无法计算当日基金资产净值；③因市场剧烈波动或其他原因而出现连续巨额赎回，导致本基金的现金支付出现困难时；④法律、法规、规章允许的其他情形或其他在基金契约中已载明并获中国证监会批准的特殊情形。发生上述情形之一的，基金管理人应在当日立即向中国证监会备案。已接受的赎回申请，基金管理人将足额支付；如暂时不能支付的，按每个赎回申请人已被接受的赎回申请量占已接受赎回申请总量的比例分配给赎回申请人，其余部分在后续工作日予以兑付。同时，在出现上述第③款的情形时，对已接受的赎回申请可延期支付赎回款项，最长不超过正常支付时间 20 个工作日，并在指定媒体上公告。

2）申购、赎回原则

开放式基金的申购、赎回原则因基金类型的不同而有很大差异，这与各种类型的封闭式基金都遵循价格优先、时间优先的交易原则有所不同。开放式基金的申购、赎回原则包括以下两种类型：

（1）股票基金、债券基金的申购、赎回原则。其遵循"未知价"交易原则和"金额申购、份额赎回"原则。所谓"未知价"交易原则，是指投资者在申购、赎回时并不能即时获知买卖的成交价格，申购、赎回价格只能以申购、赎回日交易时间结束后基金管理人公布的基金份额净值为基准进行计算。这一原则与封闭式基金及股票等大多数金融产品的"已知价"交易原则完全不同。所谓"金额申购、份额赎回"原则，是指投资者在申购时以金额申请，投资者在赎回时以份额申请。这一原则与"未知价"交易原则相对应，是适应"未知价"情况的一种最简便、安全的交易方式。根据这一原则，投资者在申购和赎回基金时，确切的申购数量和赎回金额在申报当时是无法确定的，只有在交易次日才能获知。

【考证直通车 5-3】

单项选择题

股票型基金和债券型基金的申购、赎回原则有（　　）。

A."金额申购、金额赎回"原则　　　B."份额申购、份额赎回"原则

C."金额申购、份额赎回"原则　　　D."份额申购、金额赎回"原则

小思考 5-2

为什么开放式基金的交易要遵循"未知价"交易原则？

答：开放式基金交易之所以采取"未知价"交易原则，主要是为了避免投资者根据当日的证券市场情况决定是否买卖，而对其他投资者的利益造成不利影响。如果当日基金份额净值已知，那么很容易出现集中的申购和赎回现象，从而增加基金运作的难度，不利于基金的稳定操作和基金份额净值的稳定，也会对基金长期投资者的利益造成不利影响。所以，目前国外在开放式基金交易中普遍采用"未知价"交易原则，我国除货币市场基金外的开放式基金交易也采用"未知价"交易原则。

（2）货币市场基金的申购、赎回原则。其遵循"确定价"原则和"金额申购、份额赎回"原则。所谓"确定价"原则，是指申购、赎回基金份额的价格以1元人民币为基准进行计算。这一原则既不同于股票型基金、债券型基金的"未知价"交易原则，也不同于封闭式基金及股票等大多数金融产品的"已知价"交易原则。"金额申购、份额赎回"原则与股票型基金、债券型基金相同。

【考证直通车 5-4】

单项选择题

货币市场基金的申购、赎回原则有（　　）。

A."未知价"交易原则　　　B."已知价"交易原则

C."市场价"交易原则　　　D."确定价"交易原则

3）申购、赎回数量限制

在申购数量限制方面，根据有关法律和基金契约的规定，可以对单个基金份额持有人持有基金份额的比例或者数量设置限制，如不得超过本基金总份额的10%等；此外，还可以规定最低认购额，如同股票的最小买入单位为一手一样。上述申购数量限制应当

在招募说明书中载明。

赎回数量限制主要是在出现巨额赎回时，基金管理人可以根据基金当时的资产组合状况，决定接受全额赎回或部分延期赎回，具体规定见本节的"巨额赎回的认定及处理方式"内容。

4）申购、赎回费用

基金管理人在办理开放式基金份额的申购时，可以收取申购费，但申购费不得超过申购金额的5%。与基金认购相类似，基金申购费用的收取模式可以分为前端收费模式与后端收费模式，可以在基金申购时收取，也可以在赎回时从赎回金额中予以扣除。申购费用以净申购金额为基础计算，具体计算方法及计算公式见"4.3.4 基金认（申）购费用、认（申）购收费模式和认（申）购费率"。基金管理人可以根据投资者申购金额的数量选择不同的申购费率标准，可以对选择在赎回时交纳申购费的基金份额持有人，根据其持有基金份额的期限选择不同的申购费率标准，具体申购费率标准应当在基金契约和招募说明书中予以载明。

动画 5-1

时间创造
价值

基金管理人在办理开放式基金份额的赎回时，可以收取合理的赎回费，但中国证监会另有规定的除外，且赎回费率不得超过基金份额赎回金额的3%。赎回费收入在扣除基本手续费后，余额不得低于赎回费总额的25%，并应当归入基金资产，归基金所有。与申购费用的计算方法不同的是，赎回费用以赎回总额为基础计算，具体计算方法及计算公式如下：

赎回费用=赎回总额×赎回费率

其中，赎回总额的计算方法及计算公式如下：

赎回总额=赎回数量×赎回日基金份额净值

基金管理人可以根据基金份额持有人持有基金份额的期限选择不同的赎回费率标准。一般来说，持有期限越长，选择的赎回费率越低，具体赎回费率标准应当在基金契约和招募说明书中予以载明。

基金管理人可以从开放式基金资产中计提一定比例的销售服务费，用于基金的持续销售和为基金份额持有人提供服务。例如，对于货币市场基金来说，基金管理人通常从基金资产中计提比例不高于2.5‰的销售服务费，用于基金的持续销售和为基金份额持有人提供服务，申购、赎回费率为0。

红利再投资费用即投资者将从开放式基金得到的分配收益继续投资于基金所要支付的申购费用。为鼓励投资者继续投资，一般基金管理人对该项费用少收或不收。基金转换费用即投资者在同一基金管理人所管理的不同基金之间，由投资的一只基金转换为另一只基金所要支付的费用，目前绝大多数基金均不收取转换费用。

5）申购份额、赎回金额

在不同的收费模式下，申购份额的计算方法有所不同。在前端收费模式下，申购份额的计算方法如下：

申购份数-（申购金额-申购费用）÷申购日基金份额净值

其中，申购费用的计算方法如下：

申购费用=申购份数×申购日基金份额净值×申购费率

经过变换可得：

申购份数=申购金额÷〔（1+申购费率）×申购日基金份额净值〕

【案例分析 5-3】

某投资者用 10 000 元购买基金，申购日基金份额净值为 1.2 元，收费模式为前端收费，申购费率为 1.5%。

问题：计算投资者申购的基金份数。

分析：申购份数=10 000÷〔（1+1.5%）×1.2〕=8 210.18（份）

在后端收费模式下，申购份额的计算方法如下：

申购份额=申购金额÷申购日基金份额净值

【案例分析 5-4】

某投资者用 10 000 元购买基金，申购日基金份额净值为 1.2 元，收费模式为后端收费，申购费率为 1.5%。

问题：计算投资者申购的基金份数。

分析：申购份数=10 000÷1.2=8 333.33（份）

基金份数由于以四舍五入的方法保留小数点后两位而产生的损失由基金资产承担，产生的收益归基金资产所有。

赎回金额的计算方法如下：

赎回金额=赎回总额-赎回费用

其中，赎回总额的计算方法如下：

赎回总额=赎回数量×赎回日基金份额净值

【案例分析 5-5】

某投资者申请赎回 10 000 份基金份额，并且在申购时采用了前端收费模式，赎回费率为 0.5%，当日的基金份额净值为 1.2 元。

问题：计算投资者实际可以拿到的赎回金额。

分析：赎回总额=10 000×1.2=12 000（元）

赎回费用=12 000×0.5%=60（元）

赎回金额=12 000-60=11 940（元）

对于实行后端收费模式的基金，在计算赎回金额时还应扣除后端认（申）购费用，即投资者最终得到的赎回金额为：

赎回金额=赎回总额-后端认（申）购费用-赎回费用

6）申购、赎回款项支付方式

在国外，投资者申购基金的付款方式包括私人支票、银行本票和汇票，基金管理人及其委托单位一般不接受现金。在我国，投资者申购基金的付款方式采用通过银行转账的全额交款方式。投资者申购基金份额时，必须全额交付申购款项；投资者交付申购款项，申购成立；基金份额登记机构确认基金份额时，申购生效；基金管理人应当自收到投资者申购申请之日起 3 个工作日内，对该申购的有效性进行确认，但中国证监会规定的特殊基金品种除外。投资者申购基金成功后，登记机构一般在 T+1 日为投资者办理增加权益的登记手续，投资者自 T+2 日起有权赎回该部分基金份额。若申购资金在规定时间内未全额到账，则申购不成功。在申购不成功或无效时，款项将退回投资者账户。

基金份额持有人递交赎回申请时，赎回成立；基金份额登记机构确认赎回时，赎回生效；基金管理人应当自收到投资者赎回申请之日起 3 个工作日内，对该赎回的有效性进行确认，但中国证监会规定的特殊基金品种除外。投资者赎回申请递交后，基金管理人通过登记机构，一般在 T+1 日为投资者办理扣除权益的登记手续，按规定向投资者支付赎回款项，赎回款项在自受理基金投资者有效赎回申请之日起不超过 7 个工作日的时间内划至赎回人资金账户。在发生巨额赎回时，款项的支付办法按基金合同的有关规定处理。

7）巨额赎回的认定及处理方式

单个开放日基金净赎回申请超过基金总份额的 10% 时，为巨额赎回。单个开放日基金净赎回申请，是指该基金的赎回申请加上基金转换中该基金的转出申请之和，扣除当日发生的该基金申购申请及基金转换中该基金的转入申请之和后得到的余额。

出现巨额赎回时，基金管理人可以根据基金当时的资产组合状况决定接受全额赎回或部分延期赎回。当基金管理人认为有能力兑付投资者的全部赎回申请时，基金管理人应按正常赎回程序执行。当基金管理人认为兑付投资者的赎回申请有困难，或认为兑付投资者的赎回申请进行的资产变现可能使基金份额净值发生较大波动时，基金管理人应在当日接受赎回比例不低于上一日基金总份额 10% 的前提下，对其余赎回申请延期办理。对于当日的赎回申请，应当按单个账户赎回申请量占赎回申请总量的比例，确定当日受理的赎回份额；未受理部分除投资者在提交赎回申请时选择将当日未获受理部分予以撤销外，延迟至下一个开放日办理。转入下一个开放日的赎回申请不享有赎回优先权，并将以下一个开放日的基金份额净值为基准计算赎回金额。以此类推，直到全部赎回为止。

【考证直通车 5-5】

单项选择题

在出现巨额赎回时，如果基金管理人决定部分延期赎回，那么其当日接受赎回比例应不低于上一日基金总份额的（　　　）。

A.5%　　　　　　　　B.8%　　　　　　　　C.10%　　　　　　　　D.15%

当发生巨额赎回及部分延期赎回时，基金管理人应立即向中国证监会备案，并在 3 个工作日内在至少一种中国证监会指定的信息披露媒体公告，说明有关处理方法。基金连续 2 个开放日以上发生巨额赎回，如基金管理人认为有必要，可暂停接受赎回申请；已经接受的赎回申请可以延缓支付赎回款项，但不得超过正常支付时间 20 个工作日，并应当在至少一种中国证监会指定的信息披露媒体公告。

8）申购、赎回的其他规定

根据《公开募集证券投资基金运作管理办法》的规定，投资特定指数所对应的组合证券或者基金合同约定的其他投资标的的开放式基金，其基金份额可以用组合证券、现金或者基金合同约定的其他对价进行申购、赎回。基金份额的申购、赎回对价根据基金的资产组合和申购、赎回日的基金份额净值确定，具体计算方法应当在基金合同和招募说明书中载明。基金份额的上市交易、申购与赎回和资金结算应当符合证券交易所和证券登记结算机构等的有关规定。

开放式基金的基金合同可以约定基金达到一定的规模后，基金管理人不再接受认购、申购申请，但应当在招募说明书中载明。基金管理人在基金募集期间不得调整基金合同约定的基金规模。基金合同生效后，基金管理人可以按照基金合同的约定，根据实际情况调整基金规模，但应当提前3日公告，并更新招募说明书。

开放式基金的基金合同可以对单个基金份额持有人持有基金份额的比例或者数量设置限制，但应当在招募说明书中载明。

开放式基金的基金合同可以约定，单个基金份额持有人在单个开放日申请赎回基金份额超过基金总份额一定比例的，基金管理人可按基金合同的约定和招募说明书的规定，暂停接受赎回申请或者延缓支付。

开放式基金应当保持不低于基金资产净值5%的现金或者到期日在1年以内的政府债券，以备支付基金份额持有人的赎回款项，但中国证监会规定的特殊基金品种除外。

基金份额可以依法在证券交易所上市交易，或者按照法律法规规定和基金合同约定在中国证监会认可的交易场所或者通过其他方式进行转让。

5.2.4　申购、赎回价格

基金的申购价格是投资者申购基金份额时所要支付的实际价格，是基金申购申请日基金单位资产净值加上一定比例的申购费所形成的价格。基金的赎回价格是指投资者赎回份额时可实际得到的金额，是基金赎回申请日基金单位资产净值减去一定比例的赎回费用所形成的价格。

动画 5-2

关注投资品种
的内在价值

与封闭式基金交易价格不同的是，开放式基金的申购和赎回价格不受基金市场供求关系的影响，它建立在基金单位资产净值的基础之上，是以基金单位资产净值为基础加上或减去一定比例的必要费用。在这里，基金资产净值是指在某一估值时点上按照公允价格计算的基金资产总市值减去负债后的余额，其计算公式如下：

基金资产净值=基金总资产-基金总负债

基金单位资产净值是指每一基金单位所代表的基金资产净值，其计算公式如下：

基金单位资产净值=基金资产净值÷基金单位总数

=（基金总资产-基金总负债）÷基金单位总数

在上述计算公式中，基金总资产是指基金拥有的所有资产按照公允价格计算的资产总额，基金拥有的所有资产包括股票、债券、银行存款和其他有价证券等；基金总负债是指基金运作及融资时所形成的负债总额，包括应付给他人的各项费用、应付资金利息等；基金单位总数是指基金估值时点上发行在外的基金单位的总量。关于基金总资产的估值原则、基金总费用的种类分别详见"6.2 资金资产估值"和"6.3 基金费用"。

　　根据《公开募集证券投资基金运作管理办法》的规定，基金管理人不得在基金合同约定之外的日期或者时间办理基金份额的申购、赎回或者转换。投资者在基金合同约定之外的日期和时间提出申购、赎回或者转换申请的，其基金份额申购、赎回价格为下次办理基金份额申购、赎回时间所在开放日的价格。

【案例分析 5-6】证券投资基金禁忌：短线操作开放式基金

　　张先生曾有过一段对开放式基金频繁进行短线操作的经历。下面将张先生进行操作的过程描述出来，然后计算一下张先生到底挣了多少钱。

　　某年年初，张先生购买了净值为 1.1000 元/份的开放式基金 A 20 000 份，短期持有后，该基金净值上升为 1.1500 元/份，张先生将该基金出售；同时，张先生申购了净值为 0.9500 元/份的开放式基金 B 20 000 份，短期持有后，该基金净值上升为 0.9800 元/份，张先生再次将该基金抛售。假设开放式基金的赎回费率为 1.5%，申购费率为 1.0%，则：

开放式基金A的申购费用=20 000×1.1000×1.0%=220（元）

开放式基金A的申购价格=20 000×1.1000+220=22 220（元）

开放式基金A的赎回费用=20 000×1.1500×1.5%=345（元）

开放式基金A的赎回价格=20 000×1.1500-345=22 655（元）

张先生对开放式基金A的短线操作利润=22 655-22 220=435（元）

　　张先生申购、赎回基金 A 的交易费用共计 565 元（220+345），交易费用是所获利润的 1.30 倍。

开放式基金B的申购费用=20 000×0.9500×1.0%=190（元）

开放式基金B的申购价格=20 000×0.9500+190=19 190（元）

开放式基金B的赎回费用=20 000×0.9800×1.5%=294（元）

开放式基金B的赎回价格=20 000×0.9800-294=19 306（元）

张先生对开放式基金B的短线操作利润=19 306-19 190=116（元）

　　张先生申购、交易基金 B 的交易费用共计 484 元（190+294），交易费用是所获利润的 4.17 倍。

　　假如不存在交易费用，张先生所获得的毛利是 1 600 元。实际上，扣除交易费用后，张先生获得的利润仅为 551 元。毛利中的 65.56% 就这样被交易费用所吞噬了。

　　问题：张先生对开放式基金投资操作的亲身经历给我们带来怎样的启示？

　　分析：张先生对开放式基金的投资经历属于短线操作开放式基金行为，是在基金投资过程中某些投资者经常触犯的一个投资禁忌，属于一种"短视"的证券投资基金操作行为，投资者在基金投资活动中应该尽量避免该现象的发生。短线操作开放式基金的危害主要包括以下两个方面：

　　（1）对投资者来讲，能够找到一个优秀的基金管理者是一件非常幸运的事情，就如同你找到了一个可靠而且非常善于理财的管家。短线操作开放式基金，就如同投资者频繁地更换管家，其投资效果可想而知。

　　（2）开放式基金为了防止投资者频繁更换基金而设置了一种障碍，开放式基金的交易价格取决于基金每单位净资产值的大小，其申购价格一般是基金单位净资产值加一定的申购费用，赎回价格是基金单位净资产值减去一定的赎回费用。由此可见，开放式基金虽然给了投资者随时申购和赎回的权利，却用申购费用和赎回费用来对投资者滥用权利的行为加以制约。也就是说，如果投资者短线操作开放式基金，会支付很大比例的交易费用。

综上所述，对于投资者来讲，频繁短线操作是开放式基金投资的一大禁忌。选择一个对自己最合适的基金进行长期投资，与该基金共同成长，不轻易赎回，以避免交易费用过高，对投资者来说是一种有利的投资策略，而短线操作对开放式基金的投资者来说是非常不利的。

5.3　基金份额的登记

鉴于封闭式基金份额的登记与股票相似，本节以开放式基金为例，介绍基金份额的登记。

5.3.1　基金份额登记的概念

微课 5-2

基金份额的登记

基金份额登记是指基金份额登记机构为投资者建立基金账户，在投资者的基金账户中对因基金份额的认购、申购、赎回及其他情形而导致的基金份额数额变更，以及因基金分红而导致的基金份额持有人权益的变更进行登记，以表明投资者所持有的基金份额和权益。投资者认购或申购基金份额后，登记机构在投资者的基金账户中进行登记，增加投资者所持有的基金份额。投资者赎回基金份额、取得款项后，登记机构在投资者的基金账户中进行注销，减少投资者所持有的基金份额。

5.3.2　基金份额登记机构及其职责

开放式基金的登记注册业务同封闭式基金的情形有所不同。为了使基金管理人专注于基金资产的投资运作业务，扩大基金份额的发售数量，方便投资者办理基金份额登记事宜，基金管理人除自行办理基金份额登记业务外，也可以委托商业银行、登记结算公司等机构，利用其业务网络办理基金份额登记业务。在我国，根据现行法规的规定，开放式基金份额的注册登记业务可以由基金管理人办理，也可以委托商业银行或者中国证监会认定的其他机构办理。从目前的实际情况来看，具有办理开放式基金注册登记业务资格的机构主要包括基金管理公司、中国证券登记结算公司以及商业银行。基金管理人委托他人代为办理基金份额登记事宜的，应当与该机构签订委托代理协议，并经国务院证券监督管理机构审查认定。拟申请办理开放式基金注册登记业务资格的机构需要向中国证监会提出申请并报送有关材料，经审查，符合有关条件的，由中国证监会批准其具有办理该项业务的资格。

基金登记机构对确保基金的健康运作有重要作用。基金登记机构不但负责建立和管理投资者的基金账户、登记基金份额等工作，还要承担与基金份额登记有关的基金交易确认、份额存管、资金清算、资金交收、代理发放红利、代理红利再投资、建立并保管基金份额持有人名册、向投资者报告账户的业绩表现、接受投资者的电话咨询、邮寄相关资料以及登记代理协议规定的其他事宜等业务。在我国，代为办理基金登记业务的机构可以接受基金管理人的委托，开办下列业务：①建立并管理投资者基金份额账户；②负责基金份额登记；③确认基金交易；④代理发放红利；⑤建立并保管基金投资者名册；⑥登记代理协议规定的其他事宜。

5.3.3　基金份额登记程序

基金份额登记程序实际上就是登记机构通过登记系统对基金投资者所投基金份额及其变动的确认、记账过程。投资者在 T 日申（认）购、赎回基金份额时，代销机构网点将申请信息传送至代销机构总部，代销机构总部将本代销机构的申（认）购、赎回申请信息汇总后统一传送至登记机构。登记机构在 T+1 日根据 T 日各代销机构的申（认）购、赎回申请数据及 T 日的基金份额净值统一进行确认处理。如果提交的申（认）购、赎回信息符合登记的有关规定，则投资者的申（认）购、赎回得到确认，并对确认的基金份额登记至投资者的账户，然后将确认后的申（认）购、赎回数据信息下发至各代销机构总部，各代销机构总部再下发至所属各代销机构网点，同时，登记机构将登记数据发送至基金托管人。如果提交的申（认）购、赎回信息不符合登记的有关规定，则确认为投资者的申（认）购、赎回申请失败。

【考证直通车 5-6】

单项选择题

投资者申购、赎回基金成功后，注册登记机构一般在（　　　）日为投资者办理增加权益或减少权益的登记手续。

A.T+0　　　　　　　　B.T+1　　　　　　　　C.T+2　　　　　　　　D.T+3

情景模拟 5-1

场景：假设你是基金交易、申购、赎回与登记的有关当事人，你应该如何正确处理基金交易、申购、赎回与登记过程中有关参与者之间的关系？

操作：（1）分别派同学担任基金投资者、证券公司（具有基金代销资格）、证券交易所、基金管理人、基金份额代销机构（具有基金代销资格的商业银行）、基金份额登记机构、基金监管机构（中国证监会基金监管部），其他同学担任专业观众，共组成 8 个小组，每个小组选择 1 人担任组长，由其负责本小组的各项工作；

（2）除观众组以外，各小组组长就基金的交易、申购、赎回与登记问题，指挥本小组学会如何正确处理与其他各小组之间的关系；

（3）除观众组以外，各小组组长指挥本小组参与模拟基金的交易、申购、赎回与登记程序；

（4）在（2）、（3）活动中，观众组在旁边观察，并提出相关问题及建议；

（5）教师对情景模拟情况进行点评和总结。

知识掌握

5.1 单项选择题

（1）委托买卖封闭式基金的数量为（　　）份或其整数倍。

A.1　　　　　　　B.10　　　　　　　C.100　　　　　　　D.1 000

（2）我国基金交易佣金为成交金额的（　　），不足5元的按5元收取。

A.0.01%　　　　　B.0.05%　　　　　C.0.25%　　　　　D.0.5%

（3）根据《公开募集证券投资基金运作管理办法》的规定，开放式基金成立初期，可以在基金合同和招募说明书规定的期限内只接受申购，不办理赎回，但该期限最长不得超过（　　）个月。

A.1　　　　　　　B.2　　　　　　　C.3　　　　　　　D.6

（4）开放式基金的赎回费在扣除手续费后，余额不得低于赎回费总额的（　　），并应当归入基金资产。

A.10%　　　　　　B.25%　　　　　　C.30%　　　　　　D.50%

（5）单个开放日基金净赎回申请超过基金总份额的（　　）时，为巨额赎回。

A.5%　　　　　　B.10%　　　　　　C.15%　　　　　　D.20%

（6）基金连续两个开放日以上发生巨额赎回，基金管理人已经接受的赎回申请可以延缓支付赎回款项，但不得超过正常支付时间（　　）个工作日，并应当在至少一种中国证监会指定的信息披露媒体公告。

A.3　　　　　　　B.7　　　　　　　C.10　　　　　　　D.20

（7）当基金管理人认为兑付投资者的赎回申请有困难，或认为兑付投资者的赎回申请进行的资产变现可能使基金份额净值发生较大波动时，基金管理人在当日接受赎回比例不低于上一日基金总份额（　　）的前提下，对其余赎回申请延期办理。

A.11%　　　　　　B.10%　　　　　　C.9%　　　　　　D.8%

5.2 多项选择题

（1）基金账户可以用于（　　）的认购及交易。

A.基金　　　　　B.股票　　　　　C.国债　　　　　D.其他债券

（2）封闭式基金上市交易价格主要受（　　）因素的影响。

A.基金交易佣金　　　　　　　　B.基金单位资产净值

C.基金市场行情　　　　　　　　D.封闭期的长短

（3）关于申购、赎回价格，以下说法正确的有（　　）。

A.基金的申购价格是投资者申购基金份额时所要支付的实际价格，是基金申购申请日基金单位资产净值加上一定比例的申购费所形成的价格

B.基金的赎回价格是指投资者赎回份额时可实际得到的金额，是基金赎回申请日基金单位资产净值减去一定比例的赎回费所形成的价格

C.封闭式基金的申购和赎回价格不受基金市场供求关系的影响

D.开放式基金的申购和赎回价格建立在基金单位资产净值的基础之上，是以基金单位资产净值为基础加上或减去一定比例的必要费用

（4）出现巨额赎回时，基金管理人可以根据基金当时的资产组合状况决定（   ）。

A.接受全额赎回   B.拒绝全额赎回

C.全部延期赎回   D.部分延期赎回

（5）关于巨额赎回，以下说法正确的有（   ）。

A.单个开放日基金的赎回申请超过基金总份额的10%时，为巨额赎回

B.出现巨额赎回时，基金管理人可以决定接受全额赎回或部分延期赎回

C.当发生巨额赎回及部分延期赎回时，基金管理人应立即向中国证监会备案并公告

D.部分延期赎回时，转入下一开放日的赎回申请不享有赎回优先权

（6）代办登记业务的机构，可以接受基金管理人的委托，开办（   ）业务。

A.建立基金份额账户   B.基金份额登记

C.确认基金交易   D.代理发放红利

5.3   是非判断题

（1）封闭式基金可以申请上市交易，且无条件限制。   （   ）

（2）根据有关规定，一个自然人或法人可以开立不同类别和用途的证券账户。   （   ）

（3）我国封闭式基金的交易采用电脑集合竞价和连续竞价两种方式。   （   ）

（4）目前，深、沪证券交易所对封闭式基金的交易与股票交易实行价格涨跌幅限制。   （   ）

（5）开放式基金的赎回费率不得超过基金份额赎回金额的3%。   （   ）

（6）货币市场基金管理人可以从开放式基金资产中计提销售服务费，用于基金的持续销售和为基金份额持有人提供服务。   （   ）

（7）货币市场基金的申购、赎回费率通常为零。   （   ）

（8）开放式基金的申购采用部分交款方式，若资金在规定时间内未全额到账，则申购不成功；申购不成功或无效，款项将退回投资者账户。   （   ）

（9）单个开放日基金净赎回申请超过基金总份额的10%时，为巨额赎回。   （   ）

（10）基金连续3个开放日以上发生巨额赎回，如基金管理人认为有必要，可暂停接受赎回申请。   （   ）

5.4   问答题

（1）什么是"价格优先、时间优先"原则？

（2）封闭式基金的上市交易价格主要受哪些因素的影响？

（3）股票型基金、债券型基金的申购和赎回应遵循什么原则？

（4）货币市场基金的申购和赎回应遵循什么原则？

（5）开放式基金的申购和赎回价格是怎样确定的？

知识应用

□ 案例分析

什么时候卖掉基金

据某机构统计，2024年年初至6月末，部分偏股票型基金收益率达10%以上。"赚了！"基金投资者们非常兴奋，但心头也有乌云笼罩："是不是应该落袋为安了？据说下半年的市场诡谲多变，难以把握，不如……"又绕到了那个老问题——该不该卖掉基金？不如把目前所有基金按照净值收益率排行榜展开，肯定能在众多的名字中辨识出自己的那一只或者那几只。排名靠前的基金涨势喜人，是时候卖掉基金收回成本了？落后于人的基金着实恼人，是不是应该卖掉这只扶不起的"阿斗"？

资料来源：根据相关资料整理。

问题：就什么时候卖掉基金这一问题，分析应考虑的有关事项。

分析提示：（1）不同的基金有不同的策略。尽管基金属于长期投资的品种，但不能否认中短期主动对基金品种和比重进行调整的重要性。该不该暂时卖掉基金，取决于基金类型–市场特征、盈利能力–稳定性能两大方面的匹配程度。

① 对于指数基金来说，单边牛市最惊人，震荡市中可减持。在单边牛市中，指数基金的业绩表现最惊人，原因在于指数基金属于跟踪标的指数的被动投资，始终保持高仓位，同时指数成分股的覆盖面又比较广，在市场整体上涨、热点板块轮动表现的情况下，更有以不变应万变的优势。不过，随着单边牛市的结束，指数基金的优势也就变成了劣势，尤其是在快速下跌调整的过程中，指数基金受到基金契约的约束，不能通过大幅度降低仓位或调整持仓结构主动进行抗风险操作。同时，在震荡市中，指数基金也不能通过积极波段操作获得超额收益，与主动型基金相比明显处于劣势。这时候，赎回一部分指数基金可以起到锁定利润的效果，从资产收益率方面考虑，比较适宜。而剩余的一部分低成本底仓可以继续持有，等待市场重新向上。

② 对于品牌基金来说，团体力量作后盾，持续盈利有保障。由于新基金缺乏过往的业绩表现，因此基金评级机构对新基金产品的推荐较为谨慎。但实际上，对基金公司的选择比对具体基金产品的选择更为重要。老基金公司在投资管理上长期积累的经验和已经形成的稳定风格，是新基金运作稳健的重要保障，因此新基金往往同样可以为投资者提供持续优秀的投资业绩。有稳定、高质量的投资研究团队作为后盾，品牌基金的持续盈利能力也有保障。

③ 对于黑马基金来说，读读报表做判断，看清风格再定夺。不依靠阶段性热点，而是依靠突出的前瞻性判断成就的黑马，才更有耐力。而有些短期表现相当突出的基金，依靠将宝押在少数股票身上，通过短时间快速拉升提高净值，一旦市场风格转变或者个股出现问题遭到抛售，这类基金就会面临比较大的风险。黑马究竟好不好，看过报表才知道。

④ 对于昨日明星基金，昔日王者今落寞，是否赎回应三思。问题的关键在于落后的原因，只有找到病因，才能对症作决策。如果一只基金历史表现波动程度大，重仓品

种转换过于频繁，就可以在获利丰厚后考虑赎回，因为依靠频繁波段操作提高收益率的投资方法，并不能保证每一次都做对，换手率较低的基金长期持续盈利更为稳健。王者总会东山再起，只是时间问题。如果是草莽，则另当别论。

（2）不同的时刻有不同的策略。从投资者的利润分配结构来看，证券市场盈利、持平、亏损的比例分别为 1 : 2 : 7，也就是说，大部分投资者都是买在高点、卖在低点。从上证综合指数走势和 A 股开户数看，每次应该卖出的高点都对应着开户数的激增，而应该买进的低点都对应着开户数的剧减，这也验证了只有少数人获利的规律。当基金可以创造一日发行 400 亿份额的纪录时，短期的风险已经临近；而每一次因为恐慌或恐高而引发的赎回潮，都可能成为新上涨阶段的开始。实际上，这种股票投资中常见的"追涨杀跌"行为，在基金投资者中普遍存在，而且即使是基金业历史比较长的美国市场，也同样体现了这种规律。

（3）在卖掉基金之前，还要考虑以下几个方面的问题：

① 卖掉基金后是否有更好的投资方式。如果没有一个更好的投资渠道，让基金一直保有，可能是效率最高的投资。

② 市场是否发生了变化。如果市场发生了变化，牛市即将结束，而此时还持有股票型基金，就应该调整策略，转换成债券型基金等比较保守的基金。如果牛市没有结束，就应该继续持有。

③ 持有的基金是否发生了变化。假设投资者在选择基金之前经过了深思熟虑，如基金经理值得信赖、基金公司品牌很好等，当这些条件发生变化时，基金的基本条件也就发生了变化。如果基金的基本条件变差了，而且基金的业绩也随之走下坡路，就可以考虑将该基金转换成其他基金。

资料来源：根据相关资料整理。

□ **实践训练**

如果你是基金投资者，请你按照有关规定及操作流程，模拟进行基金的交易、申购与赎回。

要求：（1）利用世华财讯模拟交易系统，根据有关交易规则，对封闭式基金进行模拟交易；

（2）根据申购、赎回规则，对开放式基金进行模拟申购和赎回。

第 6 章

证券投资基金的运作（一）

学习目标

知识目标：了解基金的投资限制、基金会计核算及其与其他行业会计核算的区别、基金会计核算的主要内容；理解基金资产估值的目的、估值频率及估值日、估值对象及估值原则、估值程序、估值错误的处理、暂停估值、基金费用的具体范围、计提方法和支付方式；掌握基金的投资目标、投资原则、投资策略、基金资产估值及其相关概念、基金费用的含义和种类。

技能目标：能够向客户正确介绍某一基金的投资目标、投资原则和投资策略；能够根据客户的风险收益偏好帮助客户合理选择基金产品；能够向客户正确介绍基金资产估值、基金费用核算及基金会计核算。

素养目标：树立服务基金客户、奉献经济社会发展的人生观；培养基金客户至上的价值追求、遵守基金行业法规的社会公德和诚实守信的职业道德。

引例

股票型基金亏损最多　债券型基金一枝独秀

李女士在朋友的介绍下，于2022年12月份办理了基金定期定额投资业务，她定投的是易方达价值精选股票型基金，每个月投资500元。她当时认为股市处于上涨行情，股票型基金最易赚钱。截至2023年12月30日，她共定投了13期，本金共为6 500元。没想到随着2023年股市下跌，2023年12月30日她的账面显示亏损已达740多元，亏损幅度达11.4%。李女士觉得，自己平时没有闲余时间，对股市也不甚了解，定投倒是个不错的懒人投资方法。现在虽然亏损了，但与身边一些朋友一年亏损三四成相比，她使用定投的方式，摊低成本，因而亏损幅度不算大，远低于同期大盘跌幅。受股市下跌的影响，2023年偏股型基金大部分出现亏损。李女士表示，自己对未来中国经济仍充满信心，会继续坚持定投计划，今后如果手头比较宽裕，她会加大定投金额。

与偏股型基金相比，2023年债券型基金成为市场的香饽饽，特别是随着2023年的多次大幅降息，债券型基金净值增长明显。据报道，债券型基金2023年平均收益率为6%，有的债券型基金不到1年收益率就超过了10%。此外，受降息影响，货币市场基金收益率也跟着提升，年平均收益率为2.4%，超过了1年期定期存款利率。

资料来源：根据相关资料整理。

这一案例表明：在股市下跌行情中，对于不同类型及品种的基金来说，其投资收益及基金单位净值变化状况和幅度有所不同。而基金的投资收益及基金单位净值变化状况和幅度不仅取决于证券市场行情的变化状况，也取决于基金的投资目标、投资原则、投资策略等因素。

6.1　基金投资

本节所介绍的基金投资是指基金管理人运用基金所募集的资金购买各种有价证券、构造资产组合的投资行为，而不是基金投资者购买基金份额的投资行为。

6.1.1　投资目标

微课6-1

基金的投资
目标与投资
原则

所谓基金的投资目标，是指对基金投资所具有的风险与收益状况的描述。每一只基金都会有自己的投资目标，投资目标明确了该基金日后具体的投资方向，决定了其选择股票、债券等有价证券的依据。投资者可以根据基金的投资目标，了解到基金投资所具有的风险与收益状况。

不同类型基金的投资目标各不相同。概括起来，基金的投资目标大致可分为以下三大类：

1）追求长期的资本增值

该类基金也被称为成长型基金，是以资本长期增值为投资目标，较少考虑当期收入，其投资对象主要是市场中具有良好增长潜力的股票，例如，具有较大升值潜力的小公司股票和一些新兴行业的股票。为达到最大限度的增值目标，成长型基金通常很少分红，而是经常将投资所得的股息、红利和盈利进行再投资，以实现资本增值。在界定成长型基金时，主要是根据基金所持有的股票特性进行划分的。成长型基金所持有的股票一般具有较高的业绩增长记录，同时也具有较高的市盈率与市净率等特性。投资于成长型股票的基金，期望其所投资公司的长期盈利潜力超过市场预期，这种超额收益可能来自产品创新、市场份额的扩大或者其他原因导致的公司收入及利润增长。一些成长型基金投资范围很广，包括多种行业；一些成长型基金投资范围相对集中，比如集中投资于某一类行业的股票或价值被认为低估的股票。成长型基金价格波动一般比保守的收入型基金或货币市场基金要大，但收益一般也比其要高。一些成长型基金也衍生出新的类型，如资金成长型基金，其主要目标是争取资金的快速增长，有时甚至是短期内的最大增值，一般投资于新兴产业公司等。这类基金往往有很强的投机性，因此波动也比较大。

成长型股票基金是基金市场的主流品种。这类基金可以使投资者的资金获得大幅度增值，收益也较高，但承担的风险也较大，比较适合具有一定风险承受能力的进取型投资者的投资需要。

2）追求当期的高收入

该类基金也被称为收入型基金，是以最大限度地增加当期收入为投资目标，而对证券升值并不十分重视。这类基金一般将其资金主要投资于可带来现金收入的有价证券，以获取当期的最大收入为目的。这类基金的投资对象主要是绩优股、债券、可转让大额存单等收入比较稳定的有价证券。收入型基金一般把所得的利息、红利都分配给投资者。收入型基金主要有以下两种类型：一是在较低的风险下，强调不变的收入，其收入是比较固定的，因而也被称为固定收入型基金，其主要是将资金投资于债券和优先股股票；二是力求可能的最大收入，有时还运用财务杠杆，主要投资于普通股，因而也被称为权益收入型基金。相比之下，后者的成长潜力较大，但比较容易受股市波动的影响。

收入型基金的具体种类有很多，如货币市场基金、债券型基金、优先股基金、蓝筹股基金等。这类基金虽然成长潜力较小，成长性较弱，但损失本金的风险相对也较低，比较适合保守型的投资者和退休人员的投资需要，既可以为他们带来比较稳定的经常性收入，又具有保证资金安全与容易套现的好处。

3）兼顾长期资本增值和当期收入

该类基金也被称为平衡型基金，是以既要获得当期收入，又追求基金资产长期增值为投资目标，把资金分散投资于股票和债券，以保证资金的安全性和盈利性。这类基金主要投资于债券、优先股和部分普通股，这些有价证券在投资组合中有比较稳定的组合比例，一般是把资产总额的25%～50%用于优先股和债券投资，其余的用于普通股投资。通常，当基金经理人看淡后市时，会提高抗跌性较强的债券投资比例；当基金经理人看好后市时，则会提高较具资本利得获利机会的股票投资比例。这类基金的收益和风险介于成长型基金与收入型基金之间。

基金的投资目标一般都在基金募集时就明确加以规定，并在基金合同、基金招募说明书中列明。一般来说，基金投资目标是基金管理人根据基金产品所针对的投资者对于风险与收益的不同偏好来加以确定的。针对风险承受能力较强、希望获取较高收益的投资者而设计的基金产品，往往将追求资本的长期增值作为投资目标，称为"成长型基金"；针对偏好低风险、希望获得稳定收益的投资者设计的基金产品，将追求当期红利、股息作为投资目标，称为"收入型基金"；针对风险和收益偏好都比较适中的投资者设计的基金产品，称为"平衡型基金"，投资目标确定为兼顾资本增值和当期收入，追求在分配股息、红利的同时也能够实现一定的资本利得。

【考证直通车6-1】

单项选择题

基金的投资目标不包括（   ）。

A.追求股权控制   B.追求长期的资本增值
C.追求当期的高收入   D.兼顾长期资本增值和当期收入

6.1.2   投资原则

基金作为一种集合投资制度，为保障基金投资者的权益，在基金的投资运作中，基金投资及各项基金资产的配置如同其他金融投资及金融资产配置一样，也要遵循盈利性、安全性和流动性原则。除此之外，由于基金投资者及基金投资运作的特殊性，基金投资及各项基金资产的配置还要遵循稳定性、独立性、灵活性和满足投资者需求的原则。

1）盈利性原则

盈利是指投资收入与投资成本之差。盈利性原则是指投资收入必须大于投资成本。在基金的投资运作中，基金投资必须获取收益，为基金投资者带来投资回报。这一原则是基金运作的首要原则，也是基金得以存在和发展的基础。

2）安全性原则

安全是指风险较小。所谓风险，是指预期收益的不确定性。在基金的投资运作中，基金投资的预期收益是不确定的，基金投资及各项基金资产的配置必须考虑到投资风险，在有一定预期收益的情况下，将风险降低到最低限度，确保基金资产安全。具体来说，第一，基金投资要保证投资本金的安全，确保投资本金的保值及投资运作的资金完整，并能如期收回。第二，基金投资及其各项资产配置要防范证券市场的各种风险，在确保本金保值及运作资金完整的基础上，使基金资产不断增值。实现这一原则，要求基金管理人在进行基金投资及其各项资产配置时，必须科学预测、分析和控制各种投资风险。

3）流动性原则

流动性是指资产能随时变现且在价值上不遭受损失的能力。对于不同类型的资产来说，其流动性大小不完全相同。基金投资的流动性原则要求基金资产必须保持一定程度的流动性，以便随时调整基金资产组合，优化配置基金各项资产，同时也为抓住随时出现的投资机会、为基金投资者分红提供了必要的条件。对于开放式基金来说，由于基金投资者可随时要求基金管理人赎回基金受益凭证，基金资产必须保留一定比例的现金资产，基金投资的流动性要求更高，基金投资的流动性原则更为重要。

基金资产的盈利性、安全性和流动性之间存在着一定的关系，三者是相互制约、相互影响的。一般来说，基金资产的安全性与流动性呈同方向变动，即基金资产的流动性越高，基金资产的安全性也越高；但基金资产的盈利性与安全性、流动性呈反方向变动，即基金资产的安全性、流动性越高，基金资产的盈利性越低。从基金投资者的投资需求及对基金投资运作的要求来看，基金资产必须保持一定的盈利性、安全性和流动性，但由于三者之间存在着一定的矛盾，不能同时兼得，因此，基金管理者在进行基金投资及各项基金资产配置时，必须统筹兼顾。通常应遵循的原则是，在保持基金资产一定盈利性的前提下，尽可能提高基金资产的安全性和流动性；在保持基金资产一定安全性和流动性的前提下，尽可能提高基金资产的盈利性。至于在处理基金资产的盈利性、安全性和流动性三者之间的关系时，是先确保基金资产的盈利性，还是先确保基金资产的安全性和流动性，要结合基金的具体类型及投资目标而论。对于成长型基金或积极成长型基金来说，一般通过牺牲基金资产一定程度的安全性和流动性，来确保基金资产预期的盈利性。对于收入型基金来说，一般通过牺牲基金资产一定程度的盈利性，来确保基金资产预期的安全性和流动性。对于平衡型基金来说，当基金资产的盈利性过低时，通过牺牲基金资产一定程度的安全性和流动性，来提高基金资产的盈利性；当基金资产的安全性和流动性过低时，通过牺牲基金资产一定程度的盈利性，来提高基金资产的安全性和流动性。

假如你有 10 万元活期存款，在未来 1 年里都不急用。现在你的三个朋友甲、乙、丙都向你借用这 10 万元，期限均为 1 年。其中，甲答应支付给你 5% 的年利率，乙答应支付给你 10% 的年利率，丙答应支付给你 20% 的年利率。请问你会将 10 万元借给哪位朋友？

答：要根据自己的风险收益偏好即风险承受能力和风险管理能力而定。如果风险承受能力和风险管理能力较低，最好借给甲；如果风险承受能力和风险管理能力适中，可以借给乙；如果风险承受能力和风险管理能力较强，可以考虑借给丙。其原因在于，收益与风险一般是正相关的，收益越高，承担的风险越大，承担风险是获取收益的前提，收益是风险的成本和报酬。

4）稳定性原则

基金投资的稳定性是指基金投资收益的稳定性。一般来说，基金投资者在稳定的投资收益与不确定的投资收益之间，总是倾向于稳定的投资收益；在现实或近期的投资收益与将来的投资收益承诺之间，总是偏向于现实或近期的投资收益。因此，在基金的投资运作中，基金管理人应考虑基金投资收益的稳定性。特别是对于收入型基金来说，基金投资收益的稳定性尤为重要。

5）独立性原则

基金投资的独立性是指基金管理人在进行基金资产投资时完全以基金投资者的权益为中心而进行投资决策，不依赖于基金托管人及其他经济主体。基金管理人在进行基金资产投资时具有自主性，除基金投资者之外，不受其他当事者及有关企业的影响。此外，根据相关法规，基金管理人在选择基金投资对象时，应排除关联企业发行的有价证券，禁止为使关联企业获取利益而损害基金投资者的权益。

6）灵活性原则

基金管理人在进行基金资产投资、管理基金资产时对证券市场及其变化进行深入研究，在制订基金资产投资计划、实施和控制基金资产投资过程中要留有余地，以便随时应对证券市场行情变化和抓住有利的投资机会，及时、有效地调整基金资产投资组合，降低基金资产风险，提高基金资产收益。

7）满足基金投资者的各方面需求的原则

基金是一种受托理财的集合投资制度，基金投资者作为委托人和受益人，既是出资者，也是基金资产的实际所有者，基金的投资运作应以基金投资者为中心。基金管理人在设计基金产品、规定相关手续、收取各项费用、提供资讯服务、普及基金投资常识等方面应尽可能更好地满足基金投资者的各方面需求。例如，基金管理人在设计基金产品时，积极开发不同性质的基金产品，使基金产品多样化，更好地满足不同投资群体的投资需求；基金管理人在规定相关手续时，应尽可能简化申购、赎回、结算等各项手续，为基金投资者提供最为便捷的服务；基金管理人在收取各项费用时，收取的管理费用、销售费用等有关费用应尽可能合理，为基金投资者节约开支，降低基金投资者的投资成本；基金管理人在提供资讯服务时，应使各项资讯信息公开化，定期公布基金的资产状况，加强基金运作的透明度。此外，基金管理人在承担自身经济责任的同时，也应承担一定的社会责任，例如，承担教育广大基金投资者、普及基金投资常识的责任。基金管理人通过出版各种基金投资手册，介绍各种基金产品及基金投资理念，教育广大基金投资者；基金管理人通过举办基金投资说明会等方式，分析国内外经济金融形势，为广大基金投资者抓住基金投资机会、进行基金投资提供参考。

6.1.3　投资限制

一般来说，基金的投资对象为股票、债券等有价证券，基金不得从事实业投资。具体来说，基金的投资对象及投资行为要受到所在国相关法律法规的限制并符合基金契约的规定。

1）相关法律法规的限制

为保护广大基金投资者的利益，促进基金业健康稳定发展，各国政府及其证券主管机构通过相关法律法规对基金的投资对象及投资行为加以限制。其目的主要有三个方面：一是引导基金分散投资，降低基金投资的风险；二是避免基金操纵市场；三是发挥基金引导市场的积极作用。

在我国，按照《证券投资基金法》的规定，公开募集基金的基金管理人运用基金财产进行证券投资，除国务院证券监督管理机构另有规定外，应当采用资产组合的方式。资产组合的具体方式和投资比例，依照《证券投资基金法》和国务院证券监督管理机构的规定在基金合同中约定。公开募集基金的投资对象为：①上市交易的股票、债券；②国务院证券监管机构规定的其他证券及其衍生品种。因此，基金的投资范围为股票、债券等金融工具。目前，我国的基金主要投资于国内依法公开发行上市的股票、非公开发行的股票、国债、企业债券、金融债券、货币市场工具、资产支持证券等。

按照《证券投资基金法》的规定，公开募集基金的基金资产不得用于下列投资或者活动：①承销证券；②违反规定向他人贷款或者提供担保；③从事承担无限责任的投资；④买卖其他基金份额，但是国务院证券监督管理机构另有规定的除外；⑤向其基金管理人、基金托管人出资；⑥从事内幕交易、操纵证券交易价格及其他不正当的证券交易活动；⑦法律、行政法规和国务院证券监督管理机构规定禁止的其他活动。运用基金财产买卖基金管理人、基金托管人及其控股股东、实际控制人或者与其有其他重大利害关系的公司发行的证券或承销期内承销的证券，或者从事其他重大关联交易的，应当遵循基金份额持有人利益优先的原则，防范利益冲突，符合国务院证券监督管理机构的规定，并履行信息披露义务。

除上述规定以外，按照《公开募集证券投资基金运作管理办法》的规定，公开募集基金的基金管理人运用基金财产进行证券投资，不得有下列情形：①一只基金持有一家公司发行的证券，其市值超过基金资产净值的10%；②同一基金管理人管理的全部基金持有一家公司发行的证券，超过该证券的10%；③基金财产参与股票发行申购，单只基金所申报的金额超过该基金的总资产，单只基金所申报的股票数量超过拟发行股票公司本次发行股票的总量；④一只基金持有其他基金（不含货币市场基金），其市值超过基金资产净值的 10%，但基金中基金除外；⑤基金中基金持有其他单只基金，其市值超过基金资产净值的 10%，或者投资于其他基金中基金；⑥基金总资产超过基金净资产的 140%；⑦违反基金合同关于投资范围、投资策略和投资比例等约定；⑧中国证监会规定禁止的其他情形。完全按照有关指数的构成比例进行证券投资的基金品种可以不受上述第①项、第②项规定的比例限制。基金管理人运用基金财产投资证券衍生品种的，应当根据风险管理的原则，并制定严格的授权管理制度和投资决策流程。基金管理人运用基金财产投资证券衍生品种的具体比例，应当符合中国证监会的有关规定。中国证监会另行规定的其他特殊基金品种可不受上述比例的限制。基金管理人运用基金财产买卖基金管理人、基金托管人及其控股股东、实际控制人或者与其有重大利害关系的公司发行的证券或者承销期内承销的证券，或者从事其他重大关联交易的，应当符合基金的投资目标和投资策略，遵循持有人利益优先原则，防范利益冲突，建立健全内部审批机制和评估机制，按照市场公平合理价格执行。相关交易必须事先得到基金托管人的同意，并按法律法规予以披露。重大关联交易应提交基金管理人董事会审议，并经过 2/3 以上的独立董事通过。基金管理人董事会应至少每半年对关联交易事项进行审查。基金管理人应当自基金合同生效之日起 6 个月内使基金的投资组合比例符合基金合同的有关约定。期间，基金的投资范围、投资策略应当符合基金合同的约定。因证券市场波动、上市公司合并、基金规模变动等基金管理人之外的因素致使基金投资不符合上述规定的比例或者基金合同约定的投资比例的，基金管理人应当在 10 个交易日内进行调整，但中国证监会规定的特殊情形除外。

【考证直通车 6-2】

单项选择题

　　按照《公开募集证券投资基金运作管理办法》的规定，基金管理人运用基金财产进行证券投资时，同一基金管理人管理的全部基金持有一家公司发行的证券，不得超过该证券的（　　　）。

A.5%　　　　　　　B.10%　　　　　　　C.20%　　　　　　　D.30%

　　此外，按照《公开募集开放式证券投资基金流动性风险管理规定》，同一基金管理人管理的全部开放式基金持有一家上市公司发行的可流通股票，不得超过该上市公司可流通股票的 15%；同一基金管理人管理的全部投资组合持有一家上市公司发行的可流通股票，不得超过该上市公司可流通股票的 30%。完全按照有关指数的构成比例进行证券投资的开放式基金以及中国证监会认定的特殊投资组合可不受前述比例限制。单只开放式基金主动投资于流动性受限资产的市值合计不得超过该基金资产净值的 15%。因证券市场波动、上市公司股票停牌、基金规模变动等基金管理人之外的因素致使基金不符合前款所规定比例限制的，基金管理人不得主动新增流动性受限资产的投资。本条款所述流动性受限资产是指由于法律法规、监管、合同或操作障碍等原因无法以合理价格予以变现的资产，包括但不限于到期日在 10 个交易日以上的逆回购与银行定期存款（含协议约定有条件提前支取的银行存款）、停牌股票、流通受限的新股及非公开发行股票、资产支持证券、因发行人债务违约无法进行转让或交易的债券等。

关于货币市场基金的投资限制，按照《货币市场基金监督管理办法》的规定，货币市场基金应当投资于以下金融工具：①现金；②期限在1年以内（含1年）的银行存款、债券回购、中央银行票据、同业存单；③剩余期限在397天以内（含397天）的债券、非金融企业债务融资工具、资产支持证券；④中国证监会、中国人民银行认可的其他具有良好流动性的货币市场工具。

货币市场基金不得投资于以下金融工具：①股票；②可转换债券、可交换债券；③以定期存款利率为基准利率的浮动利率债券，已进入最后一个利率调整期的除外；④信用等级在AA+以下的债券与非金融企业债务融资工具；⑤中国证监会、中国人民银行禁止投资的其他金融工具。

货币市场基金投资于相关金融工具的比例应当符合下列规定：①同一机构发行的债券、非金融企业债务融资工具及其作为原始权益人的资产支持证券占基金资产净值的比例合计不得超过10%，国债、中央银行票据、政策性金融债券除外；②货币市场基金投资于有固定期限银行存款的比例，不得超过基金资产净值的30%，但投资于有存款期限，根据协议可提前支取的银行存款不受上述比例限制；③货币市场基金投资于具有基金托管人资格的同一商业银行的银行存款、同业存单占基金资产净值的比例合计不得超过20%，投资于不具有基金托管人资格的同一商业银行的银行存款、同业存单占基金资产净值的比例合计不得超过5%。货币市场基金应当保持足够比例的流动性资产以应对潜在的赎回要求，其投资组合应当符合下列规定：①现金、国债、中央银行票据、政策性金融债券占基金资产净值的比例合计不得低于5%；②现金、国债、中央银行票据、政策性金融债券以及5个交易日内到期的其他金融工具占基金资产净值的比例合计不得低于10%；③到期日在10个交易日以上的逆回购、银行定期存款等流动性受限资产投资占基金资产净值的比例合计不得超过30%；④除发生巨额赎回、连续3个交易日累计赎回20%以上或者连续5个交易日累计赎回30%以上的情形外，债券正回购的资金余额占基金资产净值的比例不得超过20%。因市场波动、基金规模变动等基金管理人之外的因素致使货币市场基金投资不符合上述规定的比例或者基金合同约定的投资比例的，基金管理人应当在10个交易日内进行调整，但中国证监会规定的特殊情形除外。货币市场基金投资组合的平均剩余期限不得超过120天，平均剩余存续期不得超过240天。

此外，货币市场基金的投资限制还应当符合《公开募集开放式证券投资基金流动性风险管理规定》中的货币市场基金特别规定。例如，单只货币市场基金主动投资于流动性受限资产的市值合计不得超过该基金资产净值的10%；同一基金管理人管理的全部货币市场基金投资同一商业银行的银行存款及其发行的同业存单与债券，不得超过该商业银行最近一个季度末净资产的10%。

关于非公开募集基金的投资对象，按照《证券投资基金法》的规定，非公开募集基金财产的证券投资包括买卖公开发行的股份有限公司股票、债券、基金份额以及国务院证券监督管理机构规定的其他证券及其衍生品种。按照《私募投资基金监督管理暂行办法》的规定，私募基金财产的投资包括买卖股票、股权、债券、期货、期权、基金份额及投资合同约定的其他投资标的。私募投资基金中的创业投资基金，是指主要投资于未上市创业企业普通股或者依法可转换为普通股的优先股、可转换债券等权益的股权投资基金；鼓励和引导创业投资基金投资创业早期的小微企业；享受国家财政税收扶持政策的创业投资基金，其投资范围应当符合国家相关规定。

》【案例分析 6-1】

　　M 公司及其关联私募机构虽然注册地位于 A 市，但主要经营地点和总部位于 B 市，并在经济发达的 C、D 等市设立了分公司。从事产品宣传推介和募资活动，投资者群体也主要集中在 B、C、D 等市，由 B 市总部对各分公司的资金、财务、合同进行管理控制。M 公司成立以来，核心团队成员以收购和新设公司的方式，实际控制多家公司，以投资这些公司股权的名义设立私募基金募资，待资金到位后迅速转出至 M 公司控制的资金池内挪作他用，仅有少部分资金投向合同约定的标的项目。在募集过程中，M 公司夸大投资收益、误导保本保息，投资金额越大，承诺收益越高，还通过虚假手段大肆宣传，吸引投资者尤其是自然人投资者大量涌入。通过该种运作模式，M 公司及其关联私募机构共发行私募基金百余只，募集资金数十亿元，主要用于还本付息、维持高成本运营、核心团队成员挥霍等。最终公司实际控制人自觉难以收场，向公安机关投案自首。公安机关已对 M 公司相关案件进行立案调查，主要涉案人员已被刑事拘留。案发时公司尚有巨额资金缺口，多只基金到期无法兑付，近千名投资者遭受了本金、利息无法偿付的巨额损失。

　　问题：M 公司及其关联私募机构存在哪些违法违规行为？

　　分析：M 公司及其关联私募机构的违法违规行为有：注册地点与经营地点不一致；募集的私募基金未投向合同约定的公司股权标的项目，假借私募基金名义，行非法集资之实；募集过程中大肆公开宣传，夸大投资收益，向投资者承诺最低收益。私募基金管理人应遵守法律法规，服务国家实体经济。

　　2）基金契约的规定

　　基金作为一种受托理财的集合投资制度，其运作要遵循基金契约的规定，因此，基金的投资对象及投资行为要符合基金契约的规定。基金契约的具体规定内容取决于基金的类型、投资目标及投资理念，对于不同类型的基金来说，其具体规定内容有所不同。例如，成长型基金主要投资于具有成长前景的普通股；收入型基金主要投资于具有稳定收入的国债、企业债券及优先股；平衡型基金既投资于具有成长前景的普通股，又投资于具有稳定收入的国债、企业债券及优先股。按照《公开募集证券投资基金运作管理办法》的规定，公开募集的股票型基金应有80%以上的基金资产投资于股票；公开募集的债券型基金应有80%以上的基金资产投资于债券；公开募集的货币市场基金应仅投资于货币市场工具；公开募集的基金中基金应有80%以上的基金资产投资于其他基金份额；将基金资产投资于股票、债券和货币市场工具，并且股票投资和债券投资的比例不符合股票型基金、债券型基金的规定的，为混合基金；基金名称显示投资方向的，应当有80%以上的非现金基金资产属于投资方向确定的内容。

6.1.4 投资策略

基金的投资策略包括投资管理策略、投资分配策略和投资对象选择策略等内容。

1）投资管理策略

基金投资是通过分散投资于不同的有价证券、构造证券组合来实现的，因此，基金的投资管理策略也就是证券组合的管理策略。按照投资风格或者证券组合的构造风格，基金的投资管理策略可以分为以下两种：

（1）被动的投资管理策略，也被称为指数化投资管理策略。这种投资管理策略是指通过复制或者说模拟某一证券指数，构造证券组合，使所构造的证券组合的收益率跟踪所复制的某一证券指数的收益率，这种类型的基金也被称为指数基金。这种投资管理策略所追求的目标不是使基金投资收益率超越所复制的某一证券指数收益率，而是通过降低跟踪目标指数的跟踪误差，使基金投资绩效及其收益率尽可能与目标指数相吻合。采用这种投资管理策略的基金管理人，其职责是构造一个紧密跟踪某一证券指数的证券组合。基金管理人如果试图使基金投资绩效及其收益率超越所跟踪的指数，则违反了这种投资管理策略的本质要求。在这种情况下，即使基金管理人所管理的基金获得了比所跟踪的指数更好的绩效和更高的收益率，也是不可取的，因为这一做法违反了被动的投资管理策略的初衷及其本质要求。

被动的投资管理策略具有以下优点：一是可以降低交易费用，即基金的投资管理成本，采用该投资管理策略的基金投资管理成本一般低于采用积极的投资管理策略的投资管理成本；二是由于采用紧密跟踪目标指数的策略，基金业绩相对比较稳定。

被动的投资管理策略也存在以下缺点：一是在采用这一策略时难免会出现跟踪误差，其原因是在证券市场中目标指数的样本不可避免地会发生不同程度的变化，从而在指数化证券组合构造完成后必须买卖证券，证券买卖时间及所构造的证券组合与所跟踪的目标指数难免会存在一定的偏差；二是由于上述原因，即使基金管理人试图减少周转交易及相应的交易费用，但仍必须进行一些调整，使之再次与所跟踪的目标指数相平衡，这样指数基金的长期收益绩效将落后于所跟踪的目标指数。

对于股票组合来说，构造被动的指数化股票组合具有以下三种基本方法：一是完全复制法，即按照所复制的目标指数的权重购买指数样本股的所有股票。这种方法可以较好地紧密跟踪目标指数，但并不一定是最佳方法，而可能只是一种次优的方案。其原因在于，这种方法必须购买大量不同种类的股票，增加交易成本，从而降低了基金绩效。此外，当目标指数样本股的企业在不同时间陆续派发股利时，股利的再投资也导致较高的佣金支出。二是抽样法，即基金管理者仅在目标指数样本股中购买具有代表性的部分样本股票，对具有较大权重的样本股票，按其权重购买，同时也购买一些权重较小的样本股票，使所构造的股票组合的整体特征接近于目标指数。这一方法的优点是管理比较容易，管理费用及交易成本比较低。其缺点是不可避免地会出现跟踪误差，所构造的股票组合的收益率低于完全复制法的收益率。三是二次项程序法，即运用二次项程序，将目标指数样本股价格变化的历史信息和目标指数样本股之间的相关性输入计算机，选择跟踪误差最小的股票组合。这一方法的优点是利用计算机及有关程序来构造股票组合，手段比较先进，速度快，又可以节省管理费用。其缺点是依赖于目标指数样本股价格变化和目标指数样本股之间相关性的历史数据，如果它们在跟踪期内发生变化，所构造的股票组合与目标指数之间会出现比较大的跟踪误差。

对于债券组合来说，构造被动的指数化债券组合与构造被动的指数化股票组合基本相似。此外，被动的债券投资管理策略除构造被动的指数化债券组合策略以外，还有买入囤积策略。基金管理者根据投资目标选择一个债券组合，并应客户的要求将这些债券持有至到期日。投资者根据债券的质量、利率水平、偿还期限及赎回条款等重要合约条款，选择自己最满意的债券。基金管理者寻找偿还期限及收益特征接近投资者预定投资期限及收益特征的债券，而不需要考虑主动的交易以获取更高的收益，因而可以减少价格波动和再投资的损失。在实际操作中，基金管理者及债券投资者还可以采用调整的买入囤积策略，即投资者在投资某种债券时将其持有至到期日，同时也积极寻找机会，建立更好的头寸。

（2）积极的投资管理策略。这种投资管理策略是指基金管理人试图超过一个经风险调整后的被动基准投资组合的绩效。在这里，基准投资组合又被称为标准组合，其平均特征与委托人的风险-收益特征相称。这种投资管理策略所追求的目标是使所构造的证券投资组合的收益率超过事先选择的被动基准投资组合的收益率，这两种收益率都要经过交易成本扣除和风险因素调整。在采用这种投资管理策略时，基金管理人与其委托人要选择一个合适的基准，该基准应体现委托人投资组合战略的一般特性。

积极的投资管理策略的优点是力争获取超过事先选择的被动基准投资组合的收益率。积极的投资管理策略也存在以下缺点：一是交易成本较高，实施积极的投资管理策略的交易费用往往高于被动策略；二是所构造的证券投资组合的风险较高，积极的证券投资组合的风险一般大于被动的基准投资组合。综合上述两个方面，积极的证券投资组合的收益率必须高于被动的基准投资组合，且其超出部分不仅要足以补偿高于被动的基准投资组合的交易费用，还要足以补偿高于被动的基准投资组合的风险。

对股票组合来说，在实施积极的投资管理策略中，为了使积极投资组合的收益率高于基准投资组合，可以通过以下方法增加积极投资组合的价值：一是对证券市场进行全面系统的分析研究，科学预测证券市场未来行情，对不同投资对象的风险及其溢价进行合理评估。二是在此基础上适时将基金资产在不同证券之间进行转换。例如，将基金资产在不同行业板块、不同股本特征、不同公司特征以及不同股权结构特征的股票之间进行转换，在股价被炒高之前提前买入；选择市场定价过低的股票，在低价时买入，在高价时卖出。三是对于全球性的积极投资组合来说，基金管理人通过对全球以及国别经济和金融市场进行全面深入的分析研究，合理判断各个国家的股价水平是否过高或过低。如果某国股价水平过低，则在全球性投资组合中加大对该国股票的投资比重，使其权重高于全球基准投资组合中该国股票所占的权重；反之，如果某国股价水平过高，则在全球性投资组合中降低对该国股票的投资比重，使其权重低于全球基准投资组合中该国股票所占的权重。

对债券组合来说，在实施积极的投资管理策略时，可以通过以下具体途径或方法来构建积极债券投资组合：一是利率预期，即在预期利率上升时保留资本，缩短债券组合的持续期间；反之，在预期利率下降时获取资本收益，延长债券组合的持续期间。这一方法主要依靠针对未来利率的不确定性所进行的科学合理预测，因而是最有风险的积极债券组合管理策略。二是估价分析，即对债券的投资价值进行详细分析，并将债券市场价格与债券投资价值进行比较，判断哪些债券目前估价过低、哪些债券目前估价过高。在此基础上，通过买入目前估价过低的债券、卖出目前估价过高的债券，积极调整所构建的债券组合。三是信用分析，即对债券的信用等级进行评估，并对其变化进行预期。在此基础上，通过买入预期信用等级上升的债券、卖出预期信用等级下降的债券，积极调整所构建的债券组合。四是收益率差分析。在债券市场中，不同债券的收益率之间存在一定的关系。例如，对于信用等级高的债券与信用等级低的债券来说，两者之间的收益率差应保持在合理的范围之内。收益率差分析是对债券市场中各种债券收益率之间的关系进行分析，当发现债券收益率差不正常或不合理时，进行债券互换或调整，从而积极调整所构建的债券组合。五是债券互换，即在卖出某一债券的同时，买进另一种具有相似特征、收益较高或风险较小的债券。通过这一方法，基金管理人可以有效提高债券组合的当前收益率和到期收益率，并且可以根据利率变化或按照收益率差的重新排序，提高债券组合的绩效。

上述被动的投资管理策略和积极的投资管理策略是理论上基金的两种投资管理策略。在基金投资的实际操作中，基金管理人完全实施被动的投资管理策略或积极的投资管理策略并不多见，通常大部分基金管理人实施的投资管理策略是介于被动的投资管理策略与积极的投资管理策略之间的一种投资管理策略。

》【案例分析6-2】　　　　　拥有自己的投资哲学

什么是投资哲学呢？简而言之，就是如何看待投资，如何看待市场。具体到基民投资基金来说，无论是购买、持有还是赎回基金，做长期投资还是短线投资，所做的投资决策都来源于投资者对市场和基金的看法，因此，形成并坚持自己的投资哲学非常重要。

每个人都有自己的生活哲学。投资基金，也一定要拥有自己的投资哲学。理查德·德里豪斯说：有一套核心哲学是长期交易成功的根本要素。没有核心哲学，你就无法在真正的困难时期坚守自己的立场。

资料来源：根据相关资料整理。

问题：（1）投资哲学有哪几种基本类型？

（2）你怎样看待不同类型的投资哲学？

分析：（1）投资哲学通常有两种基本类型。一类投资哲学认为，市场是有效的，市场的参与者总体而言无法战胜市场。因此，他们采取分散投资或者指数化投资的策略。用该投资哲学看待市场和基金的投资者，一般投资于像ETF这类高度拟合市场表现的指数基金，坚信经济和市场长期一定会成长，保持"无为而治"的心态长期持有基金。另一类投资哲学认为，市场并非总是有效的，市场参与者可以通过研究做出判断，战胜市场。信奉这种投资哲学的人包括巴菲特、林奇、索罗斯等投资大师。该类投资者认为，把钱交给优秀的基金经理能够获得比市场更好的收益，一般会购买主动型基金。

（2）上述两种投资哲学难分高下。虽然前者获得的平均收益低于后者，但是后者的收益范围非常大，也就意味着风险更大，既有可能"养"了表现很不错的基金，超过市场表现，也有可能选择了表现很差的基金。因此，秉持能够战胜市场理念的投资者，需要下很大力气去研究到底哪只基金值得长期拥有。无论你是怎么看待基金表现和市场变化的，只要坚持上面某一种投资哲学，就能够在基金的长跑中获得胜利。

2）投资分配策略

基金的投资分配策略是指基金管理人将基金资产在不同投资对象之间进行最优化配置的指导思想和原则。

基金管理人在制定基金的投资分配策略时，应考虑以下因素：一是国家相关法律法规的限制及基金契约的规定。各国政府及其证券主管机构通过相关法律法规对基金的投资对象及投资行为加以限制，基金契约也在一定程度上规定了基金的投资对象及投资行为，基金管理人在制定基金的投资分配策略时应考虑到这些因素。关于国家相关法律法规的限制及基金契约的规定请参考"6.1.3 投资限制"。二是基金类型及其运作目标。对于不同类型的基金来说，其投资分配策略具有很大差别。例如，在封闭式基金和开放式基金、成长型基金和收入型基金之间，基金的投资分配策略具有很大差别。此外，对于同一类型的基金来说，由于其运作目标不同，基金的投资分配策略也具有一定的区别。三是证券市场的风险-收益状况。除上述两方面因素以外，基金管理人在制定基金的投资分配策略时还需要对证券市场的风险-收益状况进行分析，根据分析结果及基金投资者的投资需求和目标，选择最优的投资分配策略。

基金的投资分配策略种类多样，以下从基金投资分配的基本策略和基金投资分配的具体策略两个层次，简要介绍目前常见的基金投资分配策略的有关内容。基金投资分配的基本策略有以下两种：

（1）三分法策略。这一策略是从个人理财中的资产配置三分法演变而来的。个人理财中的资产配置三分法是指在个人理财中，通常将个人财产按一定比例分别投资于具有较高流动性的银行存款、具有较高收益性的有价证券及在一定程度上具有保值增值功能的房地产、黄金等不动产。基金的投资领域是证券市场中的各种股票、债券等有价证券，基金管理人在制定基金投资分配策略时首先要确定基金在股票、债券、现金或银行存款等三种类型资产之间的投资比例。根据个人理财中的资产配置三分法及其思路，基金管理人在构建投资组合时，将所管理的资金分成以下三个部分进行投资：第一部分资金投资于债券、优先股、蓝筹股等风险较小的有价证券，以便获得稳定的收益；第二部分资金投资于收益较高的成长型股票，以便获得较高的收益；第三部分资金以现金、银行存款等形式持有，以便使资产保持一定的流动性以及随时抓住有利的投资机会。这一策略既能通过对成长型股票的投资，从而获得可观的资本利得，使基金具有长期增值潜力，又能依靠投资于债券、优先股、蓝筹股，从而获得稳定的收入，还能凭借持有的现金、银行存款，使基金资产保持一定的流动性以及投资的灵活性。此外，这一方法适合任何类型的基金，不论基金的类型如何，都可以采用这一方法将基金资产按一定比例合理配置在三种不同类型的资产上，实现各种投资目标。所不同的是对于不同类型的基金来说，在三种不同类型的资产上的配置比例有所不同。这一方法的难点是如何合理地设计在三种不同类型的资产上的配置比例，并根据证券市场及投资者投资需求的变化适时进行调整。

（2）投资分散化策略。基金管理人在制定基金投资分配策略时还要考虑到通过适当分散化投资以降低基金所面临的风险。投资分散化的基本思路是将基金资产分散投资于不同的投资对象，有效地分散个别投资对象的风险，规避非系统性风险，使基金收益水平及绩效不至于因个别投资对象价格的大起大落而剧烈波动，从而获得证券市场总体成长所带来的收益。投资分散化的具体内容包括投资对象分散化、投资期限分散化和投资区域分散化。基金的投资分散化是指基金管理人根据基金投资的范围限制将基金资产投资于不同的证券市场，并根据基金投资者的风险承受能力，将资本按一定比例投资于不同类别的股票、债券等有价证券上，即不要把所有的鸡蛋放在一个篮子里面。实行分散化投资是基金最显著的特点，投资者购买基金就等于间接购买了基金所持有的全部证券，从而有效地降低了投资风险，并可以获得证券市场总体成长所带来的收益。

上述两种基金投资的基本策略是基金投资分配的基本指导思想。在实践中，基金投资分配的具体策略有以下几种：

（1）固定比例投资分配策略。这一策略主要用于解决如何在股票和债券之间分配投资的问题，具体做法是基金管理人在基金投资操作中努力使股票投资总额与债券投资总额保持某一适当比例，当股票价格上涨从而使投资总额中股票份额上升时，卖出部分股票、买入一定数量的债券，使投资资产总额中股票与债券份额保持既定的比例；反之，当股票价格下跌，从而使投资总额中股票份额下降时，卖出部分债券、买入一定数量的股票，使投资资产总额中股票与债券份额仍保持既定的比例。通过调节股票和债券的比例，保持固定的资产持有结构，从而有效防范投资风险，提高投资收益。对于股票、债券、现金或银行存款三者之间的分配，这一策略同样适用。

（2）黄金分割策略。这一策略主要用于分散投资风险，具体做法是基金管理人将基金投资资金分成两大部分：一部分用于投资风险性证券，另一部分投资于安全性证券。两者之间的比例为数学中的黄金分割比例 0.618，即 62% 左右，大致为 4 : 6。这一策略将基金投资资金中一半以上的资金投向安全性较高的证券，因而安全性较高，但这一策略仅将基金投资资金中的少部分投资于获利较高的证券，难免会失去一部分获利机会，因此，这一策略通常适用于较为保守的投资目标。

（3）头寸保持策略。这一策略将基金资金投资于不同期限、不同种类的证券，并定期保持该证券头寸，以长期稳定地获取证券收益。这一策略的基本要求是合理保持证券头寸，不在乎操作方法，适用于这一策略的具体操作方法可以有多种。

（4）梯形投资分配策略。梯形投资分配策略即基金管理人将基金资金投资于不同期限的证券上，每种证券的投资额大体相同，当期限最短的证券到期时，收回投资于该证券的资金及其收益，并将收回的投资资金及其投资收益再投资到更长期限的证券上去。

（5）杠铃投资策略。杠铃投资策略即基金管理人将基金资金投资于长期或短期证券，很少或放弃对中期证券的投资。

在确定了整个基金投资的分配策略后，还需要对具体的投资对象制定投资策略。关于具体投资对象的投资分配也同样重要，通过制定科学的投资分配策略可以有效降低投资成本，提高投资收益。在投资实践中，关于单个投资对象的投资策略也非常多，以下介绍常见的几种：

（1）摊平投资策略，即在对某一证券的投资中，随着该证券市场价格的下跌，在不同价位上连续买进等量或不等量的证券，以降低累计持有的证券成本。该方法的应用必须具备以下两个前提条件：一是该证券市场价格的下跌是涨势行情中的回调，也就是属于短期的下跌，在不久的未来有回升的机会；二是投资者具有充足的资金，在资金上有能力买进足够数量的证券以摊平成本。在投资实践中，摊平投资的具体操作方法有逐次等量买进摊平和加倍买进摊平两种。

（2）平均成本投资策略，即在对某一证券的投资中，不论该证券的市场价格如何变化，始终以固定的数额定期买进该证券，因平均成本低于平均价格而获得收益。在具体操作上，首先选择具有长期投资价值的某一证券，并且该证券价格最好具有较大的波动性；其次，选择合适的投资时间，在这一期间不论该证券的市场价格是上涨还是下跌，始终以相同的固定金额定期持续买进该证券。这一方法的优点是投资的时间事先已确定下来，在投资过程中不再考虑投资时间的选择，只需定期买进即可，因而在操作上十分简便。但这一方法也存在一定的缺陷，主要是获得的利润数额有限，采用这一方法很难获得巨额利润，而且如果投资者对行情判断出现失误，所买进的某一证券市场价格持续下跌，在投资期内必然发生亏损。

（3）分段获利策略，即在对某一证券的投资中，当所买进证券出现高价行情时，将所持头寸的一部分卖出以赚取利润，并将剩下的头寸继续持有以便未来价格出现新的高点时再进行卖出，获取更高的利润。该方法适用的情况是该证券市场行情变化不定，难以准确地预测该证券未来市场价格的高低，其操作思路是在价格相对较高时卖出部分头寸以赚取利润，而留下部分头寸以获取更高的利润，即使价格下跌也不至于造成损失，其最大的优点是既有获利的机会，又不会承担大的风险。

（4）金字塔投资策略，即在对某一证券的投资中，针对某一行情，在建仓买入时初次买入多，以后逐渐递减，而在平仓卖出时初次卖出少，以后逐渐递增。在具体操作中，在市场开始回升、预计未来一段时间证券价格处于上升趋势时，利用价格较低、风险较小的投资优势，将资金分批投入，价格较低、风险较小时买入数量也较多；随着价格上升、风险增大，买入数量逐渐减少，买入数量在时间上呈金字塔形；在价格上升到某一高位时，逐渐卖出减仓，卖出数量先少后多，直至最后全部卖出平仓，卖出数量在时间上呈倒金字塔形。采用这种金字塔式买入、倒金字塔式卖出的投资方法，在一定程度上既能把握机会，又能减少风险。

（5）拔档子投资策略，即在对某一证券的投资中，当该证券价格下跌而被套牢时，忍痛卖出证券，待价格再下跌见底或即将见底时，再进行买入回补，以便行情回升时再卖出，从而解套或减轻损失。

3）投资对象选择策略

基金管理人在确定了投资管理策略和投资分配策略后，还需要制定关于选择具体投资对象的策略。对于实施被动的投资管理策略的基金来说，由于基金运作要求复制并跟踪某一目标指数，基金管理人对投资对象的选择体现在对目标指数的选择上，一旦目标指数已经选定，投资对象选择的具体方法也就是本节前面所说的构造被动的指数化证券组合的基本方法。对于实施主动的投资管理策略或介于主动和被动之间的基金来说，基金管理人在选择基金投资对象之前，需要进行大量的证券投资分析研究，使所选择的投资对象符合基金的投资需求，从而给基金投资者带来最大收益。在这里，基金管理人选择基金投资对象的基本方法也就是证券投资分析方法，包括宏观经济分析、行业分析、区域分析、公司分析等基本分析以及各种各样的技术分析，有关这方面内容请参考证券投资分析相关书籍。

6.2　基金资产估值

6.2.1　基金资产估值及其相关概念

基金资产估值是指按照一定的原则和方法，对基金所拥有的全部资产及所有负债进行估算，以确定基金资产公允价值的过程。在基金资产估值中还涉及一些相关概念，现简要介绍如下：

（1）基金资产总值。它是指基金全部资产的价值总和。

（2）基金资产净值。它是指基金资产总值与基金负债总值的差额，用公式表示为：

$$基金资产净值=基金资产总值-基金负债总值$$

（3）基金份额净值。它是指基金资产净值除以基金总份额的比值，用公式表示为：

$$基金份额净值=基金资产净值÷基金总份额$$

基金份额净值是计算投资者申购基金份额、赎回资金金额的基础，也是评价基金投资业绩的基础指标之一。

小思考 6-2 ---

基金份额净值越低，将来上涨的空间越大吗？基金份额净值越高，风险越高吗？

答：基金份额净值越低，并不意味着将来上涨的空间就越大。基金的资产主要是基金持有的股票、债券，如果这部分资产升值，基金份额净值就会升高；反之，基金份额净值就会降低。当然，基金分红和各项费用的增长也会造成基金份额净值的下降。假设两只基金的时间期限相同，也都没有进行过分红，则基金份额净值高的基金就代表基金管理人的管理水平高，为投资者创造的收益多；而基金份额净值低的基金代表着基金管理人的投资能力不强，为投资者创造的收益少。投资者当然应该选择管理水平高的基金，也就是基金份额净值高的基金。由于基金份额净值还是基金买卖时的价格，投资者容易误以为基金份额净值也像股票价格一样，低价格意味着在将来可能有更大的上升空间，因此错误地选择了投资能力不强、管理水平不高的基金。

同样，基金净值越高，并不意味着基金的风险越高。基金的净值高，通常说明基金的成长性较好，那些经历过市场检验的高净值的基金一般具有较好的稳定性和持续成长的能力。其实，基金的风险并非来自高净值，而主要来自基础市场行情走势对基金投资组合的影响。基金公司遵循的是投资组合理念，它的操作实际上是在低价位的时候买入一只股票，当股票涨到一定程度的时候，股票的风险增加，基金公司就卖出，资产从股票变成了现金，净值非但没有降低，反而因及时出售高风险资产而增加。对于那些投资水平高的团队来说，这样重复操作的结果是总资产在增加，净值也在增加，但风险并没有累加。所以，基金的风险主要是基金投资组合中资产的风险，和基金净值的高低没有关系。

资料来源：根据相关资料整理。

6.2.2　基金资产估值的目的

基金持有的资产是证券市场中的各种有价证券，而在证券市场中各种有价证券的价格是不断波动的，因而基金资产价值也是不断变化的。在基金运作中，基金参与者需要随时了解基金资产价值状况，因此，客观上需要对基金资产进行估值。

在基金市场中，基金的交易价格与基金份额净值有着一定的联系，前者在一定程度上受后者的影响。对于开放式基金来说，基金份额申购价格和赎回价格是在基金份额净值的基础上确定的，其中，基金份额申购价格是基金份额净值加上申购费用，基金份额赎回价格是基金份额净值减去赎回费用，因此，开放式基金的申购价格和赎回价格在很大程度上取决于基金份额净值。对于封闭式基金来说，虽然其交易价格更容易受买卖基金份额的供求关系的影响而不断变化，但从长期来看，封闭式基金的交易价格总是围绕着基金份额净值上下波动的，因此，封闭式基金的交易价格也在一定程度上受基金份额净值大小的影响。

由于基金份额净值既是计算开放式基金份额申购价格和赎回价格的基础，也会间接地影响到封闭式基金的交易价格，并且关系到基金投资者的利益，因此就要求准确地计算基金份额净值。对于基金投资者来说，以开放式基金为例，基金申购者希望以低于实际价值的价格进行申购，基金赎回者希望以高于实际价值的价格进行赎回。而基金持有人与基金申购者及基金赎回者相反，希望流入比实际价值更多的资金，流出比实际价值更少的资金。因此，客观上需要一个公允的基金份额净值。此外，对于基金管理人来说，为了提高基金业绩从而达到吸引投资者的目的，基金管理人有可能操纵估值结果，从而造成资产估值不公允。因此，监管机构需要对基金管理人的资产估值行为加以监管。

6.2.3　估值频率及估值日

1）估值频率

估值频率是指每间隔多长时间对基金资产进行估值，或者说是对基金资产进行估值的时间间隔。基金的估值频率通常取决于基金组织形式及其投资对象的特点等因素，并通过相关法规加以规定。在一般情况下，基金都按照固定的时间间隔对基金资产进行估值，各国法规规定一个最小的估值频率。在国外，大多数基金是每个交易日估值一次，也有一部分基金是每周估值一次，有的甚至每半个月、每个月估值一次。在我国，根据有关规定，对于公开募集基金来说，无论是开放式基金还是封闭式基金，都必须每个交易日估值一次。

【考证直通车 6-3】

单项选择题

我国公开募集基金的估值频率是（   ）。

A.每个交易日   B.每两个交易日

C.每周   D.没有明确的规定

2）估值日

估值日是指对基金资产进行估值的实际日期。基金的估值日通常取决于基金的估值频率，并通过相关法规加以规定，公开募集基金一般为相应的每个交易日。例如，在国外，大多数公开募集基金的估值日为相应的每个交易日。在我国，根据有关规定，公开募集的开放式基金的估值日为相应的每个交易日，并于次日公告基金份额净值；公开募集的封闭式基金的估值日也为相应的每个交易日，并每周披露一次基金份额净值。

6.2.4 估值对象及估值原则

1）估值对象

基金资产的估值对象包括基金所拥有的全部基金资产。在我国，根据基金的投资范围，基金资产的估值对象包括基金所拥有的股票、债券、权证、银行存款本息、应收款项以及其他投资等全部基金资产。

2）估值原则

为了规范基金资产估值行为，各国都通过相关法规规定了基金资产估值的原则。在我国，财政部颁布了《证券投资基金会计核算办法》，明确规定了基金资产估值的原则。该估值原则主要是针对交易所交易证券的估值。对于银行间交易的债券的估值以及交易所创新品种的估值，一般由基金管理公司参照上述估值原则确定，并在基金合同中明确规定。中国证监会在 2006 年、2008 年先后发布了《关于基金管理公司及证券投资基金执行〈企业会计准则〉的通知》《关于进一步规范证券投资基金估值业务的指导意见》，对基金估值业务，特别是长期停牌股票等没有市价的投资品种的估值等问题做出了进一步的规范。我国基金估值的基本原则主要有以下几个方面：

（1）对存在活跃市场的投资品种，如估值日有市价的，应采用市价确定公允价值。估值日无市价，但最近交易日后经济环境未发生重大变化的，应采用最近交易市价确定公允价值。估值日无市价，且最近交易日后经济环境发生了重大变化的，应参考类似投资品种的现行市价及重大变化因素，调整最近交易市价，确定公允价值。有确凿证据表明最近交易市价不能真实反映公允价值的（如异常原因导致长期停牌或临时停牌的股票等），应对最近交易的市价进行调整，以确定投资品种的公允价值。

（2）对不存在活跃市场的投资品种，应采用市场参与者普遍认同且被以往市场实际交易价格验证具有可靠性的估值技术确定公允价值。运用估值技术得出的结果，应反映估值日在公平条件下进行正常商业交易所采用的交易价格。

（3）有充足理由表明按以上估值原则仍不能客观反映相关投资品种的公允价值的，基金管理公司应根据具体情况与托管银行进行商定，按最能恰当反映公允价值的价格估值。

我国有关具体投资品种的估值原则主要有以下几个方面：

（1）交易所上市、交易品种的估值。交易所上市股票和权证以收盘价估值，上市债券以收盘净价估值，期货合约以结算价格估值。交易所以大宗交易方式转让的资产支持证券，采用估值技术确定公允价值；在估值技术难以可靠计量公允价值的情况下，按成本进行后续计量。

（2）交易所发行未上市品种的估值。首次发行未上市的股票，采用估值技术确定公允价值；在估值技术难以可靠计量公允价值的情况下，按成本计量。送股、转增股、配股和增发新股等发行未上市股票，按交易所挂牌的同一股票的市价估值。发行未上市的债券和权证，采用估值技术确定公允价值。非公开发行股票、公开发行股票网下配售部分等有明确锁定期的流通受限股票，按以下方法确定公允价值：

① 如果估值日在证券交易所上市交易的同一股票的市价低于该非公开发行股票等流通受限股票的初始取得成本，应采用在证券交易所上市交易的同一股票的市价作为估值日该流通受限股票的价值。

② 如果估值日在证券交易所上市交易的同一股票的市价高于该非公开发行股票等流通受限股票的初始取得成本，应按以下公式确定该流通受限股票的价值：

$$FV = C + (P-C)(D_t - D_r) \div D_t$$

在上式中，FV 表示估值日该非公开发行股票等流通受限股票的价值；C 表示该非公开发行股票等流通受限股票的初始取得成本（因送股、转增股、配股、派息等权益业务导致市场价格除权时，应于除权日对其初始取得成本做相应调整）；P 表示估值日在证券交易所上市交易的同一股票的市价；D_t 表示该非公开发行股票等流通受限股票锁定期所含的交易所的交易天数；D_r 表示估值日剩余锁定期，即估值日至锁定期结束所含的交易所的交易天数（不含估值日当天）。

（3）交易所停止交易等非流通品种的估值。因持有股票而享有的配股权以及停止交易但未行权的权证，采用估值技术确定公允价值。

（4）全国银行间债券市场交易的债券、资产支持证券等固定收益品种，采用估值技术确定公允价值。

（5）同一证券同时在两个或两个以上市场交易的，按证券所处的市场分别进行估值。

6.2.5　估值程序

基金日常估值由基金管理人同基金托管人一同进行。基金管理人在估值日完成对基金资产的估值后，将估值结果以加密传真的方式报给基金托管人。基金托管人收到基金管理人报送的估值结果后，按基金合同规定的估值方法、时间、程序进行复核，并在复核无误后签章返回给基金管理人。基金托管人对月末、年中和年末的估值复核与基金会计账目的核对同时进行。基金管理人收到基金托管人复核无误的估值结果后，再对外公布估值结果。

6.2.6　估值错误的处理

基金管理人和基金托管人应按照相关规定对基金资产进行估值，并采取合理的措施确保基金资产估值的准确性。此外，基金管理人应制定基金资产估值错误的识别及应急方案。当发现基金资产估值出现错误时，基金管理人应立即予以纠正，及时采取措施防止损失进一步扩大。当基金份额净值错误偏差达到0.5%时，基金管理人应当予以公告，通报基金托管人，并报中国证监会备案。基金管理人和基金托管人在进行基金资产估值的过程中，未能遵循相关法律法规规定或基金合同约定，对基金资产或基金份额持有人造成损害的，应分别对各自行为依法承担赔偿责任；因共同行为对基金资产或基金份额持有人造成损害的，应承担连带赔偿责任。

6.2.7　暂停估值

在通常情况下，基金管理人和基金托管人在每个估值日都需要进行基金资产估值。在基金运作过程中，有时会出现基金管理人和基金托管人无法控制的事项，致使基金管理人和基金托管人无法进行基金资产估值或无法对基金资产进行准确估值，这时基金管理人和基金托管人可以暂停基金资产估值，这种情况被称为暂停估值。

按照相关规定，在基金运作过程中出现下列情形时，基金管理人和基金托管人可以暂停估值：①基金投资所涉及的证券交易所遇法定节假日或因其他原因暂停营业时；②因不可抗力或其他情形致使基金管理人、基金托管人无法准确评估基金资产价值时；③占基金相当比例的投资品种的估值出现重大转变，而基金管理人为保障投资人的利益，已决定延迟估值；④如出现基金管理人认为属于紧急事故的任何情况，会导致基金管理人不能出售或评估基金资产的；⑤中国证监会和基金合同认定的其他情形。

6.3　基金费用

6.3.1　基金费用的含义

基金是一种受托理财的投资方式，在运作过程中会发生一系列相关费用。概括起来，在基金运作过程中发生的费用可分为以下两大类：第一类费用是在基金销售过程中发生的由基金投资者自己承担的费用，包括申购费、赎回费及基金转换费等。第二类费用是在基金管理过程中发生的由基金资产承担的费用，包括基金管理费、基金托管费、信息披露费等。对于不收取申购、赎回费的货币市场基金来说，按照规定，基金管理人可以按照不高于2.5%的比例从基金资产中计提一定的费用，专门用于基金的销售和对基金持有人的服务。这类费用虽然是在基金销售过程中发生的，但由于是由基金资产承担的，因而也属于第二类费用。上述两大类费用具有不同的性质，第一类费用由基金投资者自己承担，直接从投资者申购、赎回或转换的金额中收取，不参与基金的会计核算；第二类费用由基金资产承担，直接从基金资产中列支，参与基金的会计核算。

这里所说的基金费用仅指上述第二类费用，即在基金管理过程中发生的由基金资产承担的费用。

6.3.2　基金费用的具体范围

微课 6-3

基金费用

按照规定，在基金运作过程中发生的下列费用可以作为基金费用，并可以从基金财产中列支：①基金管理人的管理费；②基金托管人的托管费；③销售服务费；④基金合同生效后的信息披露费；⑤基金合同生效后的会计师费和律师费；⑥基金份额持有人大会费用；⑦基金的证券交易费用；⑧按照国家有关规定和基金合同约定，可以在基金财产中列支的其他费用。

对于某一基金来说，基金费用的具体范围及计提标准一般都需要在基金合同及基金招募说明书中加以明确规定。

按照规定，在基金运作过程中发生的下列费用不能作为基金费用从基金资产中列支：①基金管理人和基金托管人因未履行或未完全履行义务导致的费用支出或基金资产的损失；②基金管理人和基金托管人处理与基金运作无关的事项发生的费用；③基金合同生效前的相关费用，包括但不限于验资费、会计师费和律师费、信息披露费等。

【考证直通车 6-4】

单项选择题

下列（　　）不能从基金资产中列支。

A.基金管理人的管理费　　　　　　B.基金托管人的托管费

C.销售服务费　　　　　　　　　　D.基金募集期间的信息披露费

6.3.3　基金费用的种类及计提方法和支付方式

1）基金管理费

基金管理费是指基金管理人因管理基金资产而发生的、需要从基金资产中列支收取的费用。在通常情况下，基金管理费是按照基金资产净值的一定比例即费率计提的。对于不同类型、不同风险、不同规模及不同国家和地区的基金来说，基金管理费的费率不完全相同。按照《公开募集证券投资基金运作管理办法》的规定，公开募集基金的基金管理人可以根据与基金份额持有人利益一致的原则，结合产品特点和投资者的需求设置基金管理费率的结构和水平。从基金类型来看，证券衍生工具基金的管理费率最高，如认股权证基金的管理费率为1.5%～2.5%；股票型基金居中，为1%～1.5%；债券型基金略低，为0.5%～1.5%；货币市场基金最低，为0.25%～1%。从基金风险来看，基金管理费的费率与风险成正比，基金风险程度越高，基金管理费率越高。从基金规模来看，基金管理费的费率与基金规模成反比，基金规模越大，基金管理费率越低。从国别和地区来看，不同国家和地区的基金管理费率不完全相同，总的趋势是在基金行业越发达的国家和地区，基金管理费的费率通常越低。例如，在美国等基金行业比较发达的国家和地区，基金管理费的费率相对较低，基金管理年费率通常为1%左右；在新兴市场国家和地区，基金管理费的费率相对较高，例如，中国香港债券型基金管理年费率通常为

0.5%~1.5%，股票型基金管理年费率通常为1%~2%，中国台湾基金管理年费率通常为1.5%左右，而有的发展中国家和地区的基金管理年费率甚至超过3%。目前，在中国内地，大部分基金管理年费率为1.5%左右，债券型基金管理年费率通常低于1%，货币市场基金管理年费率通常为0.33%。

在计提方法和支付方式上，基金管理费按前一交易日基金资产净值的一定比例逐日计提，按月支付。基金管理费的计算公式如下：

每日计提的基金管理费=前一交易日基金资产净值×年费率÷365

2）基金托管费

基金托管费是指基金托管人因托管基金资产而发生的、需要从基金资产中列支收取的费用。在通常情况下，基金托管费也是按照基金资产净值的一定比例计提的。对于不同类型、不同规模及不同国家和地区的基金来说，基金托管费的费率不完全相同。从基金类型来看，股票型基金的托管费率通常高于债券型基金及货币市场基金的托管费率。从基金规模来看，通常基金托管费率与基金规模成反比，基金规模越大，基金托管费率越低。从国别和地区来看，不同国家和地区的基金托管费率不完全相同，国际上通常为0.2%左右，美国一般为0.2%，新兴市场国家和地区的基金托管费率相对较高，中国香港、中国台湾的基金托管费率通常为0.25%。目前，在我国内地，封闭式基金的托管费率通常为0.25%，开放式基金的托管费率按照基金合同的规定比例，通常低于0.25%。

基金托管费的计提方法和支付方式与基金管理费相同，也是按前一交易日基金资产净值的一定比例逐日计提，按月支付，其计算公式也与基金管理费相同。

3）基金销售服务费

它是指基金管理人因销售基金份额及为基金投资者提供服务而发生的、需要从基金资产中列支收取的费用。基金管理人收取的销售服务费主要用于支付基金销售机构的佣金、基金管理人因销售基金份额而发生的广告费、促销活动费以及为基金投资者提供服务而发生的服务费等方面的费用。按照规定，目前只有货币市场基金的销售服务费可以从基金资产列支，费率大约为0.25%。

基金销售服务费的计提方法和支付方式也与基金管理费相同，也是按前一交易日基金资产净值的一定比例逐日计提，按月支付，其计算公式也与基金管理费相同。

4）基金交易费

基金交易费是指基金在进行证券买卖交易时所发生的、需要从基金资产中列支收取的相关交易费用。目前，我国基金交易费主要包括印花税、交易佣金、过户费、经手费、证管费等相关费用。其中，印花税、过户费、经手费、证管费等由证券登记结算机构或证券交易所按有关规定向基金收取，交易佣金由证券公司按成交金额的一定比例向基金收取。此外，对于参与银行间债券交易的基金，交易费除上述费用外还包括银行间账户服务费、交易手续费等服务费用。其中，银行间账户服务费由中央国债登记结算有限责任公司向基金收取，交易手续费等服务费用由全国银行间同业拆借中心向基金收取。

5）基金运作费

它是指除上述费用外，为保证基金正常运作而发生的、需要从基金资产中列支收取的费用。基金运作费主要包括支付给会计师事务所的注册会计师费、支付给律师事务所的律师费、封闭式基金的上市费、信息披露费、分红手续费、持有人大会费、开户费、银行汇划手续费等费用。

小思考 6-3

基金费用是否影响投资者的决策？

答：基金费用不影响投资者的决策。如果两只基金除了费率外，其他特征完全相同，那自然是费率低的更好。但在实际投资理财过程中，这一情况毕竟太少，几乎不可能有两只一模一样的基金。因此，投资者在选择基金时，费率的高低不应该成为投资者选择一只优质基金的障碍。

6.4　基金会计核算

6.4.1　基金会计核算概述

基金会计核算是指以货币为计量单位，运用专门的会计方法，对基金运作过程及结果进行连续、系统、全面的记录、计算和分析，定期编制并向相关各方提供财务数据以及财务会计报告的过程。

作为会计的一个分支，基金会计核算是会计核算方法在基金运作过程中的应用，应遵循会计核算的一般原则和要求。例如，在对会计核算依据的基本要求上，会计核算主体必须根据实际发生的经济业务事项进行会计核算，填制会计凭证，登记会计账簿，编制财务会计报告，不得以虚假的经济业务事项或者资料进行会计核算。在对会计资料的基本要求上，会计凭证、会计账簿、财务会计报告以及其他会计资料必须符合会计制度的规定，会计核算主体不得伪造、变造会计凭证、会计账簿及其他会计资料，不得提供虚假的财务会计报告。为规范会计核算依据和会计资料的基本要求，财政部发布的一系列会计准则、会计核算制度，会计核算主体必须严格执行。同时，由于基金运作过程、基金业务及基金资产的特殊性，基金会计核算与其他行业甚至金融证券行业的会计核算都有很大的不同。为具体规范基金会计核算，财政部颁布了《证券投资基金会计核算办法》，对基金会计核算主体、基金资产净值和基金份额净值、基金资产的估值原则、基金会计要素的确认与计量、基金申购和赎回业务的核算方法、基金会计信息的披露等基金会计核算事项加以规范，各基金会计核算主体必须严格执行。目前，基金会计核算在遵循一般会计原则的同时，主要依据财政部颁布的《证券投资基金会计核算办法》。

按照《证券投资基金会计核算办法》的规定，我国基金会计核算以人民币为记账本位币，以人民币元为记账单位。基金会计年度为公历每年 1 月 1 日至 12 月 31 日。基金会计核算的责任主体是基金管理人和基金托管人。其中，基金管理人承担基金会计核算的第一责任。基金会计主体是每只基金，基金管理人应当对所管理的每只基金进行独立建账、独立核算，保证所管理的不同基金在名册登记、账户设置、资金划拨、账簿记录等方面相互独立。同时，由于基金托管人对基金管理公司计算的基金资产净值以及基金业绩报告负有复核责任，因此，基金托管人也需要对所托管的基金进行会计核算，并将有关结果同基金管理公司相核对。

【考证直通车 6-5】

单项选择题

基金会计核算的责任主体是（   ）。

A.基金管理人

B.基金托管人

C.基金管理人和基金托管人

D.基金管理人委托的具有基金从业资格的会计师事务所

6.4.2   基金会计核算与其他行业会计核算的区别

由于基金运作过程、基金业务及基金资产的特殊性，基金会计核算在会计主体、会计分期、会计确认以及公允价值计量等方面，与其他行业甚至金融证券行业的会计核算之间存在着明显区别。

（1）会计主体。会计主体是指会计工作所服务的特定单位或组织，会计主体假设规定了会计核算的空间范围。一般来说，会计主体既可以是一个企业，也可以是若干企业组织起来的集团公司；既可以是法人，也可以是不具备法人资格的实体。作为会计主体，它必须能够控制经济资源并对此负法律责任。在企业会计核算中，会计核算主体为企业，而在基金会计核算中，会计核算主体为基金。把基金会计核算主体与企业会计核算主体区别开来，不仅有利于将基金的投资管理活动与基金的管理主体即基金管理人的经营活动区别开来，而且有利于将基金管理人管理的不同基金之间的投资管理活动区别开来。

（2）会计分期。会计分期又被称为会计期间，是指将一个企业持续的生产经营活动划分为一个个连续的、长短相同的期间。其目的是据此结算盈亏，按期编报财务会计报告，从而及时向各方面提供有关企业财务状况、经营成果和现金流量的信息。在企业会计核算中，会计分期一般以年度、半年、季度和月份为单位，分期反映会计主体的财务状况。在基金运作过程中，基金参与者对基金运作的财务数据信息具有更高的及时性要求，要求基金会计期间划分更加细化，即以周甚至日为核算披露期间。目前，我国的基金会计核算均已细化到日。

（3）会计确认。会计确认是指在经济业务发生时将某一项目作为一项资产、负债、收入、费用等会计要素正式记入或列入会计系统的过程。在企业会计核算中，会计确认的一般原则是权责发生制，即会计只对已发生的经济交易、事项或情况进行确认，而对于未实现的经济交易、事项或情况则不能加以确认。基金会计在遵循一般会计原则的同时，对某些未实现的经济交易、事项或情况也加以确认。例如，对于配股权证可以在股票配股除权日加以确认，并逐日按配股价和市价的差额进行估值；每日进行资产估值，并逐日按估值价与成本的差额确认投资估值增（减）值。

（4）公允价值计量。公允价值是指熟悉情况的买卖双方在公平交易的条件下所确定的价格，或者是无关联的双方在公平交易的条件下一项资产可以被买卖的成交价格。企业会计核算一般遵循公允价值计量原则，即资产和负债按照在公平交易中熟悉情况的交易双方自愿进行资产交换或者债务清偿的金额计量。根据这一原则，在企业会计核算中，一般对应收账款、存货等某些资产项目计提资产减值准备，并在期末进行会计确认。在基金会计核算中，金融资产在初始确认时可以根据其业务模式和合同现金流量特征分为以摊余成本计量的金融资产、以公允价值计量且其变动计入其他综合收益金融资产和以公允价值计量且其变动计入当前损益金融资产三类。

除非基金合同另有约定，基金资产在初始确认时应为以公允价值计量且其变动计入当期损益的金融资产或应收款项。对于货币市场基金来说，由于其投资的债券主要为银行间市场的短期债券，因而采用摊余成本法进行核算。但为避免其公允价值与摊余成本法核算的净值偏离过大，采用影子定价等手段进行风险控制。

6.4.3　基金会计核算的主要内容

根据《证券投资基金会计核算办法》，基金会计核算的内容主要有以下几个方面：

（1）证券交易及清算的核算。基金主要投资于政策允许范围内的有价证券，包括股票、债券、权证等有价证券的买卖及回购交易等。

（2）权益事项的核算。权益事项是指与基金持有证券有关的、所有涉及该证券权益变动并进而影响基金权益变动的事项，包括新股、红股、红利、配股核算。

（3）各类资产的利息核算。其主要包括债券利息、银行存款利息、清算备付金利息、回购利息等。各类资产利息均应按日计提，并于当日确认为利息收入。

（4）基金费用的核算。其包括计提基金管理费、托管费、预提费用、摊销费用、交易费用等。这些费用一般也按日计提，并于当日确认为费用。

（5）开放式基金份额变化的核算。对于开放式基金，还需对基金份额的申购与赎回情况、转入与转出情况进行会计核算。

（6）投资估值增（减）值的核算。基金逐日对其资产按规定进行估值，并于当日将投资估值增（减）值确认为公允价值变动损益。

（7）本期收益及收益分配的核算。在会计期末结转基金损益，并按照规定对基金分红除权、派息、红利再投资等进行核算。基金一般在月末结转当期损益，按固定价格报价的货币市场基金一般逐日结转损益。

（8）基金会计报表。根据有关规定，基金管理人应及时编制并对外提供真实、完整的基金财务会计报告。财务会计报告分为年度、半年度、季度和月度财务会计报告。半年度、年度财务会计报告至少应披露会计报表和会计报表附注的内容。基金会计报表包括资产负债表、利润表及净值变动表等报表。

（9）基金会计核算的复核。基金管理人与基金托管人按照有关规定，分别独立进行账簿设置、账套管理、账务处理及基金净值计算。基金托管人按照规定对基金管理人的会计核算进行复核并出具复核意见。

情景模拟 6-1

场景：假设你是基金管理人或托管人，你应该如何进行基金资产估值和基金会计核算？

操作：（1）分别派同学担任基金管理人和基金托管人，其他同学担任基金投资者，共组成3个小组，每小组选择1人担任组长，由其负责本小组各项工作；

（2）基金管理人小组组长和基金托管人小组组长指挥本小组进行基金资产估值和基金会计核算；

（3）基金管理人小组组长和基金托管人小组组长就如何正确处理基金资产估值和基金会计核算之间的关系进行情景模拟；

（4）在（2）、（3）操作中基金投资者小组成员在旁边观察，并提出相关问题及建议；

（5）教师对情景模拟情况进行点评和总结。

知识掌握

6.1　单项选择题

（1）按照《证券投资基金法》的规定，公开募集基金的基金资产可以从事的投资或者活动有（　　）。

A.买卖上市交易的股票、债券　　　　　　B.买卖其他基金份额

C.承销证券　　　　　　　　　　　　　　D.从事承担无限责任的投资

（2）关于被动投资管理策略的说法，不正确的是（　　）。

A.被动投资管理策略也被称为指数化投资管理策略

B.被动投资管理策略是通过复制或者说模拟某一证券指数，构造证券组合，使所构造的证券组合的收益率跟踪所复制的某一证券指数的收益率

C.被动投资管理策略所追求的目标是使基金投资收益率超越所复制的某一证券指数的收益率

D.采用被动投资管理策略的基金管理人，其职责是构造一个紧密跟踪某一证券指数的证券组合

（3）基金资产估值的对象是基金所持有的（　　）。

A.全部资产　　　　　　　　　　　　　　B.全部负债

C.高收益资产　　　　　　　　　　　　　D.扣除负债后的资产

（4）在基金资产估值中，交易所上市债券以（　　）估值。

A.收盘净价　　　B.平均价　　　　　C.成本　　　　　　D.开盘价

（5）目前，我国封闭式基金按（　　）的比例计提托管费。

A.0.10%　　　　　　B.0.15%　　　　　　C.0.25%　　　　　　D.0.35%

（6）关于基金托管费计提标准的说法，不正确的是（　　　）。

A.通常基金规模越大，基金托管费率越高

B.基金托管费收取的比例与基金规模、基金类型有一定关系

C.目前我国封闭式基金按照 2.5‰ 的比例计提

D.开放式基金根据基金契约规定的比例计提，通常低于 2.5‰

（7）与基金有关的费用不能从基金资产中列支的有（　　　）。

A.基金转换费　　　　　　　　　　B.基金管理人的管理费

C.基金托管人的托管费　　　　　　D.销售服务费

（8）关于基金交易费的说法，不正确的是（　　　）。

A.基金交易费是指基金在进行证券买卖交易时所发生的相关交易费用

B.我国证券投资基金的交易费主要包括印花税、交易佣金、过户费、经手费、证管费

C.交易佣金由证券公司按成交金额的一定比例向基金收取

D.印花税、过户费、经手费、证管费等由托管人按有关规定收取

6.2　多项选择题

（1）各国政府及其证券主管机构通过相关法律法规对基金的投资对象及投资行为加以限制，其目的主要有（　　　）。

A.使其符合国家产业政策

B.引导基金分散投资，降低基金投资的风险

C.避免基金操纵市场

D.发挥基金引导市场的积极作用

（2）按照投资风格或者证券组合的构造风格，基金的投资管理策略可以分为（　　　）。

A.被动的投资管理策略　　　　　　B.积极的投资管理策略

C.投资分配策略　　　　　　　　　D.投资对象选择策略

（3）基金资产估值需考虑的因素包括（　　　）。

A.估值频率　　　　　　　　　　　B.交易时间

C.价格操纵及滥估问题　　　　　　D.估值方法的一致性及公开性

（4）基金资产估值对象包括基金所拥有的（　　　）。

A.股票　　　　　　B.债券　　　　　　C.权证　　　　　　D.其他基金资产

（5）基金可以暂停估值的情形有（　　　）。

A.基金投资所涉及的证券交易所遇法定节假日或因其他原因暂停营业时

B.因不可抗力或其他情形致使基金管理人、基金托管人无法准确评估基金资产价值时

C.占基金相当比例的投资品种的估值出现重大转变，而基金管理人为保障投资者的利益，已决定延迟估值

D.出现基金管理人认为属于紧急事故的任何情况，会导致基金管理人不能出售或

评估基金资产的

（6）以下叙述正确的有（　　　）。

A.基金规模越大，基金管理费率越高

B.基金托管费是指基金托管人因托管基金资产而发生的、需要从基金资产中列支收取的费用

C.基金规模越大，基金托管费率越低

D.目前我国封闭式基金的基金托管费根据基金契约规定的比例计提，通常低于2.5‰

（7）基金会计核算的内容主要包括（　　　）。

A.证券交易及其清算的核算　　　　　B.权益事项的核算

C.各类资产的利息核算　　　　　　　D.基金费用的核算

6.3　是非判断题

（1）基金类型虽然不同，但其投资目标都是相同的。　　　　　（　　　）

（2）一般来说，基金的投资对象为股票、债券等有价证券以及实业投资。（　　　）

（3）被动的投资管理策略所追求的目标是使基金投资收益率超越所复制的某一证券指数的收益率。　　　　　（　　　）

（4）积极的投资管理策略是指基金管理人试图超过一个经风险调整后的被动基准投资组合的绩效。　　　　　（　　　）

（5）基金资产净值除以基金当前的份额，就是基金份额净值。　（　　　）

（6）基金份额净值是计算投资者申购基金份额、赎回资金金额的基础，也是评价基金投资业绩的基础指标之一。　　　　　（　　　）

（7）以基金资产支付的费用有托管费、管理费、证券交易费用。　（　　　）

（8）目前我国的基金管理费、基金托管费及基金销售服务费均按前一日基金资产净值的一定比例逐日计提，按日支付。　　　　　（　　　）

（9）目前我国的基金会计核算均已细化到日。　　　　　（　　　）

（10）对于国内证券投资基金的会计核算，基金管理人与基金托管人按照有关规定，分别独立进行账簿设置、账套管理、账务处理及基金净值计算。（　　　）

6.4　问答题

（1）什么是基金投资目标？基金投资目标可分为哪几大类？

（2）基金投资应遵循哪些原则？

（3）基金的投资对象及投资行为要受到哪些限制？

（4）什么是被动的投资管理策略？被动的投资管理策略具有哪些优缺点？

（5）什么是积极的投资管理策略？积极的投资管理策略具有哪些优缺点？

（6）基金的投资分配策略有哪些？

（7）我国基金估值应遵循哪些原则？

（8）基金在运作过程中会发生哪些费用？

（9）基金会计核算与其他行业会计核算有什么区别？

（10）基金会计核算包括哪些内容？

知识应用

□ 案例分析

基金公司省着花钱　主打"保守"牌

随着 2023 年股市震荡下行，基金业陷入全行业巨亏的窘境。基金公司在对 2024 年进行预算时，无论是产品设计，还是日常开支，"保守"成为其主基调。

据了解，由于 2023 年以来股市的震荡下行，基金公司对未来的盈利预期大为降低，压缩开支、精简机构成为基金公司的普遍策略。由于 2023 年偏股型基金大幅亏损，以股票为主要投资标的的基金遭到投资者的"冷眼相待"，偏股型基金难卖成为各方人士的共识。相反，债市走牛，债券型基金等固定收益类产品成为基金销售市场上的"香饽饽"。

在 2024 年的产品设计和申报预算上，基金公司看重债券型基金等固定收益类产品。"我们也知道市场处于相对底部区域时发行股票型基金能让投资者未来获得更高的收益，但新冠疫情引发的实体经济危机究竟能延续多久，我们说不清楚。既然说不清楚，我们只能保守一点，将公司未来的产品线主要放在债券型基金、避险策略基金等产品类型上。"深圳一家合资基金公司负责产品设计的人士表示，由于对 2024 年的经济趋势仍然看不清楚，也就不知道市场到底调整到何时才是真正的底部，因此，按照目前基金销售市场的发行现状，发行保守类的基金产品就成为各家基金公司的主要选择。

在 2024 年的开支预算上，基金公司也大幅收缩"战线"。在牛市中发行一只新基金的渠道推广、媒体广告、投资者见面会等各种活动费用，动辄可达四五百万元，甚至七八百万元，毕竟这些支出相比上百亿元的募集额度来说只是"九牛一毛"。经过 2023 年股市的震荡下行，基金公司在新基金的广告预算上已大为缩减，"能省则省"成为基金公司发行时的共同准则，有些新基金发行的广告营销费用甚至低于百万元。此外，在人员培训、差旅费用的报销标准上也大打折扣。

不过，基金业内人士最为关注的还是人员待遇问题。在进行这一项目的预算时，不少基金公司都打算在 2024 年降低工资标准和年终奖励。"2023 年的工资标准还是延续过去牛市的标准，而 2024 年可能就要执行熊市的标准了"，深圳一家基金公司市场部的副总监表示，"领导已经打招呼让我们准备过苦日子了！"据了解，大基金公司由于"家大业大"，熬几年熊市没什么问题，而管理资产规模低于 40 亿元的基金公司和部分新基金公司，由于"家底薄"，能否熬过熊市都很难说，只好在预算上精打细算了。

然而，北京一位基金研究员表示，由于 2024 年上半年基金行业管理资产规模仍然很大，而基金管理费采取逐日计提的方式，因此，2024 年基金行业的管理费仍然很高，短期来看，基金业仍是最赚钱的行业之一。

问题：（1）2023 年以股票为主要投资标的的基金遭到投资者的"冷眼相待"，债券型基金等固定收益类产品成为基金销售市场上的"香饽饽"，试说明原因。

（2）在市场处于相对底部区域时发行股票型基金能让投资者未来获得更高的收益，但在2024年的产品设计和申报预算上，基金公司仍然看重债券型基金等固定收益类产品，试说明原因。

（3）在2024年的开支预算上，基金公司大幅收缩"战线"，这对单只基金在2024年的投资运作有什么影响？

分析提示：（1）2023年股市震荡下行，以股票为主要投资标的的基金的资产随之大幅度缩水，基金投资大幅度亏损，投资于股票的基金也随之普遍亏损。债券收益相对稳定，且伴随着利率下调，债市走牛，投资于债券的基金等固定收益类产品可以获得稳定的收益。

（2）新冠疫情引发的实体经济下行，对上市公司经营业绩产生了不利影响，从而影响了股市，进而对偏股型基金的投资收益也产生了不利影响，且新冠疫情引发的实体经济下行的不利影响还没有结束，股市调整何时到达真正的底部还具有不确定性。在这一情况下，基金公司只能保守一点，将公司的未来产品主要放在债券型基金、保本基金等固定收益类产品上。

（3）可以降低基金资产中列支收取的基金管理费、基金销售服务费等基金费用，增加基金投资者的收益，提高基金产品的竞争能力。

资料来源：根据相关资料整理。

□ 实践训练

如果你是基金管理人，请你针对某一类型基金，初步制定该类型基金的投资目标、投资原则和投资策略。

要求：针对某一类型基金，初步制定该基金的投资目标、投资原则和投资策略，从上述三个方面撰写该基金说明书。

第 7 章 证券投资基金的运作（二）

学习目标

知识目标：了解有关基金税收的法规和政策，基金管理人和托管人的税收，关于基金信息披露的法律法规，基金合同的变更、终止与基金清算；理解基金收益的来源、基金收益的有关概念、基金收益分配，基金信息披露的含义及作用，基金信息披露的原则，基金信息披露的分类及主要内容，基金主要当事人的信息披露义务，基金信息披露的禁止行为，基金绩效评价的含义及作用，基金绩效评价的特殊性；掌握基金收益分配，基金的税收，基金投资者的税收，基金绩效评价应考虑的有关因素，基金绩效的评价方法。

技能目标：能够正确计算基金收益、基金税收及基金评价有关指标；能够搜集和读懂公开披露的各类基金信息；能够帮助客户对基金绩效进行简要评价。

素养目标：树立服务基金客户、奉献经济社会发展的人生观；培养基金客户至上的价值追求、遵守基金行业法规的社会公德和诚实守信的职业道德。

引例

为什么没有"便宜"的基金？

购买基金时，其实并不存在便宜和贵的区别。所谓的便宜与贵，仅仅是指购买价格。基金买卖时的价格是基金的份额净值，也就是每一份额基金的净资产值，它是按照基金投资的股票、债券、其他有价证券的市场价格，加上保留的现金计算出来的。这样的价格，与由交易双方博弈形成的价格不同。双方博弈形成的价格，可以偏离价值，或者对买方有利，或者对卖方有利，也就有了价格是便宜还是贵的问题。

如果基金的净值低，投资者用同样的投资金额确实可以买到较多的基金份额，这种数量上的错觉，容易使投资者以为买净值低的基金是捡到了便宜。假设基金 A 的份额净值为 1.5 元，基金 B 的份额净值为 1.1 元，投资者投资 10 000 元，可以买到 6 667 份基金 A，也可以买到 9 091 份基金 B。显然，投资者如果投资基金 B，可以买到更多的份额。但是，如果两只基金采取了同样的投资方式，获得了同样的收益率。一年以后，购买基金 A 拥有的股票涨了 10%，净值涨到了 1.65 元。购买基金 B 拥有的股票同样也涨了 10%，净值涨到了 1.21 元。这时，投资者手中基金的市值都是 11 000 元。所以，当时无论是买基金 A 还是买基金 B，结果都一样，都是赚了 10%。因此，投资基金要选择未来增长性预期好的基金，而不要以便宜和贵为标准，为了买到更多的基金份额，而选择所谓便宜的基金。

资料来源：根据相关资料整理。

这一案例表明：购买基金时，并不存在便宜和贵的区别，只有既定投资目标下的风险收益特征的不同，而既定投资目标下的风险收益特征需要根据基金披露的有关信息，通过基金绩效评价来识别。

7.1　基金收益及其分配

7.1.1　基金收益

微课 7-1

基金收益及其分配

基金收益是指基金资产在运作过程中所产生的超过自身价值的部分。具体地说，基金收益主要包括基金投资所得的股票股息收入、债券利息收入、证券买卖差价收入、银行存款利息收入、买入返售证券收入、公允价值变动损益以及其他收入。

1）股票股息收入

股票股息收入是指基金依据所持股票从发行公司取得的盈利。发行公司分配股息一般可以采取两种形式，即现金股息与股票股息。现金股息是发行公司以现金形式发放给股东的股息，股票股息是发行公司以股票形式发放给股东的股息，也就是通常所说的送股。在上述两种形式中，现金股息在除息日时直接计入基金收益。对于股票股息来说，由于采用股票形式进行分配，不涉及现金收益，因而并不能直接记入基金收入类科目，一般通过在除息日对分配所得的股票进行估值才体现为基金收益。基金作为长线投资，其主要目标是为投资者获取长期、稳定的回报，特别是对于股票型基金来说，按照《公开募集证券投资基金运作管理办法》的规定，必须将80%以上的基金资产投资于股票，因此，股票股息收入是构成基金收益的一个重要部分。其所投资股票股息的多少，是基金管理人选择投资组合的一个重要标准。

2）债券利息收入

债券利息收入是指基金因投资于政府债券、企业债券、金融债券等各种债券从债券发行人那里取得的利息收入。为实现组合投资和分散风险，基金通常将一定比例的资产投资于债券，因此，债券利息也是构成投资回报的不可或缺的组成部分。对于债券型基金来说，按照《公开募集证券投资基金运作管理办法》的规定，必须将80%以上的基金资产投资于债券，债券利息收入是债券型基金收益的重要组成部分。

3）证券买卖差价收入

证券买卖差价收入是指基金在证券市场上买卖有价证券而形成的差价收益，主要包括股票买卖差价和债券买卖差价，通常也称资本利得。按照《证券投资基金会计核算办法》的规定，在确认证券买卖差价收入数量时，需要考虑证券投资的账面移动加权平均成本、成交价格、成交数量以及交易费用四个因素，证券买卖差价收入的确认时间为交易实现时间。一般来说，股票差价收入在卖出股票成交日确认，并按卖出股票成交总额与其成本和相关费用的差额入账。对于债券差价收入，卖出交易所上市债券在成交日确认债券差价收入，并按应收取的全部价款与其成本、应收利息和相关费用的差额入账；卖出银行间市场交易债券在实际收到价款时确认债券差价收入，并按实际收到的全部价款与其成本、应收利息的差额入账。基金在追求股票股息收入和债券利息收入的同时，也充分考虑到资产的增值，特别对于成长型基金来说，更加注重资产增值的潜力，因此，证券买卖差价收入也是基金收益的一个重要组成部分。

4）银行存款利息收入

银行存款利息收入是指基金将资金存入银行或中国证券登记结算有限责任公司所获得的利息收入。对于开放式基金来说，为了随时接受基金持有人的赎回申请，必须将一部分现金存入银行，因而具有一定数量的银行存款利息收入。一般来说，这部分收入占基金收益的比例较小。

5）买入返售证券收入

买入返售证券收入是指基金在国家规定的场所进行融券业务而取得的收入。按照《证券投资基金会计核算办法》的规定，基金的买入返售证券收入应在证券持有期内采用直线法计提，并按计提的金额确认。

6）公允价值变动损益

根据 2017 年发布的《企业会计准则第 22 号——金融工具确认和计量》，基金资产估值变动作为公允价值变动损益计入当期损益。公允价值变动损益是指基金持有的采用公允价值模式计量的交易性金融资产、交易性金融负债等公允价值变动形成的损益，应计入当期损益的利得或损失，并于估值日对基金资产按公允价值估值时予以确认。

7）其他收入

基金的其他收入是指除上述收入以外的其他各项收入。例如，运用基金财产带来的成本或费用的节约额，因大额交易从证券商处得到的交易佣金优惠或手续费返还等杂项收入，开放式基金的赎回费扣除基本手续费后的余额等。这部分收入一般根据发生的实际金额确认，通常数额很小。

7.1.2   基金收益的有关概念

在基金收益分配中，与基金收益有关的概念还有基金净收益、基金经营业绩、损益平准金、期末可供分配基金收益、未分配基金净收益等。

1）基金净收益

基金净收益是指在一定时期内的基金收益减去各种费用后的余额。其中，基金费用包括基金管理费、基金托管费、销售服务费、交易费用、卖出回购证券支出、信息披露费用、支付给注册会计师和律师的费用、基金设立时发生的开办费及其他费用等。基金净收益只反映基金已实现的收益情况，不包括基金未实现估值增值（减值）收益，不能够全面反映基金的经营成果。因此，在基金业绩评价中，单纯使用基金净收益指标来衡量基金的经营成果往往不够全面，有时甚至会得到错误的结论。

2）基金经营业绩

基金经营业绩是指基金在一定时期内所取得的经营成果，包括基金净收益与基金未实现估值增值（减值）两部分。基金经营业绩是一个全面反映基金在一定时期内经营成果的指标，在基金业绩评价中，通常使用这一指标来衡量基金的经营成果。

【考证直通车 7-1】

单项选择题

基金经营业绩包括（   ）与基金未实现估值增值（减值）两部分，是一个能够全面反映基金在一定时期内经营成果的指标。

A.基金净收益   B.未分配基金净收益

C.损益平准金   D.期末可供分配基金收益

3）损益平准金

基金净收益（或累计基金净损失）是在基金持续运作过程中获取的，而基金收益分配是在一段时间内间隔进行的，例如，一年分配一次且在某一时点上进行分配，因此，投资者在申购或赎回基金份额时，在申购或赎回款项中包含一定比例的未分配基金净收益（或累计基金净损失）的金额。损益平准金是指投资者在申购或赎回基金份额时，在申购或赎回款项中所包含的按未分配基金净收益（或累计基金净损失）占基金净值比例计算的金额。按照《证券投资基金会计核算办法》的规定，损益平准金在基金申购确认日或基金赎回确认日加以确认，并在期末全额转入未分配基金净收益（或累计基金净损失）。

4）期末可供分配基金收益

期末可供分配基金收益是指按照有关规定可以在期末进行分配的收益总和。其计算方法用公式表示如下：

期末可供分配基金收益=期初未分配收益+本期净收益+本期损益平准金-本期已分配收益

5）未分配基金净收益

未分配基金净收益是指可供分配基金收益经收益分配后的剩余额。未分配基金净收益属于所有者权益，归基金份额持有人所有。

7.1.3 基金收益分配

1）收益分配的内容

基金收益分配的内容或客体是基金净收益。一般来说，基金当年净收益应先弥补上一年度的亏损，然后才可进行当年收益分配。若基金投资的当年发生亏损，则不进行收益分配。基金收益分配后基金份额净值不能低于面值。在基金收益分配中，基金净收益及基金收益、基金费用、基金份额净值等数据都须经过已按国务院证券监督管理机构的规定进行注册的会计师事务所和注册会计师审计确认。需要注意的是，尽管基金管理人通过组合投资来分散基金风险，并能使投资者以相对较低的风险获得相对较高的收益，但是，这只是基金的投资理念，基金管理人不能保证基金的未来收益。事实上，由于受证券市场系统性风险及管理人的管理水平等各种因素的影响，某些基金也会出现收益极低甚至亏损的情况，这时基金可用于进行分配的收益极少或无收益进行分配。

小思考 7-1

基金分红是额外收益吗？

答：不是。"羊毛出在羊身上"，基金分红实质上是把基金收益的一部分提前以现金方式派发给基金持有人，这部分收益也就从基金净值中转移到现金账户中，成了"落袋为安"。例如，王女士在某基金新发时购买了 1 000 份基金，并选择了"现金分红"。1 个月后，基金份额净值达到 1.2 元，王女士所持有的基金资产达到 1 200 元。如果每份基金份额分红 0.2 元，那么她的现金账户中就会多出 200 元（0.2×1 000）。相应地，基金单位净值也就变成 1 元（1.2−0.2）。王女士的基金资产从 1 200 元变为 1 000 元，但本金加上收益仍然是 1 200 元。因此，基金分红实质上是账面上的数字变化，并不是盈亏变化，分红的问题也就简化为"持币"还是"持股"的问题。

资料来源：根据相关资料整理。

2）收益分配的比例和时间

一般来说，每只基金收益分配的比例和时间都各不相同，通常的做法是在不违反国家有关法律、法规的前提下，在基金契约中事先加以说明。在分配比例上，在美国，根据有关法律的规定，基金每年必须将基金净收益的 95% 分配给投资者。在我国，根据《公开募集证券投资基金运作管理办法》的规定，公开募集的封闭式基金年度收益分配比例不得低于基金年度已实现收益的 90%，公开募集的开放式基金需在基金合同中约定每年基金收益分配的最低比例。

【考证直通车 7-2】

单项选择题

在我国，根据有关规定，公开募集的封闭式基金年度收益分配比例不得低于基金年度已实现收益的（　　　）。

A.80%　　　　　B.85%　　　　　C.90%　　　　　D.95%

小思考 7-2

高分红等于高收益吗？

答：不一定。究竟应该持股还是持币，最终将落实到对趋势的判断和风险的承受能力上。在单边上涨行情中，持股的回报理论上应该远远大于持币；处在震荡行情或是进入到下降通道中，持股的风险大于持币。因此，分红的时机选择非常重要。如果市场处于上扬行情中，基金大比例分红，意味着或多或少、情愿不情愿都要进行减仓，抛掉手上的股票以兑现红利。分红以后，净值降低，如果引来大量新资金，那么基金还要重新建仓，这不仅提高了持股成本，还进一步摊薄了原持有人的利益。从历史数据来看，上扬市场行情中选择高分红的基金涨势往往不如没有高分红行为的基金。在相反情况下，基金实行大比例分红，不仅可以部分规避下跌风险，还可以借机调整仓位，甚至摊薄持股成本。

资料来源：根据相关资料整理。

在分配时间上，一般来说基金每年收益分配不少于一次。在我国，根据《公开募集证券投资基金运作管理办法》的规定，公开募集的封闭式基金的收益分配每年不得少于一次，公开募集的开放式基金需在基金合同中约定每年基金收益分配的次数。在实践中，许多开放式基金合同都规定，在符合基金分配条件的前提下，基金收益分配每年至少一次。

3）收益分配的对象

无论是封闭式基金还是开放式基金，其收益分配的对象均为在特定时日持有基金单位的投资者。基金管理人通常规定获得收益分配权的最后权益登记日，凡在最后权益登记日交易结束后列于基金持有人名册上的投资者，都有权享有此次收益分配。

关于货币市场基金的收益分配对象，按照现行有关规定，当日申购的基金份额自下一个工作日起享有基金的分配权益，当日赎回的基金份额自下一个工作日起不享有基金的分配权益。具体而言，货币市场基金每周五进行收益分配时，将同时分配周六和周日的收益；每周一至周四进行收益分配时，则仅对当日收益进行分配。投资者于周五申购或转换转入的基金份额不享有周五和周六、周日的收益；投资者于周五赎回或转换转出的基金份额享有周五和周六、周日的收益。例如，假设投资者在2024年6月14日（周五）申购了份额，那么基金收益将从6月17日（周一）开始计算。如果在6月14日（周五）赎回了份额，那么除了享有6月14日（周五）的收益之外，还同时享有6月15日（周六）和6月16日（周日）的收益，但不再享有6月17日的收益。节假日的收益计算基本与在周五申购或赎回的情况相同：投资者在法定节假日前最后一个开放日的收益将与整个节假日期间的收益合并后于法定节假日最后一日进行分配；法定节假日结束后第一个开放日起的收益分配规则同日常情况下的收益分配规则；投资者于法定节假日前最后一个开放日申购或转换转入的基金份额不享有该日和整个节假日期间的收益；投资者于法定节假日前最后一个开放日赎回或转换转出的基金份额享有该日和整个节假日期间的收益。以"五一"黄金周为例，2024年5月6日是节后第一个工作日，假设投资者在2024年4月30日（节前最后一个工作日）申购了基金份额，那么收益将会从5月6日起开始计算；如果投资者在2024年4月30日赎回了基金份额，那么投资者将享有直至5月5日的该基金的收益。

4）收益分配的方式

基金收益分配一般有以下三种方式：

（1）分配现金。基金管理人根据基金收益情况，以投资者持有基金单位数量的多少，将收益分配给基金投资者。这是基金收益分配最普遍的形式。

（2）分配基金份额。基金管理人将应分配的净收益折算为等值的新的基金份额进行基金分配，将折算的基金份额送给基金投资者。这种分配形式类似于通常所说的在上市公司股利分配中的送股，实际上是增加了基金的资本总额和规模，可以比喻为"基生蛋，蛋生基"。

（3）不分配。基金管理人对基金投资者既不分配现金，也不送基金份额，而是将基金净收益列入本金进行再投资，体现为基金份额净值的增加。

在实践中，不同国家和地区及不同类型基金所采用的收益分配方式有所不同。在美国，基金收益分配通常采用分配现金和分配基金份额的方式。在我国台湾地区，基金收益分配采用分配现金和不分配相结合的分配方式。在我国大陆地区，根据《公开募集证券投资基金运作管理办法》的规定，公开募集基金的收益分配应当采用现金方式，但中国证监会规定的特殊基金品种除外；公开募集的开放式基金的基金份额持有人可以事先选择将所获分配的现金收益，按照基金合同有关基金份额申购的约定转为基金份额；基金份额持有人事先未做出选择的，基金管理人应当支付现金。在实践中，我国大陆地区封闭式基金一般采用现金方式分红。关于货币市场基金的收益分配方式，按照《货币市场基金监督管理办法》的有关规定，对于每日按照面值进行报价的货币市场基金，可以在基金合同中将收益分配的方式约定为红利再投资，并应当每日进行收益分配。

5）收益分配的支付方式

收益分配的支付方式关系到投资者如何领取基金分配的收益。一般来说，在以现金方式进行分配时，通过结算系统将分配的现金收益划入基金持有人的资金账户；在以基金份额进行分配时，通过结算系统将分配的基金份额划入基金持有人的基金账户或证券账户。

7.2　基金税收

7.2.1　基金税收概述

与一般企业税收相比，基金税收是一个相对较为复杂的问题。其原因在于基金税收涉及的当事人较多，主要有基金管理人、基金托管人以及基金投资者，其中基金投资者又可分为机构投资者和个人投资者两类。此外，基金税收涉及的税种较多，主要有增值税、所得税和印花税等税种，且针对基金不同当事人的不同税种的有关规定也有所不同。

在基金运作过程中，各国通过制定相应的一系列法规和政策来规范基金税收。目前，我国有关基金税收的法规和政策主要有以下两个层次：一是有关一般税收的法规和政策，主要有《中华人民共和国个人所得税法》《征收个人所得税若干问题的通知》以及 2005 年发布的《关于股息红利个人所得税有关政策的通知》《关于股息红利有关个人所得税政策的补充通知》等；二是专门针对基金税收的法规和政策，主要有 1998 年发布的《关于证券投资基金税收问题的通知》、2002 年发布的《关于开放式证券投资基金有关税收问题的通知》、2004 年发布的《关于证券投资基金税收政策的通知》。上述法规和政策明确规定了基金作为一个营业主体的税收问题、基金管理人和基金托管人作为基金营业主体的税收问题以及基金投资者买卖基金涉及的税收问题。

下面，根据目前我国有关基金税收的上述法规和政策，分别介绍基金的税收、基金管理人和托管人的税收、基金投资者的税收。

7.2.2　基金的税收

1）增值税

增值税是以商品（含应税劳务）在流转过程中产生的增值额作为计税依据而征收的一种流转税。2016 年 5 月 1 日起，全国范围内全面推开营业税改征增值税（简称"营改增"）试点，金融业纳入试点范围，由缴纳营业税改为缴纳增值税，增值税税率为6%。根据《营业税改征增值税试点有关事项的规定》，存款利息不征收增值税。对于基金来说，其增值额是基金持有的有价证券的卖出价减去买入价的差额收入。在我国，由于基金业还处于发展阶段，需要政府在政策上给予扶持，因此，目前对基金在运作过程中买卖股票、债券等有价证券的差价收入，暂免征增值税。根据《营业税改征增值税试点过渡政策的规定》，对中国香港市场投资者（包括单位和个人）通过基金互认买卖中国内地基金份额，证券投资基金（封闭式证券投资基金、开放式证券投资基金）管理人运用基金买卖股票、债券的差价收入，免征增值税。

2）印花税

印花税是对交易行为征收的一种税收，一般来说，在各种契约、簿据、凭证上必须按照税法规定贴上政府发售的印花。根据税法规定，在我国境内书立和领受产权转移书据、营业账簿的任何单位和个人都是印花税的纳税义务人。证券交易印花税是从普通印花税发展而来的，是依据证券买卖成交额及印花税税率而缴纳的税款，属于证券交易成本的组成部分。因此，在我国境内进行证券交易必须缴纳印花税。基金进行证券交易同样必须缴纳印花税。按照现行规定，从2008年4月24日起，股票交易印花税税率调整为1‰，对买卖、继承、赠与所书立的A股、B股股权转让书据，由立据双方当事人分别按1‰的税率缴纳证券（股票）交易印花税；从2008年9月19日起，由双边征收改为单边征收，税率保持1‰，由出让方按1‰的税率缴纳股票交易印花税，受让方不再征收。基金买卖股票同样由出让方按照1‰的税率缴纳印花税。

3）所得税

所得税是针对所得收益按一定比例征收的税种。从基金收益的产生和分配来看，基金是产生收益的机构，基金投资者是取得基金收益的当事人，从表面来看基金应缴纳所得税。但是，从基金运作来看，基金收益和基金投资者收益只有一个来源即基金资产。而基金资产属于基金投资者所有，基金本身对基金资产并没有所有权，只不过是运营基金资产并将取得的收益按基金份额比例分配给基金投资者。如果对基金和基金投资者分别征收所得税，势必出现重复征税这一不合理的现象。因此，各国税收法规一般规定基金投资者在取得基金分配的收益后应缴纳所得税，而基金免缴所得税。

我国同样对基金从证券市场中取得的收入，包括买卖股票、债券的差价收入，股权的股息、红利收入，债券的利息收入及其他收入，免征企业所得税。对基金取得的股利收入、企业债券利息收入、储蓄存款利息收入，分别由上市公司、发行债券的企业、银行在向基金支付上述收入时代扣代缴20%的个人所得税。对证券投资基金从上市公司分配取得的股息红利所得，根据财政部、国家税务总局和中国证监会2015年9月联合发布的《财政部 国家税务总局 证监会关于上市公司股息红利差别化个人所得税政策有关问题的通知》（财税〔2015〕101号），自2015年9月8日起，个人从公开发行和转让市场取得的上市公司股票，持股期限在1个月以内（含1个月）的，其股息红利所得全额计入应纳税所得额；持股期限在1个月以上至1年（含1年）的，暂减按50%计入应纳税所得额；上述所得统一适用20%税率计征个人所得税；持股期限超过1年的，股息红利所得暂免征收个人所得税。

7.2.3 基金管理人和托管人的税收

基金管理人和托管人是为基金提供投资运作管理和保管基金资产等各项服务并收取相应费用、取得利润的企业。作为企业，基金管理人和托管人应像普通企业一样依法缴纳各种税款。在我国，按照现行有关规定，基金管理人、基金托管人从事基金管理活动取得的收入，依照税法的规定缴纳增值税、企业所得税以及其他相关税收。基金管理人和托管人的增值税应按金融保险业缴纳。基金管理人和托管人应当就其在基金运作中的经营所得和其他所得依法缴纳企业所得税，其中，经营所得是指基金管理人和托管人在基金运作中从事基金的投资管理、资产保管、基金份额的募集和销售等营利活动取得的所得，其他所得是指基金管理人和托管人在基金运作中取得的股息、利息、租金、转让各类资产以及营业外收益等所得。基金管理人和托管人应缴纳的其他相关税费较多，与一般工商企业基本相同，主要税费有城市维护建设税、城镇土地使用税、土地增值税、教育费附加等。

【案例分析 7-1】

某基金管理公司 2023 年取得基金管理费收入共计 5 600 万元，基金管理费用支出共计 4 100 万元。

问题：计算该基金管理公司应缴纳的增值税和企业所得税。

分析：应缴纳增值税=5 600×6%=336（万元）

应缴纳企业所得税=（5 600-4 100-336）×25%=291（万元）

7.2.4 基金投资者的税收

基金投资者可分为机构投资者和个人投资者两类。基金投资者的性质不同，所涉及的有关税收及其征收政策也有所不同。

1）机构投资者买卖基金的税收

机构投资者买卖基金涉及的税种主要有增值税、印花税和企业所得税。根据《营业税改征增值税试点有关事项的规定》，机构投资者买卖基金份额属于金融商品转让，应按照卖出价扣除买入价后的余额为销售额计征增值税。但机构投资者购入基金、信托、理财产品等各类资产管理产品持有至到期，不属于金融商品转让。根据《营业税改征增值税试点过渡政策的规定》，合格境外投资者（QFII）委托境内公司在我国从事证券买卖业务、我国香港市场投资者通过基金互认买卖我国内地基金份额取得的收入免征增值税。

印花税是对交易行为征收的一种税收，机构投资者买卖基金也涉及印花税，但在现阶段为了扶持基金业的发展，鼓励机构投资者投资于基金，按照现行规定，对机构投资者买卖基金份额暂免征收印花税。

目前我国对基金不征收所得税，这就意味着要对基金投资者的投资所得征收所得税。基金投资者的投资所得包括以下两个部分：一是基金投资者买卖基金所获得的差价收益；二是基金分配给基金投资者的收益。按照现行规定，对不同性质的基金投资者获得的不同类别的投资所得，采取不同的所得税征收政策。对机构投资者买卖基金份额获得的差价收入，应将其并入企业的应纳税所得额，征收企业所得税；对机构投资者从基金分配中获得的收入，暂不征收企业所得税。

【考证直通车 7-3】

单项选择题

下列叙述正确的是（　　　）。

A. 对机构投资者买卖基金份额获得的差价收入征收增值税

B. 对机构投资者买卖基金份额征收印花税

C. 对机构投资者买卖基金份额获得的差价收入，不征收企业所得税

D. 对机构投资者从基金分配中获得的收入，征收企业所得税

2）个人投资者买卖基金的税收

个人投资者买卖基金涉及的税种主要有增值税、印花税和个人所得税。为了扶持基金业的发展，鼓励个人投资者投资于基金，按照现行规定，对个人投资者买卖基金份额免征增值税和印花税。

与对机构投资者征收企业所得税相对应，对个人投资者关于基金的投资所得要征收个人所得税。按照现行规定，对个人投资者获得的不同类别的投资所得，采取不同的个人所得税征收政策。具体来说，可归纳为以下几个方面：①对个人投资者买卖基金份额所获得的差价收入，在对个人买卖股票的差价收入未恢复征收个人所得税以前，暂不征收个人所得税。②对个人投资者从基金分配中获得的股票股利收入和企业债券利息收入，分别由上市公司和发行债券的企业在向基金支付上述收入时，代扣代缴20%的个人所得税。证券投资基金从上市公司分配取得的股息红利所得，按《关于上市公司股息红利差别化个人所得税政策有关问题的通知》的规定实施。基金向个人投资者分配股息、红利、利息时，不再代扣代缴个人所得税。个人投资者从基金分配中取得的收入，暂不征收个人所得税。③个人投资者从基金分配中获得的国债利息收入、买卖股票差价收入，在国债利息收入、个人买卖股票差价收入未恢复征收个人所得税以前，暂不征收个人所得税。④个人投资者从封闭式基金分配中获得的企业债券差价收入，按现行税法规定，应对个人投资者征收个人所得税，税款由封闭式基金在分配时依法代扣代缴。⑤个人投资者申购和赎回基金份额取得的差价收入，在对个人买卖股票的差价收入未恢复征收个人所得税以前，暂不征收个人所得税。

7.3　基金信息披露

7.3.1　基金信息披露的含义及作用

1）基金信息披露的含义

基金信息披露是指基金管理人、托管人及持有者等基金当事人在基金募集、上市交易、投资运作等一系列环节中，依照有关法律、部门规章及有关规则的规定，向社会公

众公开披露有关信息的行为。

2）基金信息披露的作用

基金是一种受托理财方式，信息是基金市场的核心，基金信息披露是基金运作十分重要的一个方面。建立健全信息披露制度体系、加强基金信息披露管理、规范基金信息披露行为既是基金市场的发展要求，也是保护基金投资者利益的重要举措。在基金运作中，基金信息披露具有多方面作用，概括起来主要有以下几个方面：

（1）为投资者提供基金投资的决策信息。基金投资者主要是社会公众，他们希望通过基金投资来获取投资收益，并将投资风险控制在自己能够承受的范围之内。基金投资者在进行基金投资时，需要及时了解基金的风险收益特征、有关募集安排及运作状况，并据此进行投资决策。为满足基金投资者的这一需求，基金管理人和托管人必须及时公开披露有关基金募集和运作的一切信息。具体来说，在基金份额的募集阶段，基金投资者通过基金发起人所披露的招募说明书、基金合同、托管协议、上市交易公告书等信息，了解基金产品的风险收益特征及有关募集安排，并据此选择适合自己风险偏好和收益预期的基金产品。在基金运作过程中，基金投资者通过基金管理人所披露的基金投资组合、历史业绩和风险状况等信息，了解和评价基金运作是否符合基金合同承诺、基金运作绩效、基金管理人的管理水平等，对基金价值进行理性分析，从而判定该基金产品是否值得继续持有或追加投资。此外，在基金运作中，市场上经常流传着各种小道消息甚至虚假信息，基金投资者可能会受这些信息的影响而做出各种猜测，进而做出错误的投资决策，这显然有损于基金投资者的利益，也不利于基金运作及基金市场的健康发展。通过规范基金信息披露，可以有效地解决这一问题。

（2）有利于规范基金管理人和托管人的市场行为。基金运作是基于委托代理关系而建立起来的，其中，基金投资者是委托人，基金管理人和托管人是代理人。基金管理人和托管人作为基金投资者的代理人，其行为应以基金投资者的利益最大化为原则，这也就是通常所说的基金运作应以基金投资者的利益为中心。但是，在基金市场中，对于基金参与者来说信息是不对称的，即基金管理人和基金托管人掌握了基金运作的全部信息，而基金投资者所掌握的信息是不充分的，处于信息弱势地位。因此，在基金运作过程中，基金管理人和基金托管人可能会出于自身利益的考虑，在追求自身利益的同时损害基金投资者的利益，从而出现道德风险。通过规范基金信息披露，可以增加基金市场的透明度，改变基金投资者的信息弱势地位，在一定程度上降低基金参与者之间信息不对称的程度，防止基金管理人和基金托管人为追求自身利益而损害基金投资者利益的行为。此外，通过规范基金信息披露，可以增强对基金运作的公众监督，防止基金管理人和基金托管人的管理不作为乃至欺诈等行为的发生。

（3）有利于优化资源配置，提高基金市场的运行效率。在基金市场上，基金的类型及品种繁多，每一基金品种都有自己的风险收益特征及目标定位。由于信息不对称及信息不规范问题，基金投资者无法对各种基金进行有效的甄别和投资判断，也无法有效规避基金管理人和托管人的逆向选择和道德风险，这一方面导致了基金投资者无法选择适合自己风险收益特征的基金，另一方面也使定位于某一风险收益特征的高效率基金无法吸引基金投资者进行投资，从而不能形成合理的资金配置机制和高效率的基金市场运行机制。通过规范和强制性的基金信息披露，可以迫使基金信息得以及时和充分公开，从而消除因信息不对称而引起的逆向选择和道德风险问题，实现基金市场上的资源优化配置，提高基金市场的运行效率。

7.3.2　基金信息披露的原则

基金信息披露的原则主要包括实质性原则和形式性原则两个方面。

1）实质性原则

基金信息披露的实质性原则包括真实性原则、准确性原则、完整性原则、及时性原则和公平披露原则。

（1）真实性原则。真实性原则是指基金在进行信息披露时应以客观事实为依据，从各个方面反映基金募集和运作的真实状况，不能歪曲客观事实，也不能对客观事实加以包装和粉饰。真实性原则是基金信息披露最根本、最重要的原则。

（2）准确性原则。准确性原则是指基金在进行信息披露时应使用精确的语言，不得使用模棱两可乃至使人误解的语言，所披露的信息在内容上应是基金的实质性内容，不得避重就轻或避开关键性内容而诱导基金投资者。

（3）完整性原则。完整性原则是指基金所披露的信息在内容上应该全面，对可能影响投资者决策的所有信息都应该进行全面充分的披露，不仅要披露对信息披露义务人有利的信息，也要披露对信息披露义务人不利的各种信息。这一原则要求基金所披露的信息应该全面，但并不意味着基金在披露信息时不分轻重地披露所有信息，而是要求基金充分披露重大信息；否则，如果基金在披露信息时对所有信息都不分巨细地加以披露，不仅会增加基金披露信息的成本，也会增加投资者使用信息的成本和难度。

（4）及时性原则。及时性原则是指基金在进行信息披露时在时间上要及时，具体要求是基金要以最快的速度披露各种信息，并且要使所披露的各种信息处于最新状态。例如，在基金募集和运作中，要求基金管理人应在法定期限内披露招募说明书、定期报告等文件，发生重大事件时应在重大事件发生之日起2日内披露临时报告，对招募说明书应进行定期更新等。

（5）公平披露原则。公平披露原则是指基金在进行信息披露时应面向市场上所有的基金投资者，而不应存在歧视行为，仅向个别机构投资者或个人投资者披露有关信息。作为基金投资者，不论是机构投资者还是个人投资者，都能平等地获取信息和使用信息。

2）形式性原则

基金信息披露的形式性原则主要包括规范性原则、易解性原则、易得性原则和一致性原则。

（1）规范性原则。规范性原则是指基金在进行信息披露时必须按照法规和监管部门规定的内容和格式要求进行。不同基金所披露的信息不完全相同，但在内容选择和格式要求上必须规范。

（2）易解性原则。易解性原则是指基金所披露的信息在表述方式上应当简明扼要、通俗易懂，避免使用文字冗长、晦涩难懂和技术性较强的用语。

（3）易得性原则。易得性原则是指基金所披露的信息应该能比较容易地被基金投资者获取。这一原则要求基金披露信息应采用多种方式。例如，我国目前规定的基金信息披露方式包括通过中国证监会指定报刊披露信息，通过基金管理人网站披露信息，将信息披露文件置于基金交易场所供投资者查阅或复制等。

（4）一致性原则。一致性原则是指基金在同一时间、不同媒体上披露的同一信息应该保持一致，不能相互矛盾。

【考证直通车 7-4】
单项选择题
　　基金管理人、基金托管人和其他基金信息披露义务人应当依法披露基金信息，并保证所披露信息的（　　　）。
A.真实性、准确性和实用性　　　　　　B.及时性、真实性和有效性
C.规范性、完整性和可靠性　　　　　　D.真实性、准确性和完整性

7.3.3　规范基金信息披露的法律法规

为了规范基金的信息披露，各国都制定了一系列关于基金信息披露的法律法规。在我国，中国证监会于 1999 年发布了《证券投资基金信息披露指引》，对我国基金信息披露从制度上进行了规范。2003 年 10 月《证券投资基金法》颁布后，为了适应基金市场的发展需要，中国证监会对最初的基金信息披露制度进行了修订和补充，并于 2004 年起先后发布了与《证券投资基金法》配套的一系列基金信息披露规章和规范性文件。目前，我国关于基金信息披露的法律法规可分为国家法律、部门规章、规范性文件与自律性规则四个层次。

（1）基金信息披露的国家法律。目前，我国关于基金信息披露的国家法律主要是 2013 年 6 月 1 日起施行的《证券投资基金法》。它对公开募集基金公开披露基金信息的义务人、主要原则和要求、公开披露的基金信息内容和禁止性行为都做出了明确规定，对非公开募集基金的基金管理人、基金托管人的信息披露义务也做出了明确规定。

（2）基金信息披露的部门规章。目前，我国关于基金信息披露的部门规章主要有 2019 年 9 月 1 日起施行的《公开募集证券投资基金信息披露管理办法》、2014 年 8 月 21 日公布并施行的《私募投资基金监督管理暂行办法》。《公开募集证券投资基金信息披露管理办法》对公开募集基金信息披露义务人进行了细化，并对各类基金信息披露的具体披露时间和披露方式、信息披露事务管理等方面做出了详细的规定。《私募投资基金监督管理暂行办法》规定了私募基金管理人、私募基金托管人应向投资者披露的信息内容。

（3）基金信息披露的规范性文件。目前，我国关于基金信息披露的规范性文件主要为证券投资基金信息披露内容与格式准则，以及证券投资基金信息披露编报规则。证券投资基金信息披露内容与格式准则主要有自 2004 年 7 月 1 日起施行的第 1 号《上市交易

公告书的内容与格式》、第2号《年度报告的内容与格式》、第3号《半年度报告的内容与格式》、第4号《季度报告的内容与格式》，自2004年8月起施行的第5号《招募说明书的内容与格式》，自2004年9月起施行的第6号《基金合同的内容与格式》和自2005年12月底施行的第7号《托管协议的内容与格式》。证券投资基金信息披露编报规则主要有自2004年1月1日起施行的第1号《主要财务指标的计算及披露》、第2号《基金净值表现的编制及披露》，自2004年7月1日起施行的第3号《会计报表附注的编制及披露》、第4号《基金投资组合报告的编制及披露》，自2005年4月1日起施行的第5号《货币市场基金信息披露特别规定》。

（4）基金信息披露的自律性规则。它是指在证券交易所上市交易的基金信息披露应遵守的证券交易所业务规则。目前我国关于基金信息披露的自律性规则主要有自2004年12月起施行的《上海证券交易所证券投资基金上市规则（2004年修订）》、自2006年2月起施行的《深圳证券交易所证券投资基金上市规则（2005年修订）》、上海证券交易所的《交易型开放式指数基金业务实施细则》及其相关规定、深圳证券交易所的《上市开放式基金业务规则》《上市开放式基金业务指引》及其相关规定。

7.3.4 基金信息披露的分类及主要内容

公开募集基金公开披露的基金信息包括：基金招募说明书，基金合同，基金托管协议，基金份额发售公告，基金募集情况，基金合同生效公告，基金份额上市交易公告书，基金资产净值、基金份额净值，基金份额申购、赎回价格，基金定期报告（包括基金年度报告、基金半年度报告和基金季度报告），临时报告，基金份额持有人大会决议，基金管理人、基金托管人的基金托管部门的重大人事变动，涉及基金财产、基金管理业务、基金托管业务的诉讼或者仲裁，澄清公告，国务院证券监督管理机构规定应予披露的其他信息。上述基金信息披露可以概括为基金募集信息披露、基金运作信息披露和基金临时信息披露三大类。

1）基金募集信息披露

基金募集信息披露又可以分为首次募集信息披露和存续期募集信息披露。

（1）首次募集信息披露。首次募集信息披露是指在基金份额发售前至基金合同生效前，基金管理人所进行的信息披露。在基金份额发售前，基金管理人需要编制并披露招募说明书、基金合同、托管协议、基金份额发售公告等文件。基金在将验资报告提交中国证监会办理基金备案手续后，还应当编制并披露基金合同生效公告。

（2）存续期募集信息披露。存续期募集信息披露是针对开放式基金而言的。开放式基金在其存续期间可以不断地进行申购、赎回，因而其募集不是在其成立时一次完成的，而是在其成立及存续期间连续不断进行的，因此，开放式基金需要不断披露与后续募集相对应的基金募集信息。按照现行规定，开放式基金应在基金合同生效后每6个月披露一次更新的招募说明书。

2）基金运作信息披露

基金运作信息披露是指在基金合同生效后至基金合同终止前，基金信息披露义务人所进行的信息披露。基金运作信息披露一般是依法定期进行的，所披露的信息范围涉及基金的上市交易、投资运作及经营业绩等各方面。按照现行规定，基金运作信息披露文件具体包括基金份额上市交易公告书，基金资产净值和份额净值公告，基金年度报告、半年度报告、季度报告。

□ 小思考 7-3 ┈┈

如何阅读基金的季报、半年报和年报？

答：投资者在阅读季报、半年报和年报等定期公告时，应重点关注以下内容：

（1）对基金运作的回顾与展望。这部分内容主要反映了基金经理对报告期内基金运作的评价和对未来市场的看法。

（2）基金的资产配置变化。在不同的市场中，基金的大类资产配置特别是股票和债券的搭配比例在很大程度上决定了基金业绩。

（3）基金的行业配置情况。在我国证券市场，热点转换比较快，符合市场热点的行业配置有助于基金业绩的提升。

（4）基金的重仓股。基金重仓股的变化程度是衡量基金经理的选股能力、操作风格是否激进等的一个重要指标。

此外，投资者还要注意报告期内的基金规模变动情况。

资料来源：根据相关资料整理。
┈┈

3）基金临时信息披露

基金临时信息披露是指在基金存续期间，当发生重大事件或市场上流传误导性信息，可能引致对基金份额持有人权益或者基金份额价格产生重大影响时，基金信息披露义务人须对外披露临时报告或澄清公告。基金临时信息的披露时间一般是不确定的。

7.3.5 基金主要当事人的信息披露义务

在基金募集和运作过程中，基金信息披露义务人主要有基金管理人、基金托管人以及要求召集基金份额持有人大会的基金份额持有人。基金信息披露义务人应当依法及时披露基金的有关信息，并保证所披露信息的真实性、准确性和完整性。下面根据 2019 年 9 月 1 日起施行的《公开募集证券投资基金信息披露管理办法》及其他有关规定，分别介绍公开募集基金各基金信息披露义务人的信息披露义务。

1）基金管理人的信息披露义务

在基金信息披露中，基金管理人主要负责披露与基金募集和投资管理活动有关的信息，包括基金募集、上市交易、投资运作、资产估值等各方面信息。具体来说，基金管理人具有以下信息披露义务：

（1）向中国证监会提交基金合同草案、托管协议草案、招募说明书草案等募集申请材料。在基金份额发售的 3 日前，将招募说明书、基金合同摘要登载在指定报刊和管理人网站上；同时，将基金合同、托管协议登载在管理人网站上，将基金份额发售公告登载在指定报刊和管理人网站上。

（2）在基金合同生效的次日，在指定报刊和管理人网站上登载基金合同生效公告。

（3）开放式基金合同生效后每6个月结束之日起45日内，将更新的招募说明书登载在管理人网站上，将更新的招募说明书摘要登载在指定报刊上；在公告的15日前，应向中国证监会报送更新的招募说明书，并就更新内容提供书面说明。

（4）基金拟在证券交易所上市的，应向交易所提交上市交易公告书等上市申请材料。基金获准上市的，应在上市日前3个工作日内，将基金份额上市交易公告书登载在指定报刊和管理人网站上。ETF上市交易后，其管理人应在每日开市前向证券交易所和证券登记结算公司提供申购、赎回清单，并在指定的信息发布渠道上公告。

（5）至少每周公告一次封闭式基金的资产净值和份额净值。开放式基金在开始办理申购或者赎回前，至少每周公告一次资产净值和份额净值；放开申购赎回后，应于每个开放日的次日披露基金份额净值和份额累计净值。如遇半年末或年末，还应披露半年度或年度最后一个市场交易日的基金资产净值、份额净值和份额累计净值。

【考证直通车7-5】
单项选择题
封闭式基金至少每（　　　）公告一次资产净值和份额净值。
A.交易日　　　　　　B.周　　　　　　C.半个月　　　　　　D.月

（6）在每年结束之日起90日内，在指定报刊上披露年度报告摘要，在管理人网站上披露年度报告全文，基金年度报告的财务会计报告应当经过审计。在上半年结束之日起60日内，在指定报刊上披露半年度报告摘要，在管理人网站上披露半年度报告全文。在每季度结束之日起15个工作日内，在指定报刊和管理人网站上披露基金季度报告。上述定期报告在披露的第2个工作日，应分别报中国证监会及证监局、基金上市的证券交易所备案。对于当期基金合同生效不足2个月的基金，可以不编制当期季度报告、半年度报告或者年度报告。

（7）当发生可能对基金份额持有人权益或者基金份额的价格产生重大影响的下列重大事件时，基金管理人应在2日内编制并披露临时报告书，并分别报中国证监会及其证监局备案：召开基金份额持有人大会；提前终止基金合同；基金扩募；延长基金合同期限；转换基金运作方式；更换基金管理人或基金托管人；基金管理人、基金托管人的法定名称、住所发生变更；基金管理人股东及其出资比例发生变更；基金募集期延长；基金管理人的董事长、总经理及其他高级管理人员、基金经理发生变动；基金管理人的董事在1年内变更超过50%；基金管理人的主要业务人员在1年内变动超过30%；涉及基金管理人的诉讼；基金管理人受到监管部门的调查；基金管理人及其董事、总经理及其他高级管理人员、基金经理受到严重行政处罚；重大关联交易事项；基金收益分配事项；管理费计提标准、计提方式和费率发生变更；基金份额净值计价错误达基金份额净值的0.5%；基金改聘会计师事务所；变更基金份额发售机构；基金更换注册登记机构；开放式基金开始办理申购、赎回；开放式基金申购、赎回费率及其收费方式发生变更；开放式基金发生巨额赎回并延期支付；开放式基金连续发生巨额赎回并暂停接受赎回申请；开放式基金暂停接受申购、赎回申请后重新接受申购、赎回。封闭式基金还应在披露临时报告前送基金上市的证券交易所审核。

（8）管理人召集基金份额持有人大会的，应至少提前 30 日公告大会的召开时间、会议形式、审议事项、议事程序和表决方式等事项。会议召开后，应将持有人大会决定的事项报中国证监会核准或备案，并予以公告。

（9）在基金合同期限内，任何公共媒体中出现的或者在市场上流传的消息可能对基金份额价格产生误导性影响或者引起较大波动的，管理人应在知悉后立即对该消息进行公开澄清，并将有关情况报告中国证监会及基金上市的证券交易所。

（10）基金管理人职责终止时，应聘请会计师事务所对基金资产进行审计，并将审计结果予以公告，同时报中国证监会备案。

除依法披露上述有关基金资产管理活动的相关信息外，对基金管理人运用自有资金进行基金投资的事项，基金管理人也应履行相关披露义务。具体来说，在基金季度报告中披露运用自有资金投资封闭式基金的情况；持有封闭式基金超过基金总份额5%的，还应按规定进行临时公告；拟申购、赎回开放式基金的，或已投资其他公司管理的开放式基金的，应按规定提前披露相关信息。

在信息披露事务管理方面，基金管理人应当建立健全信息披露管理制度，指定专人负责管理信息披露事务。公开披露基金信息，应当符合中国证监会相关证券投资基金信息披露内容与格式准则的规定；特定基金信息披露事项和特殊基金品种的信息披露，应当符合中国证监会相关编报规则的规定。除依法在指定报刊和网站上披露信息外，还可以根据需要在其他公共媒体上披露信息，但是其他公共媒体不得早于指定报刊和网站披露信息，并且在不同媒介上披露同一信息的内容应当一致。

2）基金托管人的信息披露义务

在基金信息披露中，基金托管人主要负责披露与基金托管活动有关的信息，包括基金资产保管、代理清算交割、会计核算、净值复核、投资运作监督等各方面信息。具体来说，基金托管人具有以下信息披露义务：

（1）在基金份额发售的 3 日前，将基金合同、托管协议登载在托管人网站上。

（2）对基金管理人编制的基金资产净值、份额净值、申购赎回价格、基金定期报告和定期更新的招募说明书等公开披露的相关基金信息进行复核、审查，并向基金管理人出具书面文件或者盖章确认。

（3）在基金年度报告中出具托管人报告，对报告期内托管人是否尽职尽责履行义务以及管理人是否遵规守约等情况做出声明。

（4）当基金发生涉及托管人及托管业务、可能对基金份额持有人权益或者基金份额的价格产生重大影响的下列重大事件时，基金托管人应当在事件发生之日起 2 日内编制并披露临时公告书，并报中国证监会及其各地方监管局备案：基金托管人的专门基金托管部门的负责人变动；基金托管人的专门基金托管部门的主要业务人员在 1 年内变动超过30%；托管人召集基金份额持有人大会；托管人的决定名称、住所发生变更；发生涉及托管业务的诉讼；托管人受到监管部门的调查；托管人及其托管部门的负责人受到严重行政处罚等。

（5）托管人召集基金份额持有人大会的，应至少提前30日公告大会的召开时间、会议形式、审议事项、议事程序和表决方式等事项。会议召开后，应将持有人大会决定的事项报中国证监会核准或备案，并予以公告。

（6）基金托管人职责终止时，应聘请会计师事务所对基金资产进行审计，并将审计结果予以公告，同时报中国证监会备案。

在信息披露事务管理方面，同基金管理人一样，基金托管人应当建立健全信息披露管理制度，指定专人负责管理信息披露事务。基金托管人公开披露基金信息，应当符合中国证监会相关基金信息披露内容与格式准则的规定；特定基金信息披露事项和特殊基金品种的信息披露，应当符合中国证监会相关编报规则的规定；基金托管人应当按照相关法律、行政法规、中国证监会的规定和基金合同的约定，对基金管理人编制的基金资产净值、基金份额净值、基金份额申购与赎回价格、基金定期报告和定期更新的招募说明书等公开披露的相关基金信息进行复核、审查，并向基金管理人出具书面文件或者盖章确认；除依法在指定报刊和网站上披露信息外，还可以根据需要在其他公共媒体上披露信息，但是其他公共媒体不得早于指定报刊和网站披露信息，并且在不同媒介上披露同一信息的内容应当一致。

3）基金份额持有人的信息披露义务

在基金信息披露中，基金份额持有人主要负责披露与基金份额持有人依法自行召集持有人大会相关的某些信息。按照《证券投资基金法》的规定，当代表基金份额10%以上的基金份额持有人就同一事项要求召开持有人大会，而管理人和托管人都不召集的时候，代表基金份额10%以上的持有人有权自行召集。此时，作为持有人大会召集人的基金份额持有人应至少提前30日公告持有人大会的召开时间、会议形式、审议事项、议事程序和表决方式等事项。如果基金管理人和托管人对持有人大会决定的事项不履行信息披露义务的，召集基金持有人大会的基金份额持有人应当履行相关的信息披露义务。

关于非公开募集基金主要当事人的信息披露义务，根据《证券投资基金法》《私募投资基金监督管理暂行办法》的规定，私募基金管理人、私募基金托管人应当按照合同约定，如实向投资者披露基金投资、资产负债、投资收益分配、基金承担的费用和业绩报酬、可能存在的利益冲突情况以及可能影响投资者合法权益的其他重大信息，不得隐瞒或者提供虚假信息。

7.3.6　基金信息披露的禁止行为

在基金信息披露中，为了规范基金信息披露义务人的披露行为，保护基金投资者的合法权益，维护基金市场的正常秩序，各国对基金信息披露的不正当行为乃至犯罪行为做出了禁止性规定。在我国，根据《公开募集证券投资基金信息披露管理办法》的规定，公开募集基金公开披露基金信息，不得有下列行为：

（1）虚假记载、误导性陈述或者重大遗漏。虚假记载是指基金信息披露义务人在披露基金信息时将不存在的事实在基金信息披露文件中予以记载的行为。误导性陈述是指基金信息披露义务人在信息披露文件中或者通过媒体做出致使投资者对其投资行为发生错误判断并产生重大影响的陈述。重大遗漏是指基金信息披露义务人在信息披露文件中未将应当记载的事项给予完全记载或者仅给予部分记载，或者基金信息披露义务人未完全披露所有信息，以至于影响投资者正确决策的行为。上述三种行为侵害了投资者合法权益，扰乱了基金市场的正常秩序，属于禁止行为。

（2）对证券投资业绩进行预测。它是指基金管理人在信息披露中对基金产品的未来收益率进行预测，或者测算出基金产品未来收益率的概率分布。基金的投资对象是股票、债券、货币市场工具等各种有价证券，受各种因素的影响，作为基金投资对象的各种有价证券的价格及其收益是不断波动的，并具有一定的随机性。同时，基金管理人的管理业绩受其管理水平的影响，其管理预期目标也具有较大的不确定性。因此，基金产品的未来收益率具有一定的不确定性和随机性，基金管理人对基金的证券投资业绩进行预测并不科学。其实，基金管理人之所以热衷于对基金的证券投资业绩进行预测，其根本目的在于推销基金产品。因此，在基金信息披露中，应禁止对证券投资业绩进行预测。

（3）违规承诺收益或者承担损失。基金是具有一定投资风险的金融产品，基金投资者应根据自己的风险收益特征，选择适合自己的基金品种。基金作为一种受托理财的集合投资方式，收益归基金投资者所有，风险也应由基金投资者承担。基金管理人可以受托管理基金资产，基金托管人可以受托保管基金资产，但都不能替代投资者承担基金投资的盈亏。作为基金信息披露义务人，基金管理人和基金托管人既没有承诺收益的能力，也没有承担损失的义务。因此，在基金信息披露中，应禁止基金信息披露义务人违规承诺收益或者承担损失。

【案例分析 7-2】

2024 年 3 月，某商业银行理财经理李女士在销售某基金产品时向客户宣称该基金产品"预期年收益率为 8% 左右""最低年收益率不低于 4%""如果年收益率低于 4%，则按 5% 支付"。由于预期年收益率较高，又有最低年收益率 4% 作为保证，部分客户对该基金产品十分关注。

问题：该商业银行理财经理李女士在宣传该基金产品时是否存在过错？

分析：根据有关法规，公开募集基金公开披露基金信息时不得对基金产品收益进行预测，不得违规承诺收益或者承担损失。因此，该商业银行理财经理李女士在宣传该基金产品时存在过错。理财经理应遵纪守法、诚实守信，树立客户至上、淡泊名利的职业品格。

（4）诋毁其他基金管理人、基金托管人或者基金份额销售机构。这一行为违反了市场公平原则，属于不正当竞争行为，应予以禁止。

（5）登载任何自然人、法人或者其他组织的祝贺性、恭维性或推荐性的文字。基金产品与基金及其当事人收到的祝贺性、恭维性或推荐性的文字之间并无任何关系。同时，在基金信息披露中，登载有关自然人、法人或者其他组织的祝贺性、恭维性或推荐性的文字，容易误导基金投资者。因此，对这一行为应予以禁止。

7.4　基金绩效评价

7.4.1　基金绩效评价的含义及作用

1）基金绩效评价的含义

基金绩效评价是指对基金运营效果和业绩进行分析和评价。具体来说，根据基金的投资目标、投资范围、投资约束、组合风险以及投资风格等具体情况，对基金组合表现进行衡量，从而对基金运营效果和业绩进行评价。

2）基金绩效评价的作用

基金绩效评价对基金投资者、基金投资顾问、基金管理人以及基金监管部门都具有十分重要的作用。对于基金投资者来说，基金绩效评价结果是决定是否对基金进行投资的主要依据。如果基金绩效良好，基金投资者可能继续持有基金份额或加大投资；如果基金表现欠佳，基金投资者可能卖出基金份额或要求基金赎回其持有的基金份额。基金投资顾问根据基金绩效评价结果向投资者提供有效的投资建议。对于基金管理人来说，通过对其管理的基金进行绩效评价，可以分析在基金投资管理上是否实现了预期的投资目标，总结基金投资管理的成功经验和不足之处，从而有助于提高基金投资管理水平。同时，可以在基金投资管理中，根据基金绩效评价结果进行投资监控，以便及时改进基金投资操作，实现基金投资目标。基金监管部门通过开展基金绩效评价对基金进行监督，可以保护基金投资者的利益，并引导投资者树立正确的投资理念。

【考证直通车 7-6】

单项选择题

基金绩效评价的目的是根据（　　　），将既定投资目标下绩优基金鉴别出来。

A.基金的风险偏好　　　　　　　　B.基金的收益偏好

C.基金的风险收益偏好　　　　　　D.基金运作状况

7.4.2　基金绩效评价的特殊性

基金绩效评价的目的是根据基金的风险收益偏好，将既定投资目标下的绩优基金鉴别出来。但是，与其他类型的绩效评价相比，由于受各方面因素的影响，对基金绩效加以客观评价相对来说具有一定的难度。首先，基金的实际表现是基金管理人的投资管理技巧与证券市场的随机性变化综合作用的结果。绩效表现好的基金可能是由基金管理人的投资管理技巧所致，但也可能是由证券市场的随机性变化所致。从理论上说，虽然可以利用统计方法对两种因素的影响做出具有一定可靠性的分析判断，但是由于这种分析判断需要有大量的观察值，而在实际操作中这一要求往往难以得到满足，因此，实际上很难将两种因素的影响完全区分开来。其次，不同基金的绩效缺乏可比性基础。对于不同的基金来说，投资目标、投资范围、投资约束、投资组合以及风险水平等具体情况各不相同，这往往使不同基金的绩效不具有可比性。最后，基金绩效评价涉及比较基准的选择问题。采用不同的比较基准，基金绩效评价的结果也不相同。但在实际操作中，合适的比较基准往往不容易选取。此外，基金绩效评价的前提是基金本身必须保持稳定。但是，由于证券市场行情的不断变化，基金管理人需要根据实际情况对基金的投资操作策略、资产配置结构及风险水平不断进行调整，这会影响基金绩效评价结果的可靠性。

7.4.3　基金绩效评价应考虑的有关因素

鉴于基金绩效评价的特殊性，在基金绩效评价中必须考虑以下几个方面的因素：

（1）基金的投资目标。基金的投资目标不同，其投资范围、投资约束及投资操作策略也就有所不同。例如，收入型基金与成长型基金由于投资目标不同，其投资范围、投资约束及投资操作策略也就大相径庭，在基金绩效评价中不具有可比性。因此，必须注意基金的投资目标对基金绩效评价的影响。

（2）基金的风险水平。在证券投资中，收益与风险相对称，收益越高则承担的风险越大，收益是风险的成本和报酬。对于基金来说，基金的投资收益与投资风险相联系，业绩表现较好的基金可能是由于承担了较高的投资风险所致。因此，在基金业绩评价中，必须考虑基金所承担的风险水平，分析基金所获得的收益是否足以弥补其所承担的风险水平。

（3）评价的比较基准。基金绩效评价的结果依赖于所采用的比较基准。因此，在基金业绩评价中，必须注意选择尽可能合理的比较基准。

（4）基金组合的稳定性。随着证券市场行情的变化，基金的投资操作策略、资产配置结构及风险水平会随之进行调整，这会影响到基金组合的稳定性。在基金业绩评价中，必须对这些因素加以考虑。

（5）评价的时期。选择的评价时期不同，基金绩效评价的结果也会有所不同。在一般情况下，业绩发布主体在发布业绩时往往会选择对自己有利的计算时期。因此，在基金业绩评价中，必须注意评价时期对基金绩效评价结果可能造成的影响。

7.4.4　基金绩效评价方法

1）建立基金绩效评价指标体系

通过建立基金绩效评价指标体系，计算和分析各种基金绩效评价指标，可以对基金绩效进行客观评价。用于评价基金绩效的指标种类有很多，下面简要介绍一些常用指标。

（1）基金份额净值。

基金份额净值是指基金资产净值与基金总份额的比值，用公式表示为：

基金份额净值=基金资产净值÷基金总份额

　　　　　　　=（基金总资产−基金总负债）÷基金总份额

上式中，基金总资产、基金总负债的计算详见"6.2 基金资产估值"。

基金份额净值是衡量基金经营好坏的主要指标，也是最简单和最直观的基金绩效评价指标。当基金资产组合中的各种资产增值，基金份额净值就会增加；反之，基金份额净值就会减少。通过基金份额净值的增减，可以判断基金运营的好坏。在利用基金份额净值指标对基金绩效进行评价时，需要注意以下几个方面：

一是基金份额净值与基金资产的价格密切相关。由于基金投资的各种有价证券特别是股票的市场价格经常与其内在价值相背离，基金份额净值也就经常含有一定程度的水分，并不能真正反映基金的资产状况。例如，在牛市期间，基金投资组合中股票资产所占比重越高，基金份额净值中的水分就越大；反之，在熊市期间，基金投资组合中股票资产所占比重越高，基金份额净值中的水分就越小。因此，在利用基金份额净值指标对基金绩效进行评价时，需要注意基金投资的各种有价证券的质量。

二是基金份额净值与证券市场指数密切相关。在利用基金份额净值指标对基金绩效进行评价时，不仅要考虑基金份额净值的绝对水平，还要考虑基金份额净值相对于证券市场指数的相对变动。例如，对于实施积极型投资策略的基金来说，绩效优良的基金在上涨行情中基金份额净值的涨幅要高于证券市场指数的涨幅；在下跌行情中基金份额净值的跌幅要低于证券市场指数的跌幅。因此，在利用基金份额净值指标对基金绩效进行评价时，需要将基金份额净值的变化情况与证券市场指数的变化情况加以对比。

（2）基金投资报酬率。

基金投资报酬率是指在一定时期内基金份额净值的变化率，用公式表示为：

基金投资报酬率=（期末基金份额净值−期初基金份额净值）÷期初基金份额净值×100%

如果在一定时期内将基金份额收益作为本金继续进行投资，则上述公式需要调整为：

$$\frac{基金投资}{报酬率}=\left(\frac{期末基金}{份额净值}-\frac{期初基金}{份额净值}+\frac{基金份额}{收益}\right)\div\frac{期初基金}{份额净值}\times100\%$$

利用基金投资报酬率指标，将同一时期不同基金的投资报酬率进行比较，投资报酬率越高的基金，其绩效也就越好。此外，对于实施积极型投资策略的基金来说，也可以将某一时期的基金投资报酬率与同一时期证券市场指数的变化率进行比较，如果基金投资报酬率高于证券市场指数变化率，则表明基金绩效优于市场平均水平。

（3）基金资产报酬率。

基金资产报酬率是指基金资产净值与基金平均资产总额的比率，用公式表示为：

基金资产报酬率=基金资产净值÷基金平均资产总额×100%

=（基金资产总值−基金负债总值）÷基金平均资产总额×100%

一般来说，基金资产报酬率越高，表明基金绩效越好。

（4）基金净收益率。

基金净收益率是指基金净收益与基金份额发行总额的比率，用公式表示为：

基金净收益率=基金净收益÷基金份额发行总额×100%

一般来说，基金净收益率越高，表明基金资本的盈利能力越强。但这一指标既不能太高（因为太高会影响基金扩大再投资的后劲），也不能过低（因为过低会影响基金投资者的积极性）。

（5）基金费用率。

基金费用率是指基金总费用与基金平均资产净值的比率，用公式表示为：

基金费用率=基金总费用÷基金平均资产净值×100%

基金费用率是评价基金运作成本和管理效率的重要指标。该指标数值越小，基金管理效率越高。在利用这一指标对基金绩效进行评价时，需要注意以下几个方面：

一是基金规模。一般来说，基金规模不同，基金费用率的大小也不相同。由于存在规模效益，基金规模越大，用在基金资产上进行分配的基金总费用越多，基金费用率就越小。在利用这一指标对基金绩效进行评价时，需要注意基金规模的大小。

二是基金类型。对于不同类型的基金来说，基金费用率的大小也不相同。一般来说，成长型基金的费用率要高于收入型基金，国际基金的费用率要高于国内基金。在利用这一指标时，需要注意基金的类型。

三是基金运作的隐形费用。基金在运作中还存在一些隐形费用，基金费用率指标无法反映这些隐形费用。例如，由于存在着证券交易的规模效应，当基金管理人在短时期内大量买进或卖出交易清淡的小盘股票时，该股票的价格会发生波动，从而给基金带来损失。这种损失虽然降低了基金的绩效，但并不作为费用，基金费用率指标无法反映。在利用基金费用率指标时，需要注意基金运作的隐形费用。

【考证直通车 7-7】

单项选择题

关于基金费用率指标，下列说法错误的有（　　　　）。

A. 基金费用率指标数值越小，基金管理效率越高

B. 基金规模越大，基金费用率越小

C. 收入型基金的基金费用率高于成长型基金

D. 基金费用率指标无法反映基金运作的隐性费用

（6）基金换手率。

基金换手率是指基金在一定时期内的证券总买入量和总卖出量中的较小者与基金平均资产净值的比率，用公式表示为：

基金换手率＝一定时期内的证券总买入量和总卖出量中的较小者÷基金平均资产净值×100%

基金换手率是评价基金投资组合变化频率以及基金持有某只证券平均时间长短的重要指标。该指标数值越小，基金投资组合变化频率越大，基金持有某只证券的平均时间越短。此外，基金换手率还可以反映基金在一定时期内进行投资操作的频繁程度。这一指标越低，说明基金的投资风格越稳健，注重通过买入持有的策略给投资者创造回报；这一指标越高，说明基金的投资风格越灵活主动，谋求通过波段操作来增加基金的收益。通过基金换手率的分析，可以更好地了解基金的交易特征和操作风格。通常，换手率较低的基金表现出稳健特性、风险较低，而换手率较高的基金则表现得比较激进且风险较高。

（7）基金市盈率。

基金市盈率是基金份额市价与基金份额净收益的比率，用公式表示为：

基金市盈率＝基金份额市价÷基金份额净收益×100%

该指标反映了基金份额市价与基金份额净收益之间的关系，可以用于比较基金份额的潜在投资价值。该指标越低，则基金份额的投资风险越小。

2）对基金绩效进行综合评价

在利用基金绩效评价指标体系进行基金绩效评价时，既要考虑基金的业绩和盈利能力，又要考虑基金的费用、管理效率和风险，同时还要结合基金的类型和投资目标等因素，因此，需要对基金绩效进行综合评价。概括起来，基金绩效综合评价主要包括以下

两个方面的内容：

（1）评价基金的运作是否符合基金的类型和投资目标。通过计算和分析基金的各种指标，评价基金的运作是否符合基金的类型和投资目标。例如，对于平衡型基金来说，如果其资产报酬比率和换手率过低，则说明基金过多地参与了股票市场的长期投资，违背了平衡型基金的投资管理原则，基金的运作不符合基金的类型和投资目标。又如，对于实施被动的投资管理策略的基金来说，选择所跟踪的指数作为比较基准，评价基金业绩是否与所跟踪的指数保持一致。如果基金业绩超过了所跟踪的指数，尽管基金取得了较好的业绩，基金的运作也不符合基金的类型和投资目标。

（2）全面评价基金的业绩。在计算和分析反映基金收益有关指标的同时，对基金收入来源、基金费用、资产结构、资产质量、投资管理水平、投资理念、管理风格以及风险水平等指标进行全面分析。例如，如果基金费用率较高、资产结构不够合理、资产质量较低，基金在进行证券投资时没有经过科学的分析和严格的风险控制程序，基金业绩主要靠证券市场上涨行情而获得，则说明基金的风险较高，基金的投资管理水平有限，基金的投资理念以及管理风格等也值得深思。

》【案例分析 7-3】   如何准确评价基金表现

"为什么大盘指数在涨，我的基金净值却原地踏步呢？"面对 2024 年上半年的市场行情，买了中小板 ETF 的小杨怨声载道，"这基金怎么就是扶不起的'阿斗'呀！"

杨老伯就比小杨心情愉快，他买的一只 2024 年 3 月成立的股票型基金跟着股指一直上涨，每天净值以近 1% 的速度增长。他对小杨说："你看，还是我买的基金好。"

问题：（1）杨老伯的评价是否合理？请对杨老伯的评价进行简要的评析。

（2）在对基金绩效进行评价时应注意哪些方面？

分析：（1）杨老伯的评价不合理。基金绩效评价是基于同类型基金。投资者比较基金收益的差异，要基于同一投资风格或投资类型，而不能简单地只看收益率。虽然小杨和杨老伯同样买的是股票型基金，但两者风格截然不同。小杨买的中小板 ETF 属于指数基金，追踪的是中小板股票，2024 年上半年这一板块的股票相对比较沉寂，所以中小板 ETF 表现不好。杨老伯买的股票型基金并不受特定板块和指数的限制。

（2）在对基金绩效进行评价时应注意以下几个方面：一是基金的投资目标；二是基金的风险水平；三是评价的比较基准；四是基金组合的稳定性；五是评价的时期。

资料来源：根据相关资料整理。

3）对基金潜在绩效进行评价

投资者投资各种有价证券，看重的是未来而不是过去和现在。对于基金投资者来说，在决定是否投资或继续持有基金份额时，关心的并不是基金过去的业绩，而是基金将来的业绩。因此，有必要对基金潜在绩效进行评价。评价基金潜在绩效，可以通过以下指标：

（1）基金投资回收期。基金投资回收期是指投资者按目前价格购买基金后，用所投资基金的净收益偿还最初的原始投资所需要的时间，通常以年计算。该指标数值越小，说明收回最初投资所需时间越短，基金潜在绩效越好。一般来说，基金投资回收期最好在 8 年以下。这一指标只能对基金潜在绩效进行粗略的评价，且假设基金的投资目标及投资组合的风险收益特征保持不变。

（2）基金流动资金比率。基金流动资金比率是指基金所持有的流动资金如银行存款、大额可转让定期存单、国债等在基金总资产中所占的比重。该指标数值大小折射出基金管理人对未来证券市场行情的判断。如果这一指标数值过高，则表明基金管理人对证券市场缺乏信心，在证券市场行情看淡的情况下，该基金表现相对较好；如果这一指标数值过低，则表明基金管理人对证券市场充满信心，在证券市场行情看好的情况下，该基金会有较好的表现。一般来说，基金流动资金比率越低，基金潜在绩效越好。在利用这一指标对基金潜在绩效进行评价时，要注意对于不同类型的基金，这一指标的数值大小有所不同。一般来说，货币市场基金及开放式基金的流动资金比率相对较高。

（3）基金净申购额。这一指标是针对开放式基金而言的，是指开放式基金份额的申购额与赎回额之差。在开放式基金的运作中，如果申购额大于赎回额，基金的资产就会增加；反之，就会出现净现金流出的现象。如果申购额大于赎回额，在证券行情上涨时，基金在不改变投资组合的情况下就可以把握投资机会，在市场盘整时，还可以趁机买进证券，以提高基金绩效。因此，基金净申购额为正或者越大，基金潜在绩效越好。

7.5　基金合同的变更、终止与基金清算

7.5.1　基金合同的变更

基金合同的变更包括转换运作方式和与其他基金合并两种情况。其中，转换运作方式包括封闭式基金变更为开放式基金、封闭式基金扩募或者延长基金合同期限、对原注册事项进行实质性调整等情况。在我国，根据《证券投资基金法》《公开募集证券投资基金运作管理办法》的规定，按照基金合同的约定或者基金份额持有人大会的决议，公开募集基金可以转换运作方式或者与其他基金合并。公开募集基金转换运作方式或者与其他基金合并，应当按照法律法规及基金合同约定的程序进行。实施方案若未在基金合同中明确约定的，应当经基金份额持有人大会审议通过。基金管理人应当提前发布提示性通知，明确有关实施安排，说明对现有基金份额持有人的影响以及基金份额持有人享有的选择权（如赎回、转出或者卖出），并在实施前预留至少 20 个开放日或者交易日供基金份额持有人做出选择。公开募集基金注册后，如需对原注册事项进行实质性调整，应当依照法律法规和基金合同履行相关手续；继续公开募集资金的，应当在公开募集前按照《行政许可法》的规定向中国证监会提出变更注册事项的申请。未经注册，不得公开或者变相公开募集基金。

符合下列条件，并报国务院证券监督管理机构备案，封闭式基金可以扩募或者延长基金合同期限：①基金运营业绩良好；②基金管理人最近两年内没有因违法违规行为受到行政处罚或者刑事处罚；③基金份额持有人大会决议通过；④基金合同或者基金章程规定的其他条件。

7.5.2　基金合同的终止

基金合同的终止是指因各种原因基金合同失去法定效力，不再被继续执行。在我国，根据《证券投资基金法》的规定，有下列情形之一的，基金合同将终止：①基金合同期限届满而未延期的；②基金份额持有人大会决定终止的；③基金管理人、基金托管人职责终止，在6个月内没有新基金管理人、新基金托管人承接的；④基金合同约定的其他情形。

【考证直通车7-8】

单项选择题

在我国，基金合同终止的情形不包括（　　）。

A.基金合同期限届满而延期的

B.基金份额持有人大会决定终止的

C.基金管理人、基金托管人职责终止，在6个月内没有新基金管理人、新基金托管人承接的

D.基金合同约定的其他情形

基金合同的终止可以概括为以下两种情况：

（1）基金合同期限届满而自动终止。基金合同一般都规定了基金合同期限，基金合同期限最短为5年，一般为10~15年，长的达30年，基金合同的具体期限取决于基金本身的性质、基金的投资目标以及投资管理策略等因素。基金合同期限届满而自动终止属于基金的正常运作。在基金合同期限届满前没有决议要延长基金合同期限的情况下，基金按照规定的时间报经主管机关批准后，就可以终止基金的运作，并开始着手基金的清算工作。

（2）基金合同提前终止。它是指不等基金合同期限届满，提前终止基金合同，停止基金运作，并着手基金清算。在基金运作中，基金合同提前终止的情况一般比较少见。导致基金合同提前终止主要有以下原因：基金运作合法、正常，未出现重大亏损或违法违规行为，但因各种原因基金持有人大会通过提前终止基金合同的决议，并报经主管机关批准；基金运作合法，但因出现长时间亏损或法律变更等重大负面因素，基金管理人认为基金事实上或在法律上无法继续经营，为了保护基金持有者的利益而不得不提前终止基金合同；基金管理人或基金托管人由于解散、破产、撤销、未履行职责不能继续担任，基金持有人大会决定更换等原因而退任又无人接任，基金合同不得不提前终止；基金运作出现重大违法违规行为，为了保护基金持有者的利益，基金合同被主管机关责令终止。

7.5.3　基金清算

基金清算是指基金合同终止后，成立基金清算小组，对基金资产进行保管、清理、估价、变现和分配，并将清算结果进行公告。基金合同终止时，基金管理人应当组织清算小组对基金财产进行清算。清算小组由基金管理人、基金托管人以及相关的中介服务机构组成。清算小组做出的清算报告经会计师事务所审计、律师事务所出具法律意见书

后，报国务院证券监督管理机构备案并公告。清算后的剩余基金财产，应当按照基金份额持有人所持份额比例进行分配。

1）基金清算小组的成立及职责

根据我国有关规定，自基金合同终止之日起 3 个工作日内应成立清算小组，基金清算小组在中国证监会的监督下进行基金清算。基金清算小组成员由基金发起人、基金管理人、基金托管人、具有从事证券相关业务资格的注册会计师、具有从事证券法律业务资格的律师以及中国证监会指定的人员组成，基金清算小组可以聘用必要的工作人员。基金清算小组在中国证监会的领导下进行基金清算。基金清算小组负责基金资产的保管、清理、估价、变现和分配，并可以依法进行必要的民事活动。基金的清算应当在一定的期限内完成。

2）基金清算程序

基金清算的基本程序如下：①基金终止后，由基金清算小组统一接管基金资产；②对基金资产进行清理和确认；③对基金资产进行估价和变现；④对基金资产进行分配。

3）基金清算费用

基金清算费用是指基金清算小组在进行基金清算过程中发生的所有合理费用。清算费用由基金清算小组从基金资产中支付。

4）基金清算的公告

基金终止并报中国证监会备案后 5 个工作日内由基金清算小组公告。基金清算过程中的有关重大事项由基金清算小组及时公告。基金清算结果由基金清算小组报经中国证监会批准后 3 个工作日内予以公告。

5）基金清算账册及文件的保存

基金清算账册及有关文件由基金托管人保存 15 年以上。

情景模拟 7-1

场景：假设你是基金管理人或托管人，你应该如何进行基金收益分配和基金信息披露？

操作：（1）分派 5 名同学担任某一基金管理人和基金托管人，其他同学担任基金投资者，共组成 3 个小组，每个小组选择 1 人担任组长，由其负责本小组各项工作；

（2）基金管理人小组组长指挥本小组进行基金收益分配和基金信息披露；

（3）基金管理人小组组长和基金托管人小组组长就基金信息披露提出应该如何正确处理相互之间的关系；

（4）在以上（2）、（3）活动中基金投资者小组在旁观察，并提出相关问题及建议；

（5）教师对情景模拟情况进行点评和总结。

知识掌握

7.1　单项选择题

（1）基金收益分配后基金份额净值不能（　　）面值。

A.高于　　　　　　　　B.等于　　　　　　　　C.低于　　　　　　　　D.不确定

（2）基金信息披露最根本、最重要的原则是（　　）。

A.真实性原则　　　　B.准确性原则　　　　C.完整性原则　　　　D.及时性原则

（3）以下属于基金运作披露的信息是（　　）。

A.招募说明书　　　　　　　　　　　　　B.基金合同

C.上市交易公告书　　　　　　　　　　　D.基金份额发售公告

（4）基金管理人应在每年结束后（　　）日内，在指定报刊上披露年度报告摘要，在管理人网站上披露年度报告全文。

A .30　　　　　　　　B.60　　　　　　　　C .90　　　　　　　　D.180

（5）（　　）是评价基金投资组合变化频率以及基金持有某只证券平均时间长短的重要指标。

A.基金净收益率　　　B.基金费用率　　　　C.基金换手率　　　　D.基金市盈率

（6）根据我国有关规定，在基金运作过程中，如果（　　），封闭式基金可变更为开放式基金，符合规定条件的基金可申请扩募或续期。

A.基金管理人申请并得到证券主管部门批准

B.基金托管人申请并得到证券主管部门批准

C.基金管理人和托管人申请并得到证券主管部门批准

D.符合基金契约规定的情形或经基金持有人大会决议通过

7.2　多项选择题

（1）在我国内地，公开募集的开放式基金的分红方式有（　　）。

A.增加投资份额　　　　　　　　　　　B.现金分红方式

C.股利分红　　　　　　　　　　　　　D.分红再投资转换为基金份额

（2）关于机构投资者投资基金的税收，以下说法正确的有（　　）。

A.对机构投资者买卖基金份额获得的差价收入征收增值税

B.对机构投资者买卖基金份额获得的差价收入不征收企业所得税

C.对机构投资者买卖基金份额目前暂免征收印花税

D.对机构投资者从基金分配中获得的收入征收企业所得税

（3）基金信息披露的作用有（　　）。

A.为投资者提供基金投资的决策信息

B.有利于规范基金管理人和托管人的市场行为

C.有利于优化资源配置，提高基金市场的运行效率

D.能够保证每个基金投资者的收益最大化

（4）以下属于基金运作信息披露文件的有（　　）。

A.基金份额上市交易公告书　　　　　　　　B.基金资产净值和份额净值公告

C.重大事项公告　　　　　　　　　　　　　D.基金定期报告

（5）在基金信息披露中，以下被禁止的行为有（　　）。

A.不存在的事实在基金信息披露文件中予以记载

B.披露中存在应披露而未披露的信息

C.对基金产品的未来收益率进行预测

D.承诺收益或承担损失

（6）基金绩效评价的作用表现在（　　）。

A.基金绩效评价仅对基金投资者具有十分重要的作用

B.对于基金投资者来说，基金绩效评价结果是决定是否对基金进行投资的主要依据

C.对于基金管理人来说，通过对其管理的基金进行绩效评价，可以提高基金投资管理水平

D.基金监管部门通过开展基金绩效评价对基金进行监督

（7）在基金绩效评价中，必须考虑（　　）方面的因素。

A.基金的投资目标　　　　　B.基金的风险水平　　　　　C.评价的比较基准

D.基金组合的稳定性　　　　E.评价的时期

7.3 是非判断题

（1）损益平准金是指在申购或赎回基金份额时，申购或赎回款项中包含的按未分配基金净收益（或累计基金净损失）占基金净值的比重计算的金额。（　　）

（2）对机构投资者买卖基金份额获得的差价收入，应将其并入企业的应纳税所得额，征收企业所得税。（　　）

（3）真实性原则是基金信息披露最根本、最重要的原则。（　　）

（4）销售基金时，基金管理人可以对基金产品的未来收益率进行预测，以帮助投资者做出正确选择。（　　）

（5）基金管理人至少应每周公告一次封闭式基金的资产净值和份额净值。（　　）

（6）基金绩效评价是指对基金业绩进行分析和评价。（　　）

（7）在基金业绩评价中，必须考虑到证券市场行情的变化会影响基金组合的稳定性。（　　）

（8）基金份额净值与证券市场指数密切相关。（　　）

（9）一般来说，基金资产报酬率越大，表明基金效益越好。（　　）

（10）基金合同的终止是指因各种原因基金合同虽然具有法定效力，但不再被继续执行。（　　）

7.4 问答题

（1）基金收益来源有哪些？

（2）基金收益分配方式有哪些？

（3）基金的税收主要有哪些？

（4）基金管理人、托管人及基金投资者的税收主要有哪些？

（5）基金信息披露具有哪些作用？

（6）基金信息披露应遵循哪些原则？

（7）简述基金信息披露的分类及其主要内容。

（8）基金管理人、托管人及基金份额持有人具有哪些信息披露义务？

（9）基金信息披露具有哪些禁止行为？

（10）基金绩效评价具有哪些作用？

（11）基金绩效评价具有哪些特殊性？

（12）基金绩效评价应注意哪些因素？

（13）基金绩效综合评价主要包括哪些内容？

知识应用

□ 案例分析

2024 年前 11 个月公募基金业绩表现

在 2024 年的投资市场中，公募基金如同一面镜子，折射出资本市场的种种风向。截至 2024 年 11 月 29 日，公募基金前 11 个月的业绩报告出炉，激起了投资者的广泛关注。数据显示，主动权益类基金的平均收益率已经成功转正，其中部分基金的收益更是高达 53.6%。然而，在这份亮眼的成绩单背后，基金业绩的分化现象同样值得注意，部分基金甚至亏损超过 37%，首尾业绩相差近 90 个百分点，这一数据无疑为投资者的决策增添了更多复杂因素。

在宏观经济环境多变的大背景下，公募基金的业绩表现呈现出明显的分化。这一现象引发了众多投资者的深思。2024 年初，市场经历了较大的波动，投资者信心经历起伏，然而随着市场逐渐回暖，主动权益类基金的表现也开始反弹。数据显示，2024 年前 11 个月，主动权益类基金的平均收益率为 4.45%，200 多只主动权益类基金的收益率突破了 20%，一些表现突出的主动权益类基金的收益率超过 50%。其中，国融融盛龙头严选混合基金以 53.6% 的收益率位居第一，大摩数字经济混合和银华数字经济股票紧随其后，收益率分别为 51.63% 和 50.66%。

通过对 2024 年前 11 个月公募基金业绩的分析，我们看到了市场的亮点与挑战。虽然部分基金实现了令人瞩目的收益，但也有不少基金在高波动的市场中遭遇了"滑铁卢"。这提醒投资者，在面对诱人的业绩时，始终需要进行客观理性的分析，充分评估市场风险与机会。

资料来源：根据相关资料整理。

问题：（1）2024 年前 11 个月，部分主动权益类基金的业绩表现十分突出，其主要原因是什么？

（2）在公募基金业绩分化的背景下，投资者如何找到适合自己的投资机会？

分析提示：（1）2024年前11个月，部分主动权益类基金的业绩表现十分突出，其主要原因是该类基金侧重于科技领域尤其是人工智能、半导体、互联网等新兴行业股票，这些行业在2024年的快速发展为基金的优异表现提供了土壤。随着数字经济的快速崛起，科技行业的前景被广泛看好，科技行业成为了众多基金青睐的投资标的。例如，国融融盛龙头严选混合基金在其重仓股中包括同花顺、东方财富等科技股，这些股票在市场回暖中表现突出。

（2）在公募基金业绩分化的背景下，投资者要想找到适合自己的投资机会，首先，需要了解基金的投资策略，对基金进行基本面分析。投资者应当明确自己的风险承受能力，通过分析各个基金的历史业绩、投资组合及基金经理的投资风格，审慎选择基金。其次，分散投资也是降低风险的重要手段。在业绩表现悬殊的市场环境中，将资金分散到不同类型的基金中，可以有效过滤个别基金的非系统性风险。无论是主动管理基金，还是被动指数基金，各自都有其优缺点，通过合理配置，或可获取更为稳定的回报。

□ 实践训练

如果你是某一基金持有人，搜集和阅读该基金已披露的各种信息，并对该基金效益进行简要的评价。

要求：（1）针对某一基金，通过相关网络或报刊搜集已披露的各种信息。

（2）阅读（1）所搜集的各种信息。

（3）根据（1）、（2）及其他相关资料，对该基金效益进行简要评价。

第8章

证券投资基金的法律法规与监管

学习目标

知识目标：了解基金监管的作用、基金监管机构和自律组织、对基金托管银行的监管内容、对基金注册登记机构的监管内容；理解基金行业的行政法规和自律性规则、基金监管手段、对基金行业高级管理人员的监管内容；掌握《证券投资基金法》、基金监管的含义、基金监管的目标和原则、对基金管理公司的监管内容、对基金销售机构的监管内容、对基金运作的监管内容。

技能目标：能够自觉遵守并引导客户自觉遵守基金行业的法律法规；能够接受基金监管机构和自律组织对有关内容的监管。

素养目标：培养遵守基金行业法律法规、服从基金行业法律法规、维护基金行业法律法规的法治素养；树立基金客户至上、公平正义的价值追求理念。

引例

及时传递诉求，消弭矛盾于萌芽

投资者张先生于2023年8月10日对两笔基金进行赎回，但过去近一周时间资金仍未到账。他便分别致电两家基金公司询问原因，但对两家公司给出的解释均不认可，他认为基金公司没有就投资者提出的问题进行明确的解释说明，于是拨打热线电话进行投诉。热线工作人员认真记录，随即转至相关证监局进行办理。在处理过程中，投资者来电希望撤销之前对其中一家基金公司的投诉。经向投资者了解得知，原来是该基金公司得知投资者通过"12386"热线进行投诉，为避免演化成与投资者之间更大的矛盾，已主动联系投资者并表示会积极协商解决问题。最终，张先生的两起投诉都得以及时解决，真正让他感到满意。

证监会在投资者诉求会商会议上，对集中出现的网络渠道购买基金的赎回问题投诉分析原因后认为：一是基金销售机构过度承诺；二是基金销售机构对重要信息提示不够，投资者关注不够；三是注册登记规则有限制；四是电子商务平台信息系统故障。此外，还有一些其他原因。证监局在处理投诉中，要求基金销售机构更新完善有关销售推介内容，避免夸大宣传，避免给投资者造成误解；对于实际无法实现T+0目标的产品，禁止其进行相关宣传；提示相关公司做好系统测试，提高系统稳定性。证监会也要求相关单位持续关注，加强对投资者教育，维护基金投资者合法权益。

资料来源：根据相关资料整理。

这一案例表明：在投资基金行业存在各种违法违规行为，这不仅损害了基金投资者的利益，还会对基金行业发展产生巨大的负面影响。要保护基金投资者的利益，应促进基金行业持续、稳定、健康发展，完善基金行业法律法规，不断加强基金监管。

8.1 基金行业的法律法规

经过 20 多年的建设，我国已颁布和实施了一系列有关基金监管的法律法规，目前已初步形成了以《证券投资基金法》为核心、各类行政法规和自律性规则相配套的比较完善的基金监管法律法规体系。这一法律法规体系可分为三个层次：第一个层次是由全国人民代表大会和全国人民代表大会常务委员会制定并颁布的国家法律；第二个层次是由证券监管部门及相关部门制定并颁布的行政法规；第三个层次是由证券业协会、证券交易所等自律性组织制定并颁布的自律性规则。

8.1.1 国家法律

关于基金的国家法律主要有《中华人民共和国刑法》（以下简称《刑法》）《中华人民共和国证券法》《证券投资基金法》。本节主要介绍《证券投资基金法》。

》》【案例分析 8-1】最大基金"硕鼠"马乐被判缓刑 检察院提出抗诉

2014 年 4 月 4 日，深圳市中级人民法院一审法院对非法获利 1 883 万元的原博时基金经理马乐案——这一最大基金"老鼠仓"案件进行审理宣判。法院经审理查明，2011年 3 月 9 日至 2013 年 5 月 30 日期间，马乐担任博时基金管理有限公司旗下的博时精选股票证券投资基金经理，全权负责证券投资基金投资股票市场，掌握了博时精选股票证券投资基金交易的标的股票、交易时点和交易数量等内幕信息以外的其他未公开信息。马乐在任职期间利用其掌控的上述内幕信息以外的其他未公开信息，从事与该信息相关的证券交易活动，操作自己控制的"金某""严某进""严某雯"三个股票账户，通过临时购买的不记名神州行电话卡下单，先于、同期或稍晚于其管理的"博时精选"基金账户买入相同股票 76 只，累计成交金额达 10.5 亿余元，从中非法获利 1 883 万元。2013 年 7月 17 日，被告人马乐主动到深圳市公安局经济犯罪侦查支队投案。法院经审理认为，马乐的行为已构成利用未公开信息交易罪。法院认为，马乐具有主动投案的情节，且到案之后能如实供述其所犯罪行，符合自首的法律规定，依法可以从轻处罚。马乐认罪态度良好，其违法所得能从扣押冻结的财产中全额返还，判处的罚金亦能全额缴纳，确有悔罪表现。另经深圳市福田区司法局社区矫正和安置帮教科调查评估，对马乐宣告缓刑对其所居住的社区没有重大不良影响，符合适用缓刑的条件，决定对其适用缓刑。因此，深圳市中级人民法院一审宣判：以利用未公开信息交易罪判处马乐有期徒刑 3 年，缓刑 5 年，并处罚金人民币 1 884 万元，违法所得人民币 1 883 万元依法予以追缴，上缴国库。马乐当庭表示服从判决，不上诉。

深圳市人民检察院经审查认为，该判决量刑明显不当，提出抗诉。2014 年 10 月 20日，广东省高级人民法院终审驳回抗诉，维持原判。2014 年 11 月 27 日，广东省人民检察院认为终审裁定有误，提请最高人民检察院抗诉。2014 年 12 月 9 日，最高人民检察院检查委员会研究该案，认为该案终审裁定法律适用错误，导致量刑明显不当，决定按审判监督程序向最高人民法院提出抗诉。2015 年 12 月 11 日，最高人民法院在广东省深圳市最高人民法院第一巡回法庭对该院再审的被告人马乐利用未公开信息交易一案进行了公开宣判，依法对马乐改判有期徒刑 3 年，并处罚金 1 913 万元人民币；违法所得 19 120 246.98 元人民币依法予以追缴，并上缴国库。

问题：在《刑法》中，对于利用未公开信息交易罪是如何规定的？

分析：《刑法》第一百八十条对内幕交易、泄露内幕信息罪和利用未公开信息交易罪进行了明确规定。证券、期货交易内幕信息的知情人员或者非法获取证券、期货交易内幕信息的人员，在涉及证券的发行，证券、期货交易或者其他对证券、期货交易价格有重大影响的信息尚未公开前，买入或者卖出该证券，或者从事与该内幕信息有关的期货交易，或者泄露该信息，或者明示、暗示他人从事上述交易活动，情节严重的，处五年以下有期徒刑或者拘役，并处或者单处违法所得一倍以上五倍以下罚金；情节特别严重的，处五年以上十年以下有期徒刑，并处违法所得一倍以上五倍以下罚金。证券交易所、期货交易所、证券公司、期货经纪公司、基金管理公司、商业银行、保险公司等金融机构的从业人员以及有关监管部门或者行业协会的工作人员，利用因职务便利获取的内幕信息以外的其他未公开的信息，违反规定，从事与该信息相关的证券、期货交易活动，或者明示、暗示他人从事相关交易活动，情节严重的，依照第一款的规定处罚。

资料来源：赵瑞希. 最大基金"硕鼠"马乐被判缓刑   检察院提出抗诉［EB/OL］. （2014-04-04）. http：//fund.eastmoney.com/news/1590, 20140404374365644_2.html.

《证券投资基金法》经 2003 年 10 月 28 日第十届全国人民代表大会常务委员会第五次会议通过，自 2004 年 6 月 1 日起实施。2012 年 12 月 28 日第十一届全国人民代表大会常务委员会第三十次会议对其进行修订，修订后的《证券投资基金法》自 2013 年 6 月 1 日起施行。2015 年 4 月 24 日第十二届全国人民代表大会常务委员会第十四次会议对其进行了修正。《证券投资基金法》主要用于规范证券投资基金活动，保护投资人及相关当事人的合法权益，促进证券投资基金和证券市场的健康发展。《证券投资基金法》共分为 15 章 154 条，包括总则，基金管理人，基金托管人，基金的运作方式和组织，基金的公开募集，公开募集基金的基金份额的交易、申购与赎回，公开募集基金的投资与信息披露，公开募集基金的基金合同的变更、终止与基金财产清算，公开募集基金的基金份额持有人权利行使，非公开募集基金，基金服务机构，基金行业协会，监督管理，法律责任及附则。

各章的主要内容如下：

第一章为总则，共 11 条，主要包括《证券投资基金法》的立法宗旨、适用范围，基金投资活动遵循的原则，基金的财产和债务与基金当事人的关系，基金财产投资的相关税收，对基金管理人、基金托管人及其从业人员的基本要求，证券投资基金监管的基本要求。

第二章为基金管理人，共 20 条，主要包括基金管理人的设立条件以及核准程序，管理公开募集基金的基金管理公司的设立条件及批准程序，公开募集基金的基金管理人的董事、监事、高级管理人员和其他从业人员的禁入规定，公开募集基金的基金管理人的董事、监事、高级管理人员和其他从业人员的任职资格及审核程序，公开募集基金的基金管理人的职责，公开募集基金的基金管理人及其董事、监事、高级管理人员和其他从业人员的禁止行为，公开募集基金的基金管理人的内部治理结构、风险准备金的有关规定，公开募集基金的基金管理人的股东和实际控制人的禁止行为及其整顿，公开募集基金的基金管理人的违法违规行为或者其内部治理结构、稽核监控和风险控制管理不符合规定的整改规定，公开募集基金的基金管理人职责终止的规定，对非公开募集基金的基金管理人进行规范的规定。

第三章为基金托管人，共12条，主要包括基金托管人的设立条件及核准程序，基金托管人从业人员的规定，基金托管人的职责及其整顿、取消资格、终止职责及有关事宜的规定。

第四章为基金的运作方式和组织，共6条，主要包括基金可以采用的运作方式，基金份额持有人的权利，基金份额持有人大会的组成及职权，基金份额持有人大会的日常机构及职权。

第五章为基金的公开募集，共11条，主要包括公开募集基金的界定，公开募集基金应提交的文件，公开募集基金的基金合同、招募说明书的内容，基金募集注册申请的审查程序，基金份额发售及宣传推介活动、募集日期、募集期间资金管理的规定，募集期满后基金合同生效及基金管理人应承担责任的规定。

第六章为公开募集基金的基金份额的交易、申购与赎回，共10条，主要包括基金份额上市交易的条件及终止上市交易的情形，开放式基金的基金份额的申购、赎回和登记，申购成立、申购生效、赎回成立、赎回生效的界定，基金管理人按时支付赎回款项的例外情形，基金资产中现金或者政府债券的比例，基金份额的申购、赎回价格计算，基金份额净值计价出现错误的处理。

第七章为公开募集基金的投资与信息披露，共7条，主要包括基金财产的投资方式、投资比例、投资的证券品种及不得投资的情形，基金信息披露义务人披露基金信息的原则、要求、公开披露的基金信息内容及禁止行为。

第八章为公开募集基金合同的变更、终止与基金财产清算，共5条，主要包括转换基金运作方式的要求，封闭式基金扩募或者延长合同期限的条件和备案程序，基金合同终止的情形、基金财产清算及剩余基金财产分配。

第九章为公开募集基金的基金份额持有人权利行使，共4条，主要包括基金份额持有人大会的召集及其有关事项，基金份额持有人大会召开方式、召开要求、就审议事项做出决定的有关要求。

第十章为非公开募集基金，共10条，主要包括非公开募集基金及其合格投资者的界定，非公开募集基金的基金托管人、基金管理人的有关规定，非公开募集基金宣传推介的有关规定，非公开募集基金的基金合同及其内容，非公开募集基金由部分基金份额持有人作为基金管理人的有关规定，非公开募集基金的备案程序，非公开募集基金财产的证券投资品种，非公开募集基金的信息披露。

　　第十一章为基金服务机构，共11条，主要包括公开募集基金的基金服务机构的注册或者备案程序，基金销售机构、基金销售支付机构的职责，基金销售结算资金、基金份额管理的有关规定，委托基金服务机构代为办理有关事项时基金管理人、基金托管人应当承担的责任，基金份额登记机构、基金投资顾问机构及其从业人员、基金评价机构及其从业人员、律师事务所、会计师事务所的职责，基金管理人、基金托管人、基金服务机构的信息技术系统的要求。

　　第十二章为基金行业协会，共4条，主要包括基金行业协会的性质，基金行业协会的会员大会、理事会和章程，基金行业协会的职责。

　　第十三章为监督管理，共7条，主要包括国务院证券监督管理机构依法履行的职责及依法履行职责可采取的措施，对国务院证券监督管理机构及其工作人员依法履行职责的基本要求。

　　第十四章为法律责任，共33条，主要包括未经批准擅自设立基金管理公司或者未经核准从事公开募集基金业务的处罚；基金管理公司违反规定擅自变更持有百分之五以上股权的股东、实际控制人或者其他重大事项的处罚；基金管理人的董事、监事、高级管理人员和其他从业人员、基金托管人的专门基金托管部门的高级管理人员和其他从业人员违反有关规定的处罚；基金管理人或基金托管人未对基金资产实行分别管理或者分账保管的处罚；基金管理人及其董事、监事、高级管理人员和其他从业人员违反有关禁止行为的处罚；基金管理人的股东和实际控制人违反有关禁止行为的处罚；未经核准擅自从事基金托管业务的处罚；基金管理人、基金托管人违反规定相互出资或者持有股份的处罚；违反规定擅自公开或者变相公开募集基金的处罚；违反规定动用募集的资金的处罚；基金管理人、基金托管人违反基金财产不得投资的情形的处罚；基金信息披露义务人不依法披露基金信息或者披露的信息有虚假记载、误导性陈述或者重大遗漏的处罚；基金管理人或者基金托管人不按照规定召集基金份额持有人大会的处罚；未经登记使用"基金"或者"基金管理"字样或近似名称进行证券投资活动的处罚；非公开募集基金、募集完毕基金管理人未备案的处罚；违反规定向合格投资者之外的单位或者个人非公开募集资金或者转让基金份额的处罚；违反规定擅自从事公开募集基金的基金服务业务的处罚；基金销售机构未向投资人充分揭示投资风险并误导其购买与其风险承受能力不相当的基金产品的处罚；基金销售支付机构未按照规定划付基金销售结算资金的处罚；挪用基金销售结算资金或者基金份额的处罚；基金份额登记机构未妥善保存或者备份基金份额登记数据以及隐匿、伪造、篡改、毁损基金份额登记数据的处罚；基金投资顾问机构、基金评价机构及其从业人员违反本法规定开展投资顾问、基金评价服务的处罚；信息技术系统服务机构未按照规定向国务院证券监督管理机构提供相关信息技术系统资料，或者提供的信息技术系统资料虚假、有重大遗漏的处罚；会计师事务所、律师事务所未勤勉尽责所出具的文件有虚假记载、误导性陈述或者重大遗漏的处罚；基金服务机构未建立应急等风险管理制度和灾难备份系统或者泄露与基金份额持有人、基金投资运作相关的非公开信息的处罚；基金管理人、基金托管人在履行各自职责过程中违反规定或者基金合同约定、对基金财产或者基金份额持有人造成损害应承担的责任，证券监督管理机构工作人员玩忽职守、滥用职权、徇私舞弊或者利用职务上的便利索取或者收受他人财物的处罚；拒绝、阻碍证券监督管理机构及其工作人员依法行使监督检查、调查职权未使用暴力、威胁方法的处罚。

第十五章为附则，共3条，主要包括在中华人民共和国境内募集投资境外证券的基金以及合格境外投资者在境内进行证券投资的规定，公开或者非公开募集资金，以进行证券投资活动为目的设立公司或者合伙企业，资产由基金管理人或者普通合伙人管理的证券投资活动适用本法。

【考证直通车 8-1】
　　单项选择题
　　根据《证券投资基金法》的规定，基金管理人的董事、监事和高级管理人员，应当熟悉证券投资方面的法律、行政法规，具有（　　）年以上与其所任职务相关的工作经历。

A.1　　　　　　　　B.2　　　　　　　　C.3　　　　　　　　D.5

【案例分析 8-2】　2012 年修订后的《证券投资基金法》放宽了基金财产的投资范围

在2012年《证券投资基金法》修订过程中，基金财产的投资范围受到社会各界广泛关注。早在2008年，当时的全国政协委员、招商银行行长马蔚华在其提交的《关于鼓励基金业均衡发展，及时修订〈中华人民共和国证券投资基金法〉的提案》中就提出，2004年6月1日起施行的《证券投资基金法》结束了我国基金投资业务无法可依的局面，为规范基金投资行为发挥了重要作用。但随着我国资本市场的快速发展，《证券投资基金法》中关于"基金财产的投资活动"的关联交易限制条款，限制了基金业发展的空间，也限制了已上市的托管银行与其他商业银行的公平竞争。该条款不但对基金投资的公平性构成障碍，也影响了商业银行的金融创新。因此，有必要结合基金业的发展情况，及时修订《证券投资基金法》。适度放宽基金投资关联交易的规定，既可以使基金能够参与关联交易，又可以保障基金份额持有人的利益不受损害。在2012年《证券投资基金法》的修订中，充分考虑了基金财产的投资范围，放宽了基金财产投资活动的关联交易的有关规定。

问题：在2012年修订后的《证券投资基金法》中，关于基金财产投资活动的关联交易的规定有哪些变化？

分析：在2012年修订前的《证券投资基金法》中，根据第七章第五十九条的规定，基金资产不得用于下列关联交易活动：①向其基金管理人、基金托管人出资或者买卖其基金管理人、基金托管人发行的股票或者债券；②买卖与其基金管理人、基金托管人有控股关系的股东或者与其基金管理人、基金托管人有其他重大利害关系的公司发行的证券或者承销期内承销的证券。在2012年修订后的《证券投资基金法》中，将上述规定调整为：运用基金财产买卖基金管理人、基金托管人及其控股股东、实际控制人或者与其有其他重大利害关系的公司发行的证券或承销期内承销的证券，或者从事其他重大关联交易的，应当遵循基金份额持有人利益优先的原则，防范利益冲突，符合国务院证券监督管理机构的规定，并履行信息披露义务。

资料来源：根据相关资料整理。

8.1.2　行政法规

由证券监管部门及相关部门制定并发布的基金行政法规有很多，下面简要介绍一下主要行政法规。

（1）《公开募集证券投资基金运作管理办法》。它由中国证监会于 2014 年 7 月 7 日发布，自 2014 年 8 月 8 日起施行，主要用于规范公开募集证券投资基金运作活动，保护投资者的合法权益，促进证券投资基金市场健康发展。《公开募集证券投资基金运作管理办法》共分为 8 章 59 条，包括总则，基金的募集，基金份额的申购、赎回和交易，基金的投资和收益分配，基金转换运作方式、合并及变更注册，基金份额持有人大会，监督管理和法律责任及附则。

（2）《货币市场基金监督管理办法》。它由中国证监会于 2015 年 12 月 17 日发布，自 2016 年 2 月 1 日起施行，主要用于规范货币市场基金的募集、运作及相关活动。《货币市场基金监督管理办法》共分为 7 章 43 条，主要内容包括总则、投资范围与投资限制、基金份额净值计价与申购赎回、宣传推介与信息披露、风险控制、监督管理与法律责任及附则。

（3）《重要货币市场基金监管暂行规定》。它由中国证监会、中国人民银行于 2023 年 2 月 17 日发布，自 2023 年 5 月 16 日起施行，主要用于加强货币市场基金监管，有效防控风险，保护基金投资者合法权益。《重要货币市场基金监管暂行规定》共分为 5 章 20 条，主要内容包括总则、评估与确认、特别监管要求、风险处置与监督管理及附则。

（4）《私募投资基金监督管理条例》。它由国务院于 2023 年 7 月 9 日正式发布，自 2023 年 9 月 1 日起施行，主要用于规范私募投资基金业务活动，保护投资者以及相关当事人的合法权益，促进私募基金行业规范健康发展。《私募投资基金监督管理条例》共分为 7 章 62 条，主要内容包括总则、私募基金管理人和私募基金托管人、资金募集和投资运作、关于创业投资基金的特别规定、监督管理、法律责任及附则。

（5）《私募投资基金监督管理暂行办法》。它由中国证监会于 2014 年 8 月 21 日发布并施行，主要用于规范私募投资基金活动，保护投资者及相关当事人的合法权益，促进私募投资基金行业健康发展。《私募投资基金监督管理暂行办法》共分为 10 章 41 条，主要内容包括总则、登记备案、合格投资者、资金募集、投资运作、行业自律、监督管理、关于创业投资基金的特别规定、法律责任及附则。

（6）《公开募集开放式证券投资基金流动性风险管理规定》。它由中国证监会于 2017 年 8 月 31 日发布，自 2017 年 10 月 1 日起施行，主要用于加强对公开募集开放式证券投资基金流动性风险的管控，进一步规范开放式基金的投资运作活动，完善基金管理人的内部控制，保护投资者的合法权益。《公开募集开放式证券投资基金流动性风险管理规定》共分为 10 章 41 条，主要内容包括总则、管理人内部控制、产品设计、投资交易限制、申购与赎回管理、流动性风险管理工具、信息披露、货币市场基金特别规定、监督管理及附则。

（7）《公开募集证券投资基金管理人监督管理办法》。它由中国证监会于2022年5月20日发布，自2022年6月20日起施行，主要用于规范公开募集证券投资基金管理业务，加强对公募基金管理人的监督管理，保护基金份额持有人及相关当事人合法权益，促进公募基金行业健康发展。《公开募集证券投资基金管理人监督管理办法》共分为8章78条，包括总则、公募基金管理人的准入、公募基金管理人的内部控制和业务规范、基金管理公司的治理和经营、公募基金管理人的退出、监督管理、法律责任及附则。

（8）《基金管理公司子公司管理规定》。它由中国证监会于2016年11月29日发布，自2016年12月15日起施行，主要为了适应公开募集证券投资基金管理公司专业化经营管理的需要，规范基金管理公司子公司的行为，保护投资人的合法权益。《基金管理公司子公司管理规定》共分为6章41条，主要内容包括总则、子公司的设立、基金管理公司的管理与控制、子公司的治理与内控、监督检查及附则。

（9）《基金管理公司投资管理人员管理指导意见》。它由中国证监会于2006年10月27日发布，2009年3月17日进行了修订，修订后自2009年4月1日起施行，主要用于指导基金管理公司投资管理人员的执业行为，完善公司内部控制，保障基金份额持有人的合法权益。《基金管理公司投资管理人员管理指导意见》共分为4章40条，包括总则、基本行为规范、监督管理及附则。

（10）《证券公司和证券投资基金管理公司合规管理办法》。它由中国证监会于2017年6月6日发布，自2017年10月1日起施行，2020年3月20日进行第一次修订，主要用于促进证券公司和证券投资基金管理公司加强内部合规管理，实现持续规范发展。《证券公司和证券投资基金管理公司合规管理办法》共分为5章40条，包括总则、合规管理职责、合规管理保障、监督管理与法律责任及附则。

》【案例分析8-3】　　　　公募基金合规总监离职现象

近年来，公募基金经理、公司高管的变动日益频繁。尤其值得注意的是，鲜少参与公司管理决策且不受投研市场影响的合规总监岗位近年来也并不稳定，多位基金公司合规总监因个人原因先后离职。合规总监离职背后究竟是何原因，目前合规总监面临着怎样的职业发展困境，已成为市场人士关注的新话题。

因个人原因离职的合规总监多出自中小型基金公司。在市场分析人士看来，中小型基金公司合规总监离职率较高，主要还是盈利压力所致。在公募基金公司，很多合规总监通常会存在与总经理、董事会成员管理理念不同或有冲突的现象，但这个岗位的话语权又十分有限，合规总监的建议往往无法被采纳，这也是导致合规总监离职频繁的重要原因之一。有关调查显示，相当数量的基金公司监察稽核部门处于边缘状态，在实际工作中遇到很多障碍，具体表现为监察稽核部门人员配备不足，监察稽核人员的实际工作得不到具体业务部门的配合，监察稽核人员的薪酬待遇与具体业务人员相差较大，在监察稽核工作与业务部门发生冲突时，很多公司的监察稽核部门倾向于妥协。合规总监实行三年一聘，履行的职责应当以保护基金份额持有人利益为根本出发点，公平对待全体投资者，在公司、股东的利益与基金份额持有人利益发生冲突时，优先保障基金份额持有人的利益。但矛盾的是，基金公司合规总监拿的是基金公司的薪水，却要做到以基金持有人的利益为先，这可能很不好做，辞职并不难理解。基金公司内部人士表示，身处这个职位是非常尴尬的，合规总监本应维护的是基金产品持有人的利益，对公司的合规行为进行严格的监督，但相对风险控制而言多数基金公司总经理、股东更注重的是带给公司直接利润的部门，也就是市场部门和投资研究部门，但恰好合规总监提出的一些要求又会给市场部门和投资研究部门带来限制，因此合规总监成为他们的对立角色。

按照中国证监会发布的《证券公司和证券投资基金管理公司合规管理办法》的有关规定，基金管理公司必须设立合规总监一职，并赋予合规总监充分的知情权和独立的调查权，要求合规总监在履行职责时，重点关注基金销售、基金投资、基金及公司的信息披露、基金运营、公司资产等方面的问题。证监会赋予合规总监极高的监管权力，旨在加强基金的监管力度。然而，现实的情况是，合规总监虽身为公司高管，但处境极为尴尬，在基金公司运作中的监管作用严重缺位。

有关人士指出，合规总监的监督职责主要体现在监督基金公司合法合规的层面上，而在基金投资操作层面上的监督作用很小。整体而言，相对较大型的基金公司，中小型基金公司的平均监管水平及监管力度要差些，更容易出现一些监管不力的问题。基金公司很多地方都需要加强监督管理，合规总监实际能做的却很少，目前这个职位的作用并不大。

问题：（1）基金公司合规总监离职的主要原因是什么？

（2）根据《证券公司和证券投资基金管理公司合规管理办法》的有关规定，基金管理公司必须设立合规负责人即合规总监一职，并赋予合规总监充分的知情权和独立的调查权，其主要宗旨是什么？

分析：（1）基金公司合规总监离职的主要原因是处境尴尬。基金公司合规总监拿的是基金公司的薪水，却要做到以基金持有人利益为先，这可能很不好做。

（2）其主要宗旨是提高证券投资基金及基金管理公司的合法合规运作水平，加强公司内部风险控制，切实保障基金份额持有人的合法权益，加强基金的监管力度，并保证合规总监有效履行职责。

资料来源：根据相关资料整理。

（11）《证券基金经营机构董事、监事、高级管理人员及从业人员监督管理办法》。它由中国证监会于 2022 年 2 月 18 日发布，自 2022 年 4 月 1 日起施行，主要用于规范证券公司和公开募集证券投资基金管理公司董事、监事、高级管理人员及从业人员的任职管理和执业行为，促进证券基金经营机构合规、稳健运行，保护投资者的合法权益。《证券基金经营机构董事、监事、高级管理人员及从业人员监督管理办法》共分为 7 章 58条，包括总则，董事、监事和高级管理人员任职管理，从业人员执业管理，董事、监事、高级管理人员及从业人员执业规范和履职限制，证券基金经营机构的管理责任，监督管理与法律责任及附则。

（12）《证券期货违法行为行政处罚办法》。它由中国证监会于 2021 年 7 月 14 日发布并施行，主要用于规范中国证券监督管理委员会及其派出机构行政处罚的实施，维护证券期货市场秩序，保护公民、法人和其他组织的合法权益，共分为41条。

（13）《证券投资基金托管业务管理办法》。它由中国证监会和原银监会、证监会于2013年4月2日公布并实施，2020年3月20日进行了第一次修订，2020年7月10日进行了第二次修订，主要用于规范证券投资基金托管业务，维护证券投资基金托管业务竞争秩序，保护基金份额持有人及相关当事人合法权益，促进证券投资基金健康发展。《证券投资基金托管业务管理办法》共分为6章43条，主要内容包括总则、基金托管机构、托管职责的履行、托管业务内部控制、监督管理与法律责任及附则。

（14）《公开募集证券投资基金销售机构监督管理办法》。它由中国证监会于2020年8月28日发布，自2020年10月1日起施行，主要用于规范公开募集证券投资基金销售机构的销售活动，保护投资人的合法权益，促进基金市场健康发展。《公开募集证券投资基金销售机构监督管理办法》共分为8章63条，包括总则、基金销售机构注册、基金销售业务规范、内部控制与风险管理、相关基金服务机构、销售私募基金的特别规定、监督管理与法律责任及附则。

（15）《保险机构销售证券投资基金管理暂行规定》。它由中国证监会、原中国保监会于2013年6月3日发布并施行，主要用于规范保险机构参与公开募集证券投资基金销售业务。《保险机构销售证券投资基金管理暂行规定》共分为6章27条，主要内容包括总则、销售业务资格申请、销售业务规范、销售人员管理、监督管理及附则。

（16）《证券投资基金销售机构通过第三方电子商务平台开展业务管理暂行规定》。它由中国证监会于2013年3月15日公布，自公布之日起施行，主要用于进一步拓宽公开募集证券投资基金的销售渠道，保障基金销售机构在第三方电子商务平台上可以安全有序地开展基金销售活动，维护基金投资人合法权益，共分为18条。

（17）《证券投资基金销售结算资金管理暂行规定》。它由中国证监会于2011年9月23日发布，自2011年10月1日起施行，主要用于保护证券投资基金投资人的合法权益，保障基金销售结算资金的安全。《证券投资基金销售结算资金管理暂行规定》共分为6章30条，主要内容包括总则、账户开立人与销售账户、监督机构及监督协议、销售账户运作规范、监督管理及附则。

（18）《开放式证券投资基金销售费用管理规定》。它由中国证监会于2009年12月14日发布、2013年6月6日发布了修改决定、修改后自2013年8月1日起施行，主要用于维护开放式证券投资基金销售的市场秩序，保护开放式证券投资基金投资人的合法权益，促进证券投资基金业的健康发展。《开放式证券投资基金销售费用管理规定》共分为4章19条，主要内容包括总则、基金销售费用结构和费率水平、基金销售费用规范及附则。

（19）《证券投资基金会计核算办法》。它由财政部发布实施，主要用于规范证券投资基金的会计核算，真实、完整地提供会计信息，包括总则、证券投资基金会计科目两大部分。其中，证券投资基金会计科目部分包括会计科目名称和编号、会计科目使用说明。按照《证券投资基金会计核算办法》的规定，证券投资基金会计科目共有44个。其中，资产类科目有银行存款、清算备付金、交易保证金、证券清算款、应收股利、应收利息、应收申购款、其他应收款、股票投资、债券投资、买入返售证券、配股权证、待摊费用、投资估值增值共 14 个，负债类科目有应付赎回款、应付赎回费、应付管理人报酬、应付托管费、应付佣金、应付利息、应付收益、应交税费、其他应付款、卖出回购证券款、短期借款、预提费用共 12 个，持有人权益类科目有实收基金、未实现利得、损益平准金、本期收益、收益分配共 5 个，损益类科目有股票差价收入、债券差价收入、债券利息收入、存款利息收入、股利收入、买入返售证券收入、其他收入、管理人报酬、基金托管费、卖出回购证券支出、利息支出、其他费用、以前年度损益调整共 13 个。

（20）《公开募集证券投资基金信息披露管理办法》。它由中国证监会于 2019 年 7 月 26 日发布，自 2019 年 9 月 1 日起施行，主要用于规范公开募集证券投资基金信息披露活动，保护投资人及相关当事人的合法权益。《公开募集证券投资基金信息披露管理办法》共分为 8 章 42 条，包括总则、基金信息披露一般规定、基金募集信息披露、基金运作信息披露、基金临时信息披露、信息披露事务管理、监督管理和法律责任、附则。

（21）《证券投资基金评价业务管理暂行办法》。它由中国证监会于 2009 年 11 月 6 日发布，2010 年 1 月 1 日起施行，2020 年 10 月 30 日进行了修订，主要用于规范证券投资基金评价业务，引导证券投资基金的长期投资理念，保障基金投资人和相关当事人的合法权益。《证券投资基金评价业务管理暂行办法》共分为 6 章 33 条，包括总则、基金评价机构和评价人员、基金评价业务、基金评价结果的引用、监督管理与法律责任及附则。

（22）《证券期货经营机构私募资产管理业务管理办法》。它由中国证监会于 2018 年 10 月 22 日发布，2023 年 1 月 12 日进行了修订，修订后自 2023 年 3 月 1 日起施行，主要用于规范证券期货经营机构私募资产管理业务，保护投资者及相关当事人的合法权益，维护证券期货市场秩序。《证券期货经营机构私募资产管理业务管理办法》共分为 10 章 84 条，包括总则，业务主体，业务形式，非公开募集，投资运作，信息披露，变更，终止与清算，风险管理与内部控制，监督管理与法律责任，附则。

（23）《证券期货经营机构私募资产管理计划运作管理规定》。它由中国证监会于 2018 年 10 月 22 日发布，2023 年 1 月 12 日进行了修订，修订后自 2023 年 3 月 1 日起施行，主要用于规范证券期货经营机构私募资产管理计划运作，强化风险管控，保护投资者及相关当事人的合法权益，共分为 49 条。

（24）《个人养老金投资公开募集证券投资基金业务管理暂行规定》。它由中国证监会于 2022 年 11 月 4 日发布并施行，主要用于规范个人养老金投资公开募集证券投资基金业务的相关活动，保护投资人合法权益。《个人养老金投资公开募集证券投资基金业务管理暂行规定》共分为 7 章 35 条，包括总则、基本要求、产品管理、销售管理、基金行业平台、监督管理及附则。

（25）《证券期货投资者适当性管理办法》。它由中国证监会于 2016 年 12 月 12 日发布，自 2017 年 7 月 1 日起施行，主要用于规范证券期货投资者适当性管理，维护投资者合法权益，适用于向投资者销售公开或者非公开发行的证券、公开或者非公开募集的证券投资基金和股权投资基金（包括创业投资基金）、公开或者非公开转让的期货及其他衍生产品或者为投资者提供相关业务服务，共分为 43 条。

（26）《公开募集证券投资基金证券交易费用管理规定》。它由中国证监会于2024年4月19日发布，自2024年7月1日起施行，主要用于进一步加强公开募集证券投资基金证券交易费用管理，规范基金管理人证券交易佣金及分配管理，保护基金份额持有人合法权益，提升证券公司机构投资者服务能力，共分为19条。

（27）《公开募集基础设施证券投资基金指引（试行）》。它由中国证监会于2020年8月6日发布，2023年10月20日发布了修改决定并施行，主要用于规范公开募集基础设施证券投资基金设立、运作等相关活动，保护投资者合法权益，共分为51条。

【考证直通车 8-2】
　单项选择题
　　下列（　　）不属于证券监管部门及相关部门制定并发布的基金行政法规。
　　A.《证券投资基金法》
　　B.《公开募集证券投资基金运作管理办法》
　　C.《公开募集证券投资基金管理人监督管理办法》
　　D.《证券投资基金销售适用性指导意见》

8.1.3　自律性规则

由证券业协会、证券投资基金业协会、证券交易所等自律性组织制定并发布的自律性规则有很多，下面简要介绍一下主要自律性规则。

（1）《基金从业人员管理规则》。它由中国证券投资基金业协会于2022年5月10日发布并施行。该规则主要用于加强从业人员自律管理，规范从业人员执业行为，促进基金行业机构合规、稳健运行，保护投资者合法权益。该规则共分为6章42条，包括总则、从业资格取得、基金行业机构的管理责任、执业行为规范、自律管理及附则。

（2）《公开募集证券投资基金管理人及从业人员职业操守和道德规范指南》。它由中国证券投资基金业协会于2021年8月11日发布并施行。该指南主要用于深化"合规、诚信、专业、稳健"的基金行业文化理念，保护基金份额持有人的合法权益，规范公开募集证券投资基金管理人及其从业人员的职业行为。该指南共分为总则、基金行业职业道德规范、内部管理、自律管理及附则五部分。

（3）《基金从业人员执业行为自律准则》。它由中国证券投资基金业协会于2014年12月15日发布并施行。该准则主要用于促进基金行业持续健康发展，保护基金持有人利益，规范基金从业人员执业行为，树立从业人员的良好职业形象和维护行业声誉，提高从业人员专业服务水平。该准则共有12条。

（4）《基金从业人员证券投资管理指引（试行）》。它由中国证券投资基金业协会于2013年12月30日发布并施行。该指引主要用于指导公开募集基金管理人制定董事、监事、高级管理人员及其他从业人员本人、配偶、利害关系人的证券投资管理制度，规范基金从业人员本人、配偶、利害关系人的证券投资行为，维护基金份额持有人的合法权益。该指引共有28条。

（5）《中国证券投资基金业协会证券投资基金销售人员职业守则》。它由中国证券投资基金业协会于 2012 年 11 月 20 日发布并施行。该守则主要用于加强证券投资基金销售的自律管理，规范基金销售人员的销售行为，提高基金销售人员的执业水准。该守则共分为 5 章 36 条，包括总则、基本业务素质与职业道德规范、基金销售人员行为规范、管理和监督及附则。

（6）《基金经营机构及其工作人员廉洁从业实施细则》。它由中国证券投资基金业协会于 2020 年 3 月 12 日发布并施行。该细则主要用于切实加强对基金经营机构及其工作人员廉洁从业的自律管理，共分为 5 章 28 条，包括总则、内控要求、主要业务廉洁从业要求、自律管理及附则。

（7）《网上基金销售信息系统技术指引》。它由中国证券业协会于 2009 年 11 月 23 日发布，中国证券投资基金业协会于 2024 年 6 月 21 日发布了修改决定，修改后自 2025 年 5 月 1 日起施行。该指引主要用于保障网上基金销售信息系统的安全、可靠、高效运行，促进基金销售业务健康有序发展，保护投资者的合法权益，适用于从事基金销售业务的机构，开展网上基金销售业务。该指引共分为 7 章 70 条，包括总则、基本要求、门户网站、网上基金销售信息系统投资者端、网上基金销售信息系统服务端、安全管理及附则。

（8）《证券投资基金会计核算业务指引》。它由中国证券业协会于 2007 年 5 月 15 日发布，自 2007 年 7 月 1 日起施行。该指引主要用于规范证券投资基金的会计核算，真实、完整地提供会计信息，适用于基金会计核算业务。该指引包括总则、会计科目、主要账务处理和证券投资基金财务报表。

（9）《证券投资基金股指期货投资会计核算业务细则（试行）》。它由中国证券业协会于 2011 年 1 月 25 日发布并施行。该细则主要用于规范证券投资基金股指期货投资的会计核算，真实、完整地提供会计信息，适用于基金股指期货投资的会计核算。该细则包括总则、科目设置、主要账务处理及附件（参考范例）。

（10）《证券投资基金评价业务自律管理规则（试行）》。它由中国证券业协会于 2010 年 1 月 11 日发布并施行。该规则主要用于加强对证券投资基金评价业务的自律管理，规范基金评价业务，保障基金投资人和相关当事人的合法权益，适用于基金评价机构对基金进行评价并通过公开形式发布基金评价结果以及基金管理公司、基金销售机构及中国证监会指定信息披露媒体公开引用基金评价结果。该规则共分为 8 章 53 条，包括总则、注册登记和业务备案、基金评价业务规范、基金评价机构信息披露、评价结果引用、专家工作组、业务检查与纪律处分及附则。

（11）《上海证券交易所证券投资基金上市规则》。它由上海证券交易所于 1998 年 4 月 3 日发布并施行。随着交易型开放式指数基金（ETF）的上市，上海证券交易所分别于 2004 年 12 月 6 日、2007 年 8 月 29 日进行了相应的修订。该规则主要用于规范证券投资基金的上市和信息披露活动，保护投资人及相关当事人的合法权益，维护证券市场秩序，适用于在上海证券交易所上市的封闭式基金、交易型开放式指数基金及其他基金。该规则共分为 8 章 37 条，包括总则、基金上市、持续信息披露、信息披露事务管理、停牌与复牌、终止上市、惩戒措施及附则。

（12）《上海证券交易所开放式基金业务管理办法》。它由上海证券交易所于 2014 年

1月2日发布并施行。该办法主要用于规范开放式基金在上海证券交易所的相关业务。该办法共分为6章33条，第一章为总则，第二章为业务申请和参与，第三章为认购、申购、赎回和转托管，第四章为交易和分级基金份额的分拆、合并，第五章为其他事项，第六章为附则。

（13）《上海证券交易所交易型开放式指数基金业务实施细则》。它由上海证券交易所于2004年11月24日发布并施行，2012年3月25日进行了修订。该细则主要用于规范交易型开放式指数基金的业务运作，维护正常的市场秩序，适用于上海证券交易所交易型指数基金的基金份额的发售、申购、赎回和交易。该细则共分为5章37条，第一章为总则，第二章为发售、申购、赎回和交易，第三章为信息传递与披露，第四章为违规处分，第五章为附则。

（14）《深圳证券交易所证券投资基金上市规则》。它由深圳证券交易所于1998年3月16日发布并施行，2006年2月13日进行了修订。该规则主要用于规范证券投资基金上市和信息披露行为，保护投资者的合法权益，维护证券市场秩序，适用于封闭式基金、上市开放式基金、交易型开放式指数基金及其他证券投资基金在深圳证券交易所的上市。该规则共分为7章28条，包括总则、上市、持续信息披露、停牌与复牌、暂停与终止上市、罚则及附则。

（15）《上市开放式基金业务指引》。它由深圳证券交易所和中国证券登记结算有限责任公司于2004年8月20日发布并施行，2005年8月9日进行了修订。该业务指引主要用于规范深圳证券交易所上市开放式基金的相关业务，适用于在深圳证券交易所上市的开放式基金业务。该指引共分为9章，包括概述，发售，开放与上市，申购、赎回及交易，转托管，权益分派，其他登记托管业务，针对基金管理人的数据服务及附则。

（16）《深圳证券交易所交易型开放式指数基金业务实施细则》。它由深圳证券交易所于2006年2月13日发布并施行，2012年3月23日进行了修订。该细则主要用于规范交易型开放式指数基金在深圳证券交易所的业务运作，适用于深圳证券交易所交易型指数基金的基金份额的发售、申购、赎回和交易。该规则共分为6章35条，包括总则，基金份额的发售，基金份额的申购、赎回和交易，信息发布，违规处分及附则。

（17）《中国证券登记结算有限责任公司交易型开放式指数基金登记结算业务实施细则》。它由中国证券登记结算有限责任公司于2004年11月23日发布并施行。该细则主要用于规范交易型开放式指数基金份额的登记、托管及结算业务，明确相关当事人之间的权利义务关系，防范和化解风险，适用于在证券交易所上市和已发售拟上市交易型指数基金份额的登记、托管及结算业务。该细则共分为7章51条，包括总则、证券账户管理、基金份额认购、登记托管、清算交收、风险管理及附则。

（18）《中国证券登记结算有限责任公司关于深圳证券交易所上市的交易型开放式指数基金登记结算业务实施细则》。它由中国证券登记结算有限责任公司于2006年2月14日发布并施行。该细则主要用于规范深圳证券交易所交易型开放式指数基金的登记结算业务，明确当事人之间的权利义务关系，防范结算风险，适用于在深圳证券交易所发行、上市的交易型开放式指数基金的登记、结算业务。该细则共分为7章43条，包括总则、账户管理、基金份额认购、登记托管、清算交收、风险管理及附则。

（19）《基金参与融资融券及转融通证券出借业务指引》。它由中国证券投资基金业协会于 2015 年 4 月 17 日发布并施行。该指引主要用于规范公开募集证券投资基金参与融资融券及转融通证券出借交易的行为，防范投资风险，保障基金份额持有人的合法权益。该指引共有 12 条。

（20）《基金经理注册登记规则》。它由中国证券投资基金业协会于 2012 年 12 月 21 日发布并施行。该规则主要用于加强对基金经理的自律管理，提高基金经理的专业素质，增强基金管理的透明度，保障基金份额持有人的合法权益。该规则共分为 6 章 30 条，包括总则、注册、变更、注销、日常管理及附则。

（21）《证券投资基金管理公司合规管理规范》。它由中国证券投资基金业协会于 2017 年 9 月 13 日发布，自 2017 年 10 月 1 日起施行。该规范主要用于指导证券投资基金管理公司有效落实《证券公司和证券投资基金管理公司合规管理办法》，提升基金管理公司合规管理水平。该规范共有 35 条。

（22）《基金管理公司风险管理指引（试行）》。它由中国证券投资基金业协会于 2014 年 6 月 24 日发布并施行。该指引主要用于促进基金管理公司强化风险意识，增强风险防范能力，建立全面的风险管理体系，促进公司和行业持续、健康、稳定发展，保障投资者的利益。该指引共分为 5 章 43 条，包括总则、风险管理的组织架构和职责、风险管理主要环节、风险分类及应对、附则。

（23）《基金管理公司代表基金对外行使投票表决权工作指引》。它由中国证券投资基金业协会于 2012 年 12 月 26 日发布并施行。该指引主要用于促进基金管理公司忠实履行受托人义务，指导基金管理公司代表其管理的证券投资基金对外行使投票表决权行为，正确处理利益冲突，防范利益输送，保障基金份额持有人的合法利益。该指引共有 17 条。

（24）《公开募集证券投资基金销售公平竞争行为规范》。它由中国证券投资基金业协会于 2014 年 8 月 19 日发布并施行。该规范主要用于规范公开募集证券投资基金销售活动，切实保障投资者的利益，营造公平的竞争环境，确保基金销售合法、规范、有序地开展。该规范共有 15 条。

（25）《私募证券投资基金运作指引》。它由中国证券投资基金业协会于 2024 年 2 月 24 日发布，自 2024 年 8 月 1 日起施行。该指引主要用于加强私募证券投资基金自律管理，规范私募证券投资基金业务，保护投资者合法权益，促进私募基金行业健康发展，维护证券期货市场秩序。该指引共有 42 条。

（26）《私募投资基金募集行为管理办法》。它由中国证券投资基金业协会于 2016 年 4 月 15 日发布，自 2016 年 7 月 15 日起施行。该办法主要用于规范私募投资基金的募集行为，促进私募基金行业健康发展，保护投资者及相关当事人的合法权益。该办法共分为 7 章 44 条，包括总则、一般规定、特定对象的确定、私募基金推介、合格投资者确认及基金合同签署、自律管理及附则。

（27）《私募投资基金信息披露管理办法》。它由中国证券投资基金业协会于 2016 年 2 月 4 日发布并施行。该办法主要用于规范私募投资基金的信息披露活动，共分为 7 章 31 条，包括总则、一般规定、基金募集期间的信息披露、基金运作期间的信息披露、信息披露的事务管理、自律管理及附则。

（28）《私募投资基金管理人内部控制指引》。它由中国证券投资基金业协会于2016年2月1日发布并施行。该指引主要用于引导私募基金管理人加强内部控制，促进合法合规、诚信经营，提高风险防范能力，推动私募基金行业规范发展。该指引共分为5章33条，包括总则、目标和原则、基本要求、检查和监督及附则。

（29）《私募投资基金服务业务管理办法（试行）》。它由中国证券投资基金业协会于2017年3月1日发布并施行。该办法主要用于促进私募投资基金行业健康发展，规范私募基金服务业务，保护投资者及相关当事人合法权益，适用于私募基金服务机构开展私募基金服务业务及私募基金管理人、私募基金托管人就其参与私募基金服务业务的环节。该办法共分为8章59条，包括总则、服务机构的登记、基本业务规范、基金份额登记服务业规范、基金估值核算服务业规范、信息技术系统服务业规范、自律管理及附则。

（30）《私募投资基金登记备案办法》。它由中国证券投资基金业协会于2023年2月24日发布，自2023年5月1日起施行。该办法主要用于规范私募投资基金业务，保护投资者合法权益，促进私募基金行业健康发展。该办法共分为6章83条，包括总则、私募基金管理人登记、私募基金备案、信息变更和报送、自律管理及附则。

（31）《私募投资基金募集与转让业务指引（试行）》。它由中证资本市场发展监测中心有限责任公司于2014年10月16日发布并施行。该指引主要用于规范私募投资基金在机构间私募产品的报价与服务系统的募集、转让，保障投资者的合法权益，维护报价系统的运行秩序。该指引共分为5章39条，包括总则、募集与转让、登记结算、业务管理及附则。

（32）《私募股权投资基金项目股权转让业务指引（试行）》。它由中证资本市场发展监测中心有限责任公司于2014年10月16日发布并施行。该指引主要用于规范私募股权投资基金在机构间私募产品报价与服务系统开展项目股权转让的相关业务，保障投资者的合法权益，维护报价系统的运行秩序。该指引共分为5章28条，包括总则、转让、结算、业务管理及附则。

（33）《基金募集机构投资者适当性管理实施指引（试行）》。它由中国证券投资基金业协会于2017年6月28日发布，自2017年7月1日起施行。该指引主要用于规范基金募集机构的销售行为，指导投资者适当性管理制度的有效落实，维护投资者的合法权益，适用于基金募集机构向投资者公开或者非公开募集的证券投资基金和股权投资基金（包括创业投资基金）产品或者为投资者提供的相关业务服务。该指引共分为6章55条，包括总则、一般规定、投资者分类、基金产品或者服务风险等级划分、普通投资者与基金产品或者服务的风险匹配及附则。

（34）《中国证券投资基金业协会自律检查规则》。它由中国证券投资基金业协会于2023年7月14日发布并施行。该规则主要用于规范中国证券投资基金业协会的自律检查工作，维护市场秩序，保护投资者合法权益，促进投资基金业健康发展。该规则共分为4章27条，包括总则、实施检查、检查处理及附则。

（35）《中国证券投资基金业协会自律管理和纪律处分措施实施办法》。它由中国证券投资基金业协会于 2022 年 12 月 30 日发布并施行。该办法主要用于规范中国证券投资基金业协会的自律管理工作，保障协会依法有效履行自律管理职责，保护投资者合法权益，促进基金行业有序健康发展。该办法共分为 7 章 49 条，包括总则、措施类型、裁量因素、实施程序、纪律处分的复核、送达、回避和公示及附则。

小思考 8-1

基金行业的国家法律、行政法规和自律性规则三者之间是什么关系？

答：拟定基金行业的国家法律、行政法规和自律性规则都是为了规范基金市场的运行，三者一起构成基金行业的规则体系。其区别在于这三者属于不同的层次，分别属于第一个层次、第二个层次和第三个层次。

8.2　基金监管概述

8.2.1　基金监管的含义及作用

1）基金监管的含义

基金监管是指监管部门运用法律、经济以及必要的行政手段，对基金市场参与者的行为进行监督与管理。

2）基金监管的作用

基金监管对于充分发挥基金市场的各项功能、保护基金市场参与者的正当权益、解决基金信息不对称问题以及降低基金风险等都具有重要作用。具体来说，基金监管的作用可以概括为以下几个方面：

（1）充分发挥基金市场的各项功能。从理论上说，基金市场具有为中小投资者拓宽投资渠道、优化金融结构、促进产业发展和经济增长、有利于证券市场的稳定和健康发展、有利于证券市场的国际化等各项功能。在基金市场能够健康发展的情况下，基金市场的上述各项功能才能够得到充分发挥，从而促进资本的有效配置以及整个国民经济的健康发展。如果对基金市场缺乏有效监管，基金市场势必会呈现混乱无序的状态，这不仅不能发挥基金市场应有的各项功能，而且还可能造成资源的错误配置，对证券市场的稳定和发展、产业发展以及国民经济发展起负面作用。因此，对基金市场进行有效监管是充分发挥基金市场各项功能的需要。

（2）保护基金市场参与者的正当权益。基金市场的参与者主要有基金投资者、基金管理人和基金托管人等。他们之所以参与基金投资、基金投资管理及基金托管活动，是为了获得各自的经济利益。如果基金市场缺乏有效监管而呈现混乱无序状态，则不仅基金投资者的正当权益得不到保障，基金管理人和基金托管人的正当利益也难以实现。因此，对基金市场进行有效监管是保护基金市场参与者正当权益的需要。

（3）有利于解决基金信息不对称问题。基金运作是基于委托代理关系而建立起来的，因此应以基金投资者的利益最大化为原则。但是，在基金运作中，对于基金参与者来说信息是不对称的，即基金管理人和基金托管人掌握了基金运作的全部信息，而基金投资者所掌握的信息是不充分的，处于信息弱势地位。因此，一方面，基金管理人和基金托管人可能会出于自身利益的考虑，在追求自身利益的同时损害基金投资者的利益，从而出现逆向选择和道德风险问题；另一方面，基金投资者无法对各种基金进行有效的甄别和投资判断，也无法有效规避基金管理人和托管人的逆向选择和道德风险问题，这样不仅使基金投资者无法选择适应自己风险收益特征的基金，而且也使定位于某一风险收益特征的高效率基金无法吸引基金投资者进行投资，从而不能形成合理的资源配置机制和高效率的资源运行机制。加强对基金管理人和托管人市场行为的监管，不仅有利于规范基金管理人和托管人的市场行为，防止基金管理人和基金托管人的管理不作为甚至欺诈等行为的发生，而且有利于实现基金市场的资源优化配置，提高基金市场的运行效率，从而促进基金行业健康发展。

（4）降低基金风险。基金资产是投资于证券市场的各种有价证券，基金与证券市场紧密相连，而证券市场具有高投机性和高风险性，因此，基金也具有一定的投机性和风险性。通过对基金进行有效的监管，可以及时发现基金的各种投机因素和风险因素，防止基金的过度投机，将基金风险控制在基金投资者可以接受的范围之内，使基金得以持续稳定运作。

8.2.2　基金监管的目标

一般来说，证券监管的目标主要有保护投资者，保证市场的公平、效率和透明以及降低市场系统风险。这三个目标也同样适用于基金监管。此外，对于我国基金监管来说，鉴于我国基金市场为尚处于发展中的新兴市场，我国基金监管还担负着推动基金业发展的使命。具体来说，我国基金监管的目标包括以下四个方面：

（1）保护基金投资者的利益。这是基金监管的首要目标。在基金运作中，基金投资者的利益处于核心地位，基金投资者是基金市场的支撑者。在基金市场中，大多数基金投资者并不精通专业知识以及相关法律法规，面对大量纷繁复杂甚至相互矛盾的信息往往会感到无所适从，容易做出错误的选择。基金管理人或基金托管人可能会利用基金投资者专业知识的缺乏和信息的不对称，做出有损于基金投资者利益的行为。因此，在基金监管中，必须从基金投资者的利益出发，维护基金投资者的合法权益。只有保护基金投资者的利益，才能使投资者对基金市场充满信心，不断增加对基金的投资。

（2）保证基金市场的公平、效率和透明。公平是指在基金市场及基金运作中基金参与者特别是基金投资者处于公平的竞争环境。效率是指在基金市场及基金运作中产出与投入的比率，提高效率就是以最小的投入获取最大的产出。透明是指基金市场及基金运作透明，实现信息公开，杜绝暗箱操作现象。在基金监管中，应通过适当的制度安排，保证基金市场的公平、效率和透明，使基金参与者特别是基金投资者能够平等进入市场和获取市场信息，能够及时发现、防止和惩罚操纵市场和其他导致市场交易不公平的行为，基金市场信息能够及时公布并有效反映在市场价格之中，基金运作处于公众监督之下。只有保证基金市场的公平、效率和透明，才能促进基金业健康稳定发展。

（3）降低基金市场系统风险。基金市场参与者的目的是获取收益，而获取收益必然要承担风险。对于基金监管部门来说，不必也无法完全消除基金市场风险，而应当鼓励市场参与者进行理性的风险管理和安排，将承担的风险控制在各自的风险承受能力范围之内，避免过度的风险行为。因此，在基金市场及基金运作中，要求基金管理人和基金托管人应具备一定的运营条件以及其他谨慎行为，降低基金市场系统风险。

（4）促进基金市场的规范、健康发展。我国基金市场发展时间不长，目前尚为发展中的新兴市场，需要在发展及创新中加以规范。创新与规范是基金市场发展中不可分割的两个部分，创新代表发展，但创新要受到一定的约束，在发展和创新的过程中需要规范，只有在规范的前提下才能更好地发展和创新。因此，要通过对基金的监管，促进基金市场的规范、健康发展。

【考证直通车 8-3】

单项选择题

我国基金监管的首要目标是（　　　）。

A.保护基金投资者的利益

B.保证基金市场的公平、效率和透明

C.降低基金市场系统风险

D.促进基金市场的规范、健康发展

8.2.3 基金监管的原则

1）依法监管原则

金融监管必须遵循依法监管原则，基金监管也不例外。依法监管原则具有两方面的含义：一是指基金市场参与者必须依法接受基金监管部门的监管；二是指基金监管部门在基金监管活动中必须严格遵守相关法律法规的有关规定。基金监管部门的监管权力由相关法律法规赋予，其监管行为也必须受相关法律法规约束，并承担相应的监管责任。因此，基金监管部门在基金监管活动中，必须严格遵守相关法律法规的规定。在基金监管中，只有遵循依法监管的原则，才能保证基金监管的权威性、严肃性、强制性和有效性。

2）"三公"原则

"三公"原则即公开、公平、公正原则。它是证券市场监管的重要原则，同样也是基金市场监管的重要原则。公开原则是指基金市场要具有充分的透明度，实现基金市场信息的公开化。对于基金监管来说，公开原则要求基金监管过程和监管结果都必须向有关当事人公开，必须保证有关当事人对基金监管过程和监管结果有关信息具有知情权。公平原则是指基金市场中不存在歧视，基金市场的参与主体具有完全平等的权利。对于基金监管来说，公平原则要求基金监管充分考虑基金市场所有参与者的权利，不得有任何偏袒。公正原则是指基金监管部门在公开、公平原则的基础上，对被监管对象给予公正待遇。对于基金监管来说，公正原则要求基金监管部门必须站在公正的立场上，秉公办事，以保证基金市场的正常秩序，保护基金参与者各方的合法权益。

3）监管与自律并重原则

基金运作涉及诸多方面，范围十分广泛，基金参与者特别是基金从业人员和基金投资者人数众多，因此，在基金运作中，仅靠证券监管部门的单方面监管难以从根本上解决问题，还需要基金行业及基金从业人员加强自律，加强自我管理、自我约束和自我教育。在这里，证券监管部门的监管是基金市场运行的基础，基金行业及基金从业人员的自律是市场运行的基础。因此，在基金监管中，需要遵循监管与自律并重的原则，在加强证券监管部门对基金市场监管的同时，还需要基金行业及基金从业人员加强自律。

✓ **小思考 8-2** ···

按照监管与自律并重原则，不仅要求证券监管部门加强基金市场监管，还要求基金行业及基金从业人员加强自律。基金从业人员应如何加强自律？

答：党的二十大报告指出："弘扬社会主义法治精神，传承中华优秀传统法律文化，引导全体人民做社会主义法治的忠实崇尚者、自觉遵守者、坚定捍卫者。"基金从业人员要严格执行中国证券投资基金业协会颁布的《基金从业人员执业行为自律准则》。基金从业人员应自觉遵守法律、行政法规及职业道德，不得损害社会公共利益、基金持有人利益和行业利益。基金从业人员应将基金持有人的利益置于个人及所在机构的利益之上，公平对待基金持有人，不得侵占或者挪用基金持有人的交易资金，不得在不同基金资产之间、基金资产和其他受托资产之间进行利益输送。基金从业人员应具备从事相关活动所必需的专业知识和技能，保持和提高专业胜任能力，审慎开展业务，提高风险管理能力，不得做出任何与职业声誉或专业胜任能力相背离的行为。

···

4）监管的连续性和有效性原则

监管的连续性原则是指在基金监管中，必须从基金行业发展的角度开展各项监管工作，实施的监管政策及开展的监管工作在时间上必须具有连续性。我国基金市场发展时间不长，目前还处于发展壮大阶段，为了确保基金行业稳定健康发展，避免出现大起大落的情形，基金监管应遵循连续性的原则。监管的有效性原则是指在基金监管中，要考虑到监管成本与监管效益，正确处理好两者之间的关系。一般来说，在基金市场及基金运作中，能通过市场自身调节解决的问题，不必将其纳入监管部门的监管范围；必须由监管部门加以监管的问题，监管部门在进行监管时也必须考虑监管成本及监管效益，在保证监管效益的前提下使监管成本最小化。

5）审慎监管原则

这是指在基金监管中必须持谨慎态度，即在面对和处理各种不确定事项时，凡是可能引起牺牲基金投资者利益、带来基金市场系统风险、导致基金市场行情大起大落的各种因素，都必须加以充分考虑，其核心是确保基金稳健运营。在基金监管中，审慎监管主要是针对基金管理人和基金托管人的市场行为，避免在基金运作中因贪图过高收益而承担过高风险，最终导致牺牲基金投资者利益、带来基金市场系统风险以及导致基金市场行情大起大落的后果。在对基金市场准入以及基金持续运作的监管中，都必须遵循审慎监管原则。

8.2.4　基金监管手段

基金监管手段主要有法律手段、经济手段和行政手段。

1）法律手段

市场经济本质上是一种法治经济，从这一角度来看，法律手段是市场经济监管的一种基本手段。对于基金监管来说，法律手段也是基金监管的一种基本手段。基金监管的法律手段是指通过制定、颁布和执行基金相关法律、行政法规和自律性规则，对基金市场及基金运作进行监督和管理。相对于其他监管手段来说，基金监管的法律手段具有规范性和稳定性的特点，对基金监管具有十分重要的意义。

2）经济手段

这是指通过制定和执行相关经济政策以及利用相关经济杠杆，对基金行业发展及市场运作进行监督和管理，使其稳定、健康地运作和发展。一般来说，运用的经济政策主要有财政政策、货币政策、产业政策等，利用的经济杠杆主要有税收杠杆、利率杠杆等。基金监管的经济手段，主要是通过调节基金市场参与者的经济利益来引导基金市场参与者的市场行为，具有全面性和阶段性的特点，对基金行业发展具有十分重要的意义。

3）行政手段

这是指基金监管机构通过制定、发布和执行有关基金行业管理的规定、计划、指令和通知，凭借国家行政权力，按照自上而下的行政隶属关系，对基金行业发展及市场运作进行监督和管理。作为基金监管手段，行政手段具有权威性、强制性和主观性的特点。由于行政手段具有权威性和强制性的特点，一般来说运用行政手段进行监督和管理，可以起到立竿见影的效果。但由于行政手段又具有主观性的特点，如果运用行政手段监管的范围过大，势必会产生一系列弊端。因此，在基金监管中，必须科学合理地运用行政手段。

在基金监管中，需要综合利用上述各种监管手段。需要说明的是，由于在基金运作的不同环节及基金发展的不同阶段，基金监管面临的主要问题及基金监管的具体对象、具体目标和具体主体不同，基金监管所利用的具体手段也有所不同。因此，在基金监管中，必须根据具体情况，合理选择和利用上述各种监管手段。

【考证直通车 8-4】

单项选择题

下列不属于我国基金监管手段的是（　　　）。

A.法律手段　　　　B.行政手段　　　　C.经济手段　　　　D.自律手段

小思考 8-3

在基金监管中，法律手段、经济手段和行政手段之间有什么关系？

答：党的二十大报告指出："坚持依法治国、依法执政、依法行政共同推进"。在基金监管中，需要综合利用法律手段、经济手段和行政手段等各种监管手段。在这里，法律手段、经济手段和行政手段之间既相互联系又相互区别。

三者的区别表现在：①含义不同。法律手段是指通过制定、颁布和执行基金相关法律、行政法规和自律性规则，对基金市场及基金运作进行监督和管理；经济手段是指通过制定和执行相关经济政策以及利用相关经济杠杆，对基金行业发展及市场运作进行监督和管理；行政手段是指基金监管机构通过制定、发布和执行有关基金行业管理的规定、计划、指令和通知，凭借国家行政权力，按照自上而下的行政隶属关系，对基金行业发展及市场运作进行监督和管理。②内容不同。法律手段主要包括经济立法、经济执法和法律监督；经济手段主要包括经济政策和相关经济杠杆；行政手段主要包括行政命令、行政指标、行政规章制度和条例。③监督范围不同。法律手段和经济手段调节基金市场上的一切活动，行政手段的运用要控制在必要的范围和限度内。④特点不同。法律手段对基金市场参与者具有普遍的约束力和严格的强制性，具有相对的稳定性和明确的规定性；经济手段具有战略性、宏观性、指导性和间接性的特点；行政手段是通过行政系统上下级隶属关系的强制力量进行的。⑤执行的主体不同。执行法律手段的国家机关有立法机关、司法机关和行政机关；执行经济手段的主体有立法机关和行政机关；行政机关是执行行政手段的唯一机关。⑥地位不同。基金监管以法律手段和经济手段为主、行政手段为辅。⑦发展趋势不同。随着基金市场的不断发展和完善，基金监管中的法律手段和经济手段将不断得到强化，而行政手段则逐步趋向缩减，但不会最终消失。

三者的联系表现在：①三者的目标、任务相同，都是为了保护投资者利益，保证市场的公平、效率和透明以及降低市场系统风险。②三种手段相互联系、相互补充，共同构成了基金监管的手段体系，发挥着基金监管的整体功能。

8.2.5 基金监管机构和自律组织

1）基金监管机构

我国基金监管机构主要有中国证监会、国家金融监督管理总局、中国人民银行、财政部等相关机构。其中，中国证监会是我国基金市场的监管主体，负责日常的基金监管。在基金监管中，个别监管事项，例如，商业银行申请设立基金管理公司的审批及其基金投资管理业务的监管、商业银行申请基金托管资格的核准及其基金托管业务的监管、基金的会计核算及其会计信息的披露等，会涉及其他相关机构，这时由中国证监会联合国家金融监督管理总局、中国人民银行、财政部等其他相关机构实施联合监管。下面简要介绍中国证监会及其各地方监管局对基金的监管。

（1）中国证监会。中国证监会内部各部门按照职能分工，承担证券投资基金监管职责，同时中国证监会还通过授权各地方证监局承担一定的一线监管职责。中国证监会主要负责涉及基金行业的重大政策研究，草拟或制定基金行业的监管规则，对有关基金的行政许可项目进行审核，并全面负责对基金管理公司、基金托管行及基金销售机构的监管，对基金行业高级管理人员的任职资格进行审核，指导、组织和协调地方证监局、证券交易所等部门对基金的日常监管，指导、监督基金业协会的活动，对日常监管中发现的重大问题进行处置。

中国证监会实现基金监管主要通过市场准入监管与日常持续监管两种方式。市场准入监管是指对基金从业机构及其高级管理人员的从业资格进行审核,通过制定严格的市场准入制度,从源头上把好基金运作质量关,提高基金行业服务水平,控制基金行业系统风险。日常持续监管是指对基金从业机构日常经营活动、相关人员从业行为、基金运作各环节进行监管。日常持续监管主要通过非现场检查和现场检查两种方式来进行。非现场检查是指通过实施报告制度,由基金从业机构向中国证监会定期或不定期报送各种书面报告,中国证监会通过审阅并分析这些报告,及时发现并处理有关违规事件,以保证基金市场的正常秩序。现场检查是指中国证监会深入一线对基金从业机构的内部控制和财务状况、基金的投资管理、基金资产的托管等行为进行现场检查,以便真实深入地把握基金运作情况,及时发现并处理有关违规事件,指导基金正常运作。

(2)中国证监会各地方证监局。中国证监会各地方证监局主要按属地原则负责对所在辖区内的基金管理公司、异地基金管理公司的分支机构及基金销售机构进行日常监管。具体来说,其负责辖区内基金管理公司开业申请和分支机构设立申请的现场检查,核查辖区内拟任基金管理公司股东情况并出具意见报告,审查辖区内基金管理公司设立办事处、变更或撤销分支机构和办事处以及董事、基金经理任免等事项,并负责辖区内基金管理公司管理基金存续期间的信息披露监管工作,协助中国证监会对辖区内基金管理公司管理基金的投资行为进行监管,协助中国证监会对辖区内基金募集活动、基金份额交易活动进行监管,协助中国证监会对基金管理公司的内部控制和公司治理进行监管,协助中国证监会对辖区内基金管理公司高级管理人员的执业行为进行监管,协助中国证监会对有关基金的违法违规行为进行核查。

【考证直通车 8-5】

单项选择题

我国基金市场的监管主体是(   )。

A.国家金融监督管理总局   B.中国人民银行

C.中国证监会   D.中国证券投资基金业协会

2)自律组织

基金行业自律组织主要有中国证券投资基金业协会和证券交易所。其中,中国证券投资基金业协会作为我国基金业的自律性组织,对基金业实行行业自律管理。证券交易所负责组织和监督基金的上市交易,并对上市交易基金的信息披露进行监督。

(1)中国证券投资基金业协会。中国证券投资基金业协会是依据《证券法》、《证券投资基金法》和《社会团体登记管理条例》的有关规定设立的、具有独立法人地位的、由经营证券业务的金融机构自愿组成的行业性自律组织,属于非营利性社会团体法人,接受中国证监会和民政部的业务指导和监督管理。中国证券投资基金业协会的宗旨是在国家对证券业实行集中统一监督管理的前提下，进行证券业自律管理；发挥政府与证券行业间的桥梁和纽带作用；为会员服务，维护会员的合法权益；维持证券业的正当竞争秩序，促进证券市场的公开、公平、公正操作，推动证券市场的健康稳定发展。中国证券投资基金业协会是为了适应我国基金业发展需要成立的基金行业自律组织，在业务上接受中国证券业协会的领导。中国证券投资基金业协会的主要职责是调查、搜集、反映业内意见和建议，研究、论证业内相关政策与方案，草拟或审议证券投资基金业务有关规则、执业标准、工作指引和自律公约，协助开展业内教育培训、国际交流与合作等。中国证券投资基金业协会进行自律管理的方式主要是开展基金业宣传教育活动，树立基金行业形象，引导社会公众正确认识基金市场，全面提高基金从业人员的素质，对关系基金业发展的重点、难点及热点问题组织会员单位进行研究。

【考证直通车 8-6】
　单项选择题
　　在下列机构中，（　　）是具有独立法人地位的、由经营证券投资基金业务的金融机构自愿组成的行业性自律组织。
　　A.证券管理机构　　　　　　　　B.中国证监会
　　C.中国证券业协会　　　　　　　D.中国证券投资基金业协会

　　（2）证券交易所。证券交易所是依据国家有关法律，经证券主管机关批准设立、为证券集中交易提供场所和设施、组织和监督证券交易、实行自律管理的法人。证券交易所作为自律管理的法人，依法对基金上市及相关信息披露等活动进行管理，对基金在交易所的投资交易实行监控。在基金上市交易的管理方面，我国的沪、深证券交易所均制定了《证券投资基金上市规则》及有关业务指引，对在证券交易所挂牌上市的封闭式基金、交易型开放式指数基金、上市开放式基金的上市条件、上市程序、基金份额交易、有关信息披露等事项做出了详细规定。证券交易所通过制定和实施这些规定，对基金进行自律管理。在基金投资行为的监控方面，证券交易所建立了基金交易监控体系，监控基金涉嫌违法违规的交易行为，一旦发现基金异常交易行为，将视情况采取电话提示、书面警告、约见谈话、公开谴责等措施，并报告中国证监会。

8.3　基金监管的主要内容

　　基金运作涉及诸多方面，基金监管也涉及众多方面的内容。本节围绕基金参与者、基金运作及基金从业人员三个方面，按照我国现行有关基金法律法规和自律性规则，分别就基金管理公司、基金托管机构、基金销售机构、基金注册登记机构、基金运作、基金行业高级管理人员的监管内容进行简单介绍。

8.3.1　对基金管理公司的监管内容

　　对基金管理公司的监管主要包括市场准入监管和日常监管两方面内容。

1）对基金管理公司的市场准入监管

对基金管理公司的市场准入监管主要包括基金管理公司的设立审核、基金管理公司重大事项变更审核、基金管理公司分支机构设立审核、基金管理公司股权处置监管等内容。

（1）基金管理公司的设立审核。设立基金管理公司应经中国证监会批准。设立基金管理公司必须在股东资格、公司章程、注册资本、从业人员资格、内部制度、组织机构、营业场所等方面符合《证券投资基金法》和《公开募集证券投资基金管理人监督管理办法》规定的条件，同时向中国证监会提交书面申请。中国证监会受理基金管理公司的设立申请后，以审慎监管原则依法审查，做出批准或不予批准的决定。中国证监会采取的审查方式包括征求相关机构和部门关于股东条件等方面的意见，采取专家评审、调查核实等方式对申请材料的内容进行审查，现场检查基金管理公司的设立准备情况。

（2）基金管理公司重大事项变更审核。基金管理公司下列重大事项变更须经中国证监会批准：变更股东、注册资本或者股东出资比例，变更名称、住所，修改章程。

（3）基金管理公司分支机构设立审核。经中国证监会批准，基金管理公司可以设立分公司或中国证监会规定的其他形式的分支机构，如办事处等。基金管理公司设立分支机构，应向中国证监会报送申请材料。

（4）基金管理公司股权处置监管。为了保证基金管理公司股权转让的有序进行，保护基金份额持有人的合法权益，鼓励具有一定实力和长期投资理念的机构参股基金管理公司，中国证监会对基金管理公司股权处置进行监管。根据 2006 年 5 月中国证监会发布的《关于规范基金管理公司设立及股权处置有关问题的通知》，基金管理公司股权处置应符合以下要求：持有基金管理公司股权未满 1 年的股东，不得将所持股权出让；股东持有的基金管理公司股权被出质、被人民法院采取财产保全或者执行期间，中国证监会不受理其设立基金管理公司或受让基金管理公司股权的申请；出让基金管理公司股权未满 3 年的机构，中国证监会不受理其设立基金管理公司或受让基金管理公司股权的申请；基金管理公司股东不得为其他机构代持基金管理公司的股权，不得委托其他机构代持基金管理公司的股权；股东及其实际控制人不得以任何形式占用基金管理公司资产；当基金管理公司主要股东被采取责令停业整顿、指定托管、接管或撤销等监管措施，或进入破产、清算程序时，基金管理公司董事、高级管理人员、股东及有关各方应遵循相关要求。

2）对基金管理公司的日常监管

对基金管理公司的日常监管主要包括公司治理、内部控制和经营运作三方面内容。

（1）公司治理。在公司治理监管方面，主要涉及以下内容：基金管理公司是否按照有关法律法规的要求建立起组织机构健全、职责划分清晰、制衡监督有效、激励约束合理的法人治理结构；基金管理公司是否明确股东会的职权范围和议事规则，股东是否严格履行义务；基金管理公司是否明确董事会的职权范围和议事规则；基金管理公司董事会是否按照法律法规和公司章程规定制定公司基本制度及有关重大事项；基金管理公司董事是否具有履行职责所必需的素质、能力和时间，独立董事是否独立并有效履行职权；基金管理公司监事会或执行监事是否切实履行监督职责；基金管理公司是否明确经理层的职权，经理层人员是否独立、合规、勤勉、审慎地行使职权；基金管理公司是否建立健全合规负责人制度，合规负责人是否坚持原则、独立客观地履行职责；基金管理公司是否建立了有效制度来防范不正当关联交易。

（2）内部控制。在内部控制监管方面，主要涉及以下内容：基金管理公司的内部控制机制是否科学合理，内部控制制度是否健全；内部控制是否体现了健全性、有效性、独立性、相互制约性和成本效益的原则；控制环境、风险评估、控制活动、信息沟通和内部监控等基本要素是否达到了要求；投资管理、信息披露、信息技术系统、财务会计、监察稽核等业务环节是否按照《证券投资基金管理公司内部控制指导意见》设立的标准和公司的内部控制制度来有效执行。

（3）经营运作。在经营运作监管方面，主要涉及以下内容：基金管理公司是否以审慎原则经营运作，按照规定提取风险准备金；是否按照规定管理和运用固有资金；是否建立了有效的管理制度，加强对分支机构的管理；是否建立了突发事件处理预案制度，对严重影响基金份额持有人的利益、可能引起系统性风险、严重影响社会稳定的突发事件，按照预案妥善处理；是否发生了股东出资被司法机关采取诉讼保全措施、公司股东进入清算程序等对公司经营可能产生重大影响的事件。

8.3.2　对基金托管机构的监管内容

与对基金管理公司的监管类似，对基金托管机构的监管也分为市场准入监管和日常监管两个方面的内容。

1）对基金托管机构的市场准入监管

基金托管人资格由中国证监会、国家金融监督管理总局核准。申请托管资格的商业银行、证券公司等金融机构必须在资产质量、人员配备、办公硬件及系统软件、风险控制等方面符合《证券投资基金法》《证券投资基金托管业务管理办法》等法律法规的规定。

截至2024年6月底，我国具有基金托管资格的商业银行包括中国工商银行、中国建设银行、中国农业银行、中国银行、交通银行、招商银行、光大银行、浦发银行、中信银行、民生银行、华夏银行、兴业银行、中国邮政储蓄银行、浙商银行、杭州银行、宁波银行等34家商业银行，其中，外资商业银行有渣打银行、花旗银行、德意志银行等；具有基金托管资格的证券公司包括中信证券、国信证券、国泰君安证券、华泰证券、海通证券、招商证券、广发证券、银河证券、中信建投证券等29家证券公司，具有基金托管资格的金融公司包括中国证券金融股份有限公司和中国国际金融股份有限公司，具有基金托管资格的证券登记结算公司为中国证券登记结算有限责任公司。

2）对基金托管机构的日常监管

对基金托管机构的日常监管主要包括监管基金托管部门内部控制情况和基金托管职责的履行情况两方面内容。

（1）基金托管部门内部控制情况。在基金托管部门内部控制方面，主要涉及基金托管机构是否建立了科学合理、控制严密、运行高效的内部控制体系。例如，托管银行各机构、部门和岗位职责是否保持相对独立，基金资产、托管银行自有资产、其他资产的保管和运作是否严格分离，托管银行托管业务部门的岗位设置是否权责分明、相互制衡等。

（2）基金托管职责的履行情况。在基金托管职责方面，主要涉及以下内容：基金托管机构是否在基金托管协议中事先与基金管理公司明确了相关权责，是否建立并及时维护了相关监督系统，是否在发现问题时及时提醒了基金管理公司并报告了中国证监会；基金托管机构在办理基金的清算交割事宜中，是否能保证清算的及时高效，是否能保证基金资产的安全与独立；基金托管机构在复核、审查基金管理公司计算的基金资产净值时，是否能科学评估基金采取的估值方法，是否能及时与基金管理公司核对净值，在发现估值方法不能反映基金资产的公允价值时是否能采取必要的手段；基金托管机构在办理与基金托管业务相关的信息披露事项中，是否能及时、真实、准确、完整地履行信息披露业务，是否能在基金年度报告中的托管人报告中独立、客观地发表意见。

8.3.3 对基金销售机构的监管内容

1）对基金销售机构的市场准入监管

根据《证券投资基金法》及《公开募集证券投资基金销售机构监督管理办法》的有关规定，基金份额的发售，由基金管理人或者其委托的基金销售机构办理。开放式基金的销售业务由基金管理人负责，基金管理人可以委托经中国证监会认定的有关机构代为办理。拟开办基金代销业务的销售机构应当经中国证监会审核和批准，取得基金代销资格。商业银行、证券公司、期货公司、保险机构、证券投资咨询机构、独立基金销售机构以及中国证监会认定的其他机构，可以向中国证监会申请基金销售业务资格。

2）对基金销售机构的日常监管

目前，规范公开募集基金销售活动的主要规范性文件是由中国证监会于 2020 年 8 月 28 日发布、自 2020 年 10 月 1 日起施行的《公开募集证券投资基金销售机构监督管理办法》。

在基金宣传推介材料方面，根据有关规定，基金宣传推介材料是指为推介基金向公众分发或者公布，使公众可以普遍获得的书面、电子或其他介质的信息，包括公开出版资料、宣传单、手册、信函、海报、户外广告、电视、电影、广播、互联网资料及其他音像、通信资料等。基金管理人和基金代销机构的基金宣传推介材料，应当事先经基金管理人的合规负责人检查，出具合规意见书，并报中国证监会备案。基金宣传推介材料必须真实、准确，与基金合同、基金招募说明书相符，不得有下列情形：①存在虚假记载、误导性陈述或者重大遗漏；②预测该基金的证券投资业绩；③违规承诺收益或者承担损失；④诋毁其他基金管理人、基金托管人或基金代销机构，或者其他基金管理人募集或管理的基金；⑤夸大或者片面宣传基金，违规使用安全、保证、承诺、保险、避险、有保障、高收益、无风险等可能使投资人认为没有风险的词语；⑥登载单位或者个人的推荐性文字；⑦中国证监会规定禁止的其他情形。基金宣传推介材料可以登载该基金、基金管理人管理的其他基金的过往业绩，但基金合同生效不足 6 个月的除外；基金宣传推介材料登载过往业绩，基金合同生效 6 个月以上但不满 1 年的，应当登载从合同生效之日起计算的业绩；基金合同生效 1 年以上但不满 10 年的，应当登载自合同生效当年开始所有完整会计年度的业绩，宣传推介材料公布日在下半年的，还应登载当年上半年度的业绩；基金合同生效10年以上的，应当登载最近10个完整会计年度的业绩。基金宣传推介材料登载该基金、基金管理人管理的其他基金的过往业绩，应当遵守下列规定：①按照有关法律、行政法规的规定或者行业公认的准则计算基金的业绩表现数据；②引用的统计数据和资料应当真实、准确，并注明出处，不得引用未经核实、尚未发生或者模拟的数据；③真实、准确、合理地表述基金业绩和基金管理人的管理水平；④基金业绩表现数据应当经基金托管人复核。基金宣传推介材料登载该基金、基金管理人管理的其他基金的过往业绩，基金管理人应当特别声明，基金的过往业绩并不预示其未来表现，基金管理人管理的其他基金的业绩并不构成新基金业绩表现的保证。基金宣传推介材料对不同基金的业绩进行比较，应当使用可比较的数据来源、统计方法和比较期间，并且有关数据来源、统计方法应当公平、准确，具有关联性。基金宣传推介材料附有统计图表的，应当清晰、准确；提及第三方专业机构评价结果的，应当列明第三方专业机构的名称及评价日期。基金宣传推介材料应当含有明确、醒目的风险提示和警示性文字，并使投资人在阅读过程中不易忽略，以提醒投资人注意投资风险，仔细阅读基金合同和基金招募说明书，了解基金的具体情况。基金宣传推介材料中含有获中国证监会核准内容的基金，应当特别声明中国证监会的核准并不代表中国证监会对该基金的风险和收益做出了实质性判断、推荐或者保证。

在基金销售业务规范方面，根据《公开募集证券投资基金销售机构监督管理办法》的规定，基金销售机构办理基金销售业务，应当与基金管理人签订书面销售协议，明确双方权利义务。未经签订书面销售协议，基金销售机构不得办理基金的销售。基金销售机构开展基金宣传推介活动，应当坚持长期投资理念和客观、真实、准确的原则。基金销售机构应当集中统一制作和使用基金宣传推介材料，并对内容的合规性进行内部审查，相关审查材料应当存档备查。基金销售机构应当按照中国证监会的规定了解投资人信息，坚持投资人利益优先和风险匹配原则，根据投资人的风险承担能力销售不同风险等级的产品，把合适的基金产品销售给合适的投资人。基金销售机构应当加强投资者教育，引导投资人充分认识基金产品的风险收益特征。投资人购入基金前，基金销售机构应当提示投资人阅读基金合同、招募说明书、基金产品资料概要，提供有效途径供投资人查询，并以显著、清晰的方式向投资人揭示投资风险。基金销售机构应当推动定期定额投资、养老储备投资等业务发展，促进投资人稳健投资，杜绝诱导投资人短期申赎、频繁申赎行为。基金销售机构应当按照法律法规、中国证监会的规定和基金合同、份额发售公告、招募说明书等文件的约定，办理基金份额的认购、申购和赎回，不得擅自拒绝接受投资人的申请。投资人认购、申购基金份额，应当全额交付款项，中国证监会规定的特殊基金品种除外。投资人在基金合同约定之外的日期和时间提出申购、赎回申请的，作为下一个交易日的交易处理，其基金份额申购、赎回价格为下次办理基金份额申购、赎回时间所在开放日的价格。基金销售机构应当按照法律法规和中国证监会规定以及基金合同、招募说明书和基金销售协议等的约定收取销售费用，并如实核算、记账；未经招募说明书载明，不得对不同投资人适用不同费率。基金销售机构按照中国证监会的规定，为投资人提供除基金合同、招募说明书约定服务以外的增值服务的，可以向投资人收取增值服务费。

基金销售机构及其从业人员从事基金销售业务，不得有下列情形：

（1）虚假记载、误导性陈述或者重大遗漏；

（2）违规承诺收益、本金不受损失或者限定损失金额、比例；

（3）预测基金投资业绩，或者宣传预期收益率；

（4）误导投资人购买与其风险承担能力不相匹配的基金产品；

（5）未向投资人有效揭示实际承担基金销售业务的主体、所销售的基金产品等重要信息，或者以过度包装服务平台、服务品牌等方式模糊上述重要信息；

（6）采取抽奖、回扣或者送实物、保险、基金份额等方式销售基金；

（7）在基金募集申请完成注册前，办理基金销售业务，向公众分发、公布基金宣传推介材料或者发售基金份额；

（8）未按照法律法规、中国证监会规定、招募说明书和基金份额发售公告规定的时间销售基金，或者未按照规定公告即擅自变更基金份额的发售日期；

（9）挪用基金销售结算资金或者基金份额；违规利用基金份额转让等形式规避基金销售结算资金闭环运作要求、损害投资人资金安全；

（10）利用或者承诺利用基金资产和基金销售业务进行利益输送或者利益交换；

（11）违规泄露投资人相关信息或者基金投资运作相关非公开信息；

（12）以低于成本的费用销售基金；

（13）实施歧视性、排他性、绑定性销售安排；

（14）中国证监会规定禁止的其他情形。

【考证直通车 8-7】
　　单项选择题
　　在基金销售过程中，下列（　　　）属于禁止行为。
　　A.基金销售机构集中统一制作和使用基金宣传推介材料
　　B.根据投资人的风险承担能力销售不同风险等级的产品
　　C.引导投资人充分认识基金产品的风险收益特征
　　D.采取抽奖、回扣或者送实物、保险、基金份额等方式销售基金

8.3.4　对基金注册登记机构的监管内容

1）对基金注册登记机构的市场准入监管

基金监管内容因基金类型不同而有所不同。对封闭式基金来说，由于其交易同上市公司股票一样，是在证券交易所内进行竞价交易，因此，其登记业务也同上市公司股票一样，由中国证券登记结算有限责任公司办理。

对于开放式基金来说，根据《证券投资基金法》的规定，其登记业务可以由基金管理人办理，也可以委托中国证监会认定的其他机构办理。从实际操作来看，目前具备办理开放式基金登记业务资格的机构主要包括基金管理公司和中国证券登记结算有限责任公司，其中大多数开放式基金由基金管理公司办理基金登记业务。根据现行规定，基金管理公司办理开放式基金登记业务的资格无须另外批准；拟申请办理开放式基金登记业

务资格的其他机构需要向中国证监会提出申请并报送有关材料，经审查符合有关条件的，由中国证监会批准其办理该项业务的资格。

2）对基金注册登记机构的日常监管

目前，对基金注册登记机构的日常监管尚未制定专门的法规。在实际操作中，对基金注册登记机构的日常监管内容主要是监督代办登记业务机构是否切实履行代理协议，是否存在违法、违规行为。

8.3.5 对基金运作的监管内容

对基金运作的监管内容主要包括对基金募集注册申请的审查、对基金销售活动的监管、对基金信息披露的监管、对基金投资制度的监管、对基金投资组合的监管、对基金交易行为的监管等。

1）对基金募集注册申请的审查

对基金募集申请的监管，目前主要有注册制与核准制两种方式。注册制是实行公开管理原则，要求证券发行人充分披露有关证券发行本身及同证券发行有关的一切信息，在注册申报后的规定时间内未被证券监管机构拒绝注册，即可进行证券发行，无须再经过批准。在资本市场发达的国家和地区，证券发行一般实行注册制。核准制是实行实质管理原则，证券发行人不仅要以真实状况的充分公开为条件，而且必须符合证券监管机构制定的若干适合于发行的实质条件。对公开募集基金的募集申请的审核，我国过去实行的是核准制，目前已经过渡到注册制。根据有关规定，中国证监会对公开募集基金的募集申请进行集中统一监管，即对基金管理人提出的基金募集注册申请进行审查，做出注册或者不予注册的决定。基金募集注册申请的审查程序和内容包括以下几个方面：

（1）对基金募集注册申请材料进行齐备性审查。对应报送的申请报告、基金合同草案、托管协议草案和招募说明书草案等必要文件是否齐备进行审查。

（2）对基金募集注册申请材料进行合规性审查。根据有关法律法规所规定的基金募集申请条件进行审查，做出受理或不受理的决定。审查内容主要涉及以下几个方面：拟任基金管理人和基金托管人是否具备法规规定的条件；拟募集的基金是否具备法规规定的条件，具体包括是否有明确合法的投资方向，是否有明确的基金运作方式，是否符合法律法规关于基金品种的规定，是否不与拟任基金管理人已管理的基金雷同，基金合同、招募说明书等法律文件草案是否符合法律法规的规定，基金名称是否表明基金的类别和投资特征，是否存在损害国家利益、社会公共利益以及欺诈、误导投资人或者其他侵犯他人合法权益的内容。

（3）组织专家评审会对基金募集注册申请进行评审。中国证监会受理基金募集注册申请后，会根据审慎监管原则以及拟募集基金的有关具体情况决定是否组织基金专家评审会对基金募集申请进行评审。对行为规范、投资研究能力强、市场评价良好的基金管理公司提交的基金募集申请，一般不提交基金专家评审会评审。对于下列情形，一般提交基金专家评审会评审：基金管理公司设立、运作未满1年；基金产品设计有较大创新；基金产品设计有待进一步完善，需要参考基金专家评审会评审意见等。其中，对于具有较大创新的基金产品募集申请，中国证监会将优先安排基金专家评审会评审和申报材料审查等工作。对于提交基金专家评审会的基金募集注册申请，评审专家重点就基金的投资管理、风险控制等方面进行评审，独立发表评审意见，供中国证监会参考。

（4）做出注册或者不予注册的决定。中国证监会应当自受理基金募集注册申请之日起6个月内做出注册或者不予注册的决定。

（5）办理基金备案。基金募集注册申请获批之后，基金管理人将在规定的募集期限内发售基金份额。当募集的基金份额总额、基金份额持有人的人数符合法律法规规定的基金设立条件时，基金管理人须按照规定办理验资和基金备案手续。中国证监会应当自收到基金管理人验资报告和基金备案材料之日起3个工作日内予以书面确认；自中国证监会书面确认之日起，基金备案手续办理完毕，基金合同生效。

2）对基金销售活动的监管

在基金募集注册申请获得中国证监会注册前，基金管理人、销售机构不得办理基金销售业务，不得向公众分发、公布基金宣传推介材料或者发售基金份额。

基金管理人委托其他机构办理基金销售业务的，被委托的机构应当取得基金销售业务资格。未经基金管理人或者销售机构聘任的，任何人员不得从事基金销售活动。从事宣传推介基金活动的人员还应当取得基金从业资格。

基金管理人委托销售机构办理基金的销售业务，应当与其签订书面代销协议，约定支付报酬的比例和方式，明确双方的权利和义务。未经签订书面代销协议，销售机构不得办理基金的销售业务。基金管理人应当自签订代销协议之日起7日内，将代销协议报送中国证监会。销售机构应当将基金销售业务资格的证明文件置备于基金销售网点的显著位置，不得委托其他机构代为办理基金的销售业务。

基金管理人的合规负责人应当定期检查基金募集期间基金销售活动的合法合规情况，在监察稽核季度报告中作专项说明，并报送中国证监会，并自基金募集行为结束之日起10日内编制专项报告，予以存档备查。

中国证监会及其各地方监管局对基金管理人、基金销售机构从事基金销售活动的情况进行定期或者不定期检查，基金管理人、基金销售机构必须予以配合。发现违法违规行为的，将依照有关法律法规予以行政处罚。

3）对基金信息披露的监管

对基金信息披露的监管，主要包括基金信息披露制度监管、基金募集信息披露监管以及基金存续期信息披露监管。

（1）基金信息披露制度监管。在基金信息披露制度监管方面，中国证监会发布了一系列基金信息披露规范文件，形成了以《公开募集证券投资基金信息披露管理办法》为原则指导、以《证券投资基金信息披露内容与格式准则》为操作指南、以《证券投资基金信息披露编报规则》为特别补充、以《证券投资基金信息披露规范解答》为法规解释的基金信息披露规范体系。

（2）基金募集信息披露监管。在基金募集信息披露监管方面，主要涉及以下内容：对基金招募说明书、基金合同、基金托管协议等基金募集申请材料进行审核，对基金份额发售至基金合同生效期间的信息披露行为进行监管，基金合同生效后对定期更新的基金招募说明书进行形式审查。

（3）基金存续期信息披露监管。基金存续期信息披露监管主要是在基金合同生效后，对基金上市交易公告书、基金净值公告、定期报告以及临时报告等信息披露文件的监管。

4）对基金投资制度的监管

对基金投资制度的监管，主要的依据是《证券投资基金管理公司内部控制指导意见》。该指导意见对证券投资基金投资管理的程序、决策过程、投资相关环节、部门和人员的配置，相关人员的责任、权利和义务等作了具体而明确的规定。具体说来，在投资管理方面，必须建立投资对象备选库制度，研究部门应根据基金合同要求，在充分研究的基础上建立和维护备选库。在投资决策方面，必须健全投资决策授权制度，明确界定投资权限，严格遵守投资限制，防止越权决策。投资决策必须具有充分的投资依据，重要投资要有详细的研究报告和风险分析支持，并有决策记录。

5）对基金投资组合的监管

根据《证券投资基金法》《公开募集证券投资基金运作管理办法》《货币市场基金监督管理办法》等法规，基金投资组合在投资范围、投资比例、参与银行间同业拆借市场交易、投资限制及货币市场基金投资等方面应符合有关规定，具体规定详见"6.1 投资限制"部分。

6）对基金交易行为的监管

目前，我国对基金交易行为的监管主要是通过基金托管银行和证券交易所提交的定期、不定期报告，掌握基金在投资运作中的有关交易情况，并据以对违规问题进行处置。

（1）基金托管银行对基金交易行为的监管。当基金出现违反法律法规以及基金合同约定的事项时，基金托管银行对基金管理人进行提示，并向中国证监会提交临时报告，中国证监会据以进行处理。托管银行定期向中国证监会报送基金持仓日报，基金投资监控周报、季报和年报，使中国证监会能实时掌握基金投资情况。中国证监会针对存在的违规事项和风险事项，加强对基金信息披露的监管以及对基金管理公司的现场检查。

（2）证券交易所对基金交易行为的监管。证券交易所对基金交易行为进行实时监控。证券交易所通过基金交易监控体系，监控基金以下涉嫌违法违规的交易行为：单只基金的异常交易、同一基金管理公司不同基金或账户间的异常交易、不同基金管理公司账户间的异常交易、基金同股东等关联方账户间的异常交易、基金同可疑账户的异常交易、基金管理公司股东账户的异常交易等。此外，证券交易所还监控基金买卖高风险股票的交易行为，在发现基金异常交易行为时将这一情况向中国证监会报告，中国证监会据以进行处理。

8.3.6　对基金行业高级管理人员的监管内容

对基金行业高级管理人员的监管包括以下几个方面：

1）对基金行业高级管理人员的资格管理

对基金行业高级管理人员及从业人员的资格管理，主要是依据2022年2月18日中国证监会发布的《证券基金经营机构董事、监事、高级管理人员及从业人员监督管理办法》。根据该管理办法的规定，证券基金经营机构高级管理人员是指证券基金经营机构的总经理、副总经理、财务负责人、合规负责人、风控负责人、信息技术负责人、行使经营管理职责并向董事会负责的管理委员会或执行委员会成员和实际履行上述职务的人员以及法律法规、中国证监会和公司章程规定的其他人员。证券基金经营机构聘任董事、监事、高级管理人员和分支机构负责人，应当依法向中国证监会相关派出机构备案。证券基金经营机构不得聘任不符合任职条件的人员担任董事、监事、高级管理人员和分支机构负责人，不得聘用不符合从业条件的人员从事证券基金业务和相关管理工作，不得违反规定授权不符合任职条件或者从业条件的人员实际履行相关职责。

拟任证券基金经营机构董事、监事和高级管理人员的人员，应当符合下列基本条件：①正直诚实，品行良好；②熟悉证券基金法律法规和中国证监会的规定；③具备 3 年以上与其拟任职务相关的证券、基金、金融、法律、会计、信息技术等工作经历；④具有与拟任职务相适应的管理经历和经营管理能力；⑤拟任证券基金经营机构高级管理人员的，曾担任证券基金经营机构部门负责人以上职务不少于 2 年，或者曾担任金融机构部门负责人以上职务不少于 4 年，或者具有相当职位管理经历；⑥法律法规、中国证监会规定的其他条件。拟任证券基金经营机构董事长、高级管理人员以及其他从事业务管理工作的人员，还应当符合证券基金从业人员条件。拟任证券基金经营机构合规负责人、风控负责人、信息技术负责人的，还应当符合中国证监会规定的其他条件。

拟任证券基金经营机构独立董事的，不得在拟任职的证券基金经营机构担任董事会外的职务，且不得存在以下情形：①最近 3 年在拟任职的证券基金经营机构及其关联方任职；②直系亲属和主要社会关系人员在拟任职的证券基金经营机构及其关联方任职；③与拟任职的证券基金经营机构及其关联方的高级管理人员、其他董事、监事以及其他重要岗位人员存在利害关系；④在与拟任职的证券基金经营机构存在业务往来或利益关系的机构任职；⑤在其他证券基金经营机构担任除独立董事以外的职务；⑥其他可能妨碍其做出独立、客观判断的情形。任何人员最多可以在 2 家证券基金经营机构担任独立董事，法律法规和中国证监会另有规定的从其规定。

2）基金行业高级管理人员的基本行为规范

《证券基金经营机构董事、监事、高级管理人员及从业人员监督管理办法》规定了证券基金经营机构董事、监事、高级管理人员及从业人员执业规范和履职限制。

动画 8-1

内幕交易
案例之大数据
实时智能监控

执业规范的主要内容包括：①证券基金经营机构董事、监事、高级管理人员及从业人员应当遵守法律法规和中国证监会的有关规定，切实履行公司章程、公司制度和劳动合同等规定的职责，并遵守下列执业行为规范：具有良好的守法合规意识，自觉抵制违法违规行为，配合中国证监会及其派出机构依法履行监管职责；诚实守信，廉洁自律，公平竞争，遵守职业道德和行业规范，履行向中国证监会及其派出机构的书面承诺；恪尽职守、勤勉尽责，切实维护投资者合法权益，公平对待投资者，有效防范并妥善处理利益冲突；审慎稳健，牢固树立风险意识，独立客观，不受他人非法干预；中国证监会规定的其他执业行为规范。②证券基金经营机构董事应当按照法律法规、中国证监会和公司章程的规定出席董事会会议，对所议事项发表明确意见，并对董事会决议依法承担相应责任。证券基金经营机构独立董事应当依法独立履行董事义务，不受公司股东、实际控制人以及其他与公司存在利害关系的单位或个人的影响，维护公司整体利益和投资者合法权益。③证券基金经营机构监事应当依法检查公司财务，对董事、高级管理人员履职的合法合规性进行监督，维护公司、股东和投资者的合法权益。④证券基金经营机构高级管理人员应当忠实、勤勉履行职责，有效执行董事会决议和公司制度规定，防范和化解经营风险，确保公司规范经营和独立运作。⑤证券基金经营机构董事、监事、高级管理人员及从业人员不得从事下列行为：利用职务之便为本人或者他人谋取不正当利益；与其履行职责存在利益冲突的活动；不正当交易或者利益输送；挪用或者侵占公司、客户资产或者基金财产；私下接受客户委托从事证券基金投资；向客户违规承诺收益或者承担损失；泄露因职务便利获取的未公开信息、利用该信息从事或者明示、暗示他人从事相关的交易活动；违规向客户提供资金、证券或者违规为客户融资提供中介、担保或者其他便利；滥用职权、玩忽职守，不按照规定履行职责；法律法规和中国证监会规定禁止的其他行为。⑥证券基金经营机构董事、监事、高级管理人员及从业人员应当拒绝执行任何机构、个人侵害本公司利益或者投资者合法权益的指令或者授意，发现有侵害投资者合法权益的违法违规行为的，应当及时向合规负责人或者中国证监会相关派出机构报告。⑦证券基金经营机构董事、监事、高级管理人员及从业人员不得违反法律法规和中国证监会的规定，从事证券、基金和未上市企业股权投资。⑧证券基金经营机构董事、监事、高级管理人员及从业人员离任的，应当保守原任职机构商业秘密等非公开信息，不得利用非公开信息为本人或者他人谋取利益。证券基金经营机构不得聘用从其他证券基金经营机构离任未满6个月的基金经理和投资经理，从事投资、研究、交易等相关业务。⑨证券基金经营机构董事、监事、高级管理人员及从业人员应当加强学习培训，提高职业操守、合规意识和专业能力。

履职限制的主要内容包括：①证券基金经营机构董事、监事、高级管理人员及从业人员应当保证有足够的时间和精力履行职责，不得自营或者为他人经营与所任公司同类或者存在利益冲突的业务。证券基金经营机构的岗位设置和职责权限应当清晰、明确，有效防范各岗位之间可能存在的利益冲突。②证券基金经营机构的高级管理人员、部门负责人和分支机构负责人，不得在证券基金经营机构参股或者控股的公司以外的营利性机构兼职；在证券基金经营机构参股的公司仅可兼任董事、监事，且数量不得超过2家，在证券基金经营机构控股子公司兼职的，不受前述限制。法律法规和中国证监会另有规定的从其规定。董事、监事、高级管理人员、部门负责人、分支机构负责人兼职的，应当及时通知证券基金经营机构，证券基金经营机构应当在知悉有关情况之日起5个工作日内向中国证监会相关派出机构报告。③证券基金经营机构从业人员应当以所在机构的名义从事证券基金业务活动，不得同时在其他证券基金经营机构执业。中国证监会另有规定的从其规定。④证券基金经营机构董事、监事、高级管理人员及从业人员不得授权不符合任职条件或者从业条件的人员代为履行职责。法律法规和中国证监会另有规定的从其规定。

3）对基金管理公司合规负责人的监督管理

对基金管理公司合规负责人的监督管理，主要是依据2017年4月27日中国证监会发布的《证券公司和证券投资基金管理公司合规管理办法》。根据该管理办法，合规负责人是监督检查基金和基金管理公司运作的合法合规情况及公司内部风险控制情况的高级管理人员。合规负责人由总经理提名，董事会聘任，并应经全体独立董事同意。

【考证直通车 8-8】

单项选择题

基金管理公司应当建立健全合规负责人制度，合规负责人由（　　）聘任，并对其负责。

A.股东大会　　　　　B.董事会　　　　　C.董事长　　　　　D.总经理

合规负责人负责组织指导公司监察稽核工作，其履行职责的范围涵盖基金及公司运作的所有业务环节。合规负责人的主要职责包括：①重点关注基金销售、投资、信息披露、运营等各环节是否符合法律法规规定和基金合同约定，是否存在损害基金投资人利益行为和操纵市场等违法行为；重点关注基金管理公司的资产是否安全、完整等。②监督检查基金管理公司内部风险控制情况，重点关注基金管理公司是否建立健全和有效执行各项规章制度，公司是否对各项业务制定并实施相应的风险控制制度。③对基金管理公司推出新产品、开展新业务的合法合规性问题提出意见。④关注基金管理公司员工的合规与风险意识，促进公司内部风险控制水平的提高及合规文化的形成。⑤指导、督促公司妥善处理投资人的重大投诉，保护投资人的合法权益。⑥定期或者不定期向基金管理公司的全体董事报送工作报告。⑦发现基金及公司运作中存在问题时，及时告知基金管理公司总经理和相关业务负责人，提出处理意见和整改建议，并监督整改措施的制定和落实；公司总经理对存在的问题不整改或者整改未达到要求的，合规负责人应向公司董事会、中国证监会及相关派出机构报告。⑧发现基金及公司发生违法违规行为，或发现基金及公司存在重大经营风险或者隐患等情况时，及时向公司董事会、中国证监会及相关派出机构报告。

合规负责人应具备有关法律法规规定的任职条件，并有 3 年以上监察稽核、风险管理或者证券、法律、会计、审计等方面的工作经历，诚实信用，具有良好的品行和职业操守记录。

合规负责人履行职责应保持充分的独立性，对基金及公司运作的合法合规情况以及公司内部风险控制情况做出独立、客观、公正的判断，对与合规负责人本人有利益冲突的事项应当回避。合规负责人不得屈从于任何股东、董事、高级管理人员的压力或者受其他机构和个人的不当影响，对侵害基金份额持有人利益的指令或者授意应当予以拒绝，并及时向中国证监会及相关派出机构报告。

合规负责人不得有下列行为：①擅离职守，无故不履行职责；②违反规定授权他人代为履行职责；③兼任可能影响其独立性的职务或者从事可能影响其独立性的活动；④对基金及公司运作中存在的违法违规行为或者重大风险隐患隐瞒不报或者做出虚假报告；⑤利用履行职责之便谋取私利；⑥滥用职权，干预基金及公司的正常经营运作；⑦其他损害基金份额持有人或者公司利益的行为。

情景模拟 8-1

场景：假设你是基金监管者，设想该如何对基金进行监管。

操作：（1）派5名同学分别担任基金监管部门（中国证监会基金监管部）、基金管理公司、基金托管银行、基金销售机构、基金注册登记机构的高级管理人员或基金投资者，其他同学担任观众，共组成8个小组，每小组选择1人担任组长，由其负责本小组各项工作；

（2）基金监管小组组长指挥本小组对基金进行监管；

（3）除观众组以外，各小组组长带领本小组成员就基金监管问题讨论应该如何正确处理与其他各小组之间的关系；

（4）在（2）、（3）活动中观众组在旁观察，并提出相关问题及建议；

（5）教师对情景模拟情况进行点评和总结。

知识掌握

8.1　单项选择题

（1）在下列基金行业的法律法规中，属于行政法规的是（　　）。

A.公开募集证券投资基金运作管理办法

B.上市开放式基金业务指引

C.上海证券交易所证券投资基金上市规则

D.基金从业人员管理规则

（2）基金监管是指监管部门运用法律、经济以及必要的行政手段，对（　　）进行的监督与管理。

A.基金市场　　　　　　　　　　B.基金产品

C.基金管理人和托管人　　　　　D.基金市场参与者行为

（3）在下列机构中，（　　）是具有独立法人地位的、由经营证券投资基金业务的金融机构自愿组成的行业性自律组织。

A.证券管理机构　　　　　　　　B.中国证监会

C.中国证券业协会　　　　　　　D.中国证券投资基金业协会

（4）对上市的基金履行一线监管职责的组织机构是（　　）。

A.中国证监会　　　　　　　　　B.中国人民银行

C.证券交易所　　　　　　　　　D.中国证券投资基金业协会

（5）中国证监会自受理基金管理公司设立申请之日起（　　）个月内，以审慎监管原则依法审查，做出批准或不予批准的决定。

A.4　　　　　　　　　　　　　　B.5

C.6 D.12

（6）因证券市场波动、上市公司合并、基金规模变动等基金管理人之外的因素致使基金投资不符合有关投资比例的，基金管理人应当在（　　）个交易日内进行调整。

A.5 B.10

C.20 D.30

（7）开放式基金应当保持不低于基金资产净值（　　）的现金或者到期日在 1 年以内的政府债券，以备支付基金份额持有人的赎回款项，但中国证监会规定的特殊基金品种除外。

A.1% B.2%

C.5% D.10%

（8）单只基金持有一家上市公司的股票，不得高于该基金资产净值的（　　）。

A.5% B.10%

C.15% D.20%

（9）同一基金管理人管理的全部基金持有一家公司发行的证券，不得超过该证券的（　　）。

A.5% B.10%

C.15% D.20%

8.2　多项选择题

（1）我国基金监管的目标包括（　　）。

A.保护基金投资者利益

B.保证基金市场的公平、效率和透明

C.降低基金市场系统风险

D.促进基金市场规范、健康发展

（2）我国基金监管的手段主要包括（　　）。

A.法律手段 B.行政手段

C.经济手段 D.自律手段

（3）我国基金监管机构主要包括（　　）。

A.中国证监会及其派出机构 B.证券交易所

C.中国人民银行 D.中国证券投资基金业协会

（4）基金监管内容主要包括（　　）。

A.基金管理公司的设立、变更和终止

B.基金托管银行的资格审核

C.基金的设立、发行与交易、申购与赎回

D.基金的广告与销售

（5）中国证券投资基金业协会的主要职责有（　　）。

A.调查、搜集、反映业内意见和建议

B.研究、论证业内相关政策与方案

C.草拟或审议证券投资基金业务有关规则、执业标准、工作指引和自律公约

D.协助开展业内教育培训、国际交流与合作

（6）拟任证券基金经营机构高级管理人员的人员，应当具备的基本条件有（   ）。

A.正直诚实，品行良好

B.熟悉证券基金法律法规和中国证监会的规定

C.曾担任证券基金经营机构部门负责人以上职务不少于 2 年，或者曾担任金融机构
部门负责人以上职务不少于 4 年，或者具有相当职位管理经历

D.具备 2 年以上与其拟任职务相关的证券、基金、金融、法律、会计、信息技术
等工作经历

（7）证券交易所自律管理的内容包括（   ）。

A.基金公司人员的聘任

B.对基金上市交易的监控和管理

C.对投资者买卖基金交易行为的合法、合规性进行监控和管理

D.对证券投资基金在证券市场的投资行为进行监控和管理

（8）合规负责人的执业素质和行为规范有（   ）。

A.3 年以上监察稽核、风险管理或者证券、法律、会计、审计等方面的工作经历

B.诚实信用，具有良好的品行和职业操守记录

C.应保持充分的独立性，对基金及公司运作的合法、合规情况以及公司内部风险控
制情况做出独立、客观、公正的判断

D.对与合规负责人本人有利益冲突的事项应当回避

8.3　是非判断题

（1）基金从业人员管理规则属于基金行业的行政法规。　　　　　　　（　　）

（2）基金监管有利于解决基金信息不对称问题。　　　　　　　　　　（　　）

（3）促进基金市场的规范、健康发展是我国基金监管的目标之一。　　（　　）

（4）基金份额发售前 3 天，基金管理公司应在指定的报刊上登载招募说明书。（　　）

（5）中国证券投资基金业协会是具有独立法人地位的、由经营证券投资基金业务的
金融机构自愿组成的行业性自律组织。　　　　　　　　　　　　　　　　　　（　　）

（6）股票型基金应有 80% 以上的资产投资于股票。　　　　　　　　（　　）

（7）中国证监会负责对基金上市公告书进行审核。　　　　　　　　　（　　）

（8）基金募集注册申请在获得中国证监会注册前，基金管理人、基金销售机构可以
提前向公众分发、公布基金宣传推介材料或者发售基金份额。　　　　　　　　（　　）

（9）基金净值公告要求封闭式基金每周公告 1 次，开放式基金净值每天公告。（　　）

（10）合规负责人发现公司存在重大风险或者有违法、违规行为，不必告知总经理
和其他有关高级管理人员，应直接向董事会、中国证监会和公司所在地的中国证监会派
出机构报告。　　　　　　　　　　　　　　　　　　　　　　　　　　　　　（　　）

8.4　问答题

（1）目前我国基金行业的法律法规体系包括哪几个层次？
（2）证券投资基金法的主要内容有哪些？
（3）基金监管具有哪些作用？
（4）我国基金监管的目标是什么？
（5）基金监管应遵循哪些原则？
（6）基金监管有哪些手段？
（7）基金监管的主要内容有哪些？

知识应用

□ 案例分析

基金销售银行被判赔基民 3 000 元

某市中级人民法院于 2023 年 8 月 18 日对投资者王女士诉某银行合同纠纷案做出终审判决，该银行被判赔偿王女士 3 000 元。

2022 年年初，王女士到该银行申购某基金 2 万元，银行工作人员为其办理了相关手续。而实际上该基金只能通过"定期定额投资计划"进行申购，所以王女士的基金申购被基金管理公司确认失败。半年后，当以为自己能够分红 1.5 万余元的王女士到该银行取分红款时，才被告知基金没有买上。为此，王女士将银行诉至法院，要求索赔经济损失 1.5 万元及精神损失费 5 000 元。法院一审判决认定银行不存在过错，驳回王女士的全部诉讼请求。随后，王女士再次提起上诉。

该市中级人民法院认为，银行作为代为办理申购手续的金融服务机构，应当承担缔约一方在缔约过程中应当尽到的诚信、照顾、告知等义务，应当根据诚实信用原则告知对方与合同有关并涉及对方利益的事由。尤其是相对于普通的不具有专业知识的投资人，银行一方作为专业金融机构，应当尽到更多的告知义务。该银行抗辩认为，银行方面已经提示投资者仔细了解交易规则和同意承担申请事项因不符合基金管理公司规定要求而被拒绝接受的全部后果。但法院认为该免责条款并不公平。此案中王女士所申购的基金有两个代码，在该银行发布的基金净值公告中有明确显示。该银行不向投资者说明两个代码基金之间的差别，接受了错误的申购申请，不能认为其尽到了表面的审查义务。因此，法院认为该银行应当承担缔约过失责任。

问题：在本案中，银行在代理销售基金时违背了《公开募集证券投资基金销售机构监督管理办法》中的哪方面规定？

分析提示：根据《公开募集证券投资基金销售机构监督管理办法》第一章第三条的规定，基金销售机构及其从业人员从事基金销售业务，基金服务机构及其从业人员从事与基金销售相关的服务业务，应当遵守法律法规、中国证监会规定以及基金合同、基金销售协议等约定，遵循自愿、公平的原则，诚实守信，谨慎勤勉，廉洁从业，恪守职业道德和行为规范，不得损害国家利益、社会公共利益和投资人的合法权益。

资料来源：根据相关资料整理。

□ 实践训练

如果你是基金监管者，该如何对基金进行监管？

要求：根据我国现有法律法规，联系目前我国基金行业现状，分析和确定基金监管的目标、原则、手段、监管机构、自律组织以及基金监管的主要内容，制订基金监管方案。

［1］中国证券投资基金业协会．证券投资基金［M］．2版．北京：高等教育出版社，2017．

［2］中国证券投资基金业协会．股权投资基金［M］．北京：中国金融出版社，2017．

［3］中国证券业协会．金融市场基础知识［M］．北京：中国财政经济出版社，2023．

［4］中国证券业协会．证券市场基本法律法规［M］．北京：中国财政经济出版社，2023．

［5］基金从业人员资格考试研究组．证券投资基金基础知识［M］．成都：西南财经大学出版社，2022．

［6］基金从业人员资格考试研究组．基金法律法规职业道德与业务规范［M］．成都：西南财经大学出版社，2022．